天津工业大学影视与传播丛书

20年代北京的文化空间

1919~1927年 北京报纸副刊研究

田 露 著

社会科学文献出版社
SOCIAL SCIENCES ACADEMIC PRESS (CHINA)

目录
CONTENTS

导　论

本书以五四前后至 20 世纪 20 年代①的报纸副刊《晨报副刊》
（1919.2～1928.5）、《京报副刊》（1924.12～1926.4）为研究对象，并辅
以《国民公报》副刊，《晨报》的《文学旬刊》、《剧刊》、《诗镌》，《京
报》的《青年之友》、《民众文艺周刊》、《文学周刊》、《莽原周刊》等专
刊，试图考察 20 年代北京的文化空间，通过讨论报纸副刊中所呈现出的
文化与政治的复杂关系、副刊背后的文化权力之争、副刊作者群的变化、副
刊对青年读者的培养和引导等问题，多角度、多方位地呈现 20 年代北京的
文化空间，并借助"故事分析法"，探索报纸副刊的政治背景、生存环境、
功能转变、与正刊的关系、读者群体等方面的内容，以期发现、总结 20 年
代北京报纸副刊的性质和特点，并对现有的副刊研究有所推进。

一　20 年代北京的报纸副刊

1919 年的五四运动，除了唤起国人的爱国热情并有力推动了新文化
运动之外，在客观上也极大地促进了中国出版业的发展，其中的一个表现
就是报刊数量的成倍增长。王莒章说，"在一九一九年新文学革命开始以
来的四年内，有三百种学生杂志出版，其中只有一两种不是白话文的"②。
而按照周策纵的估计，1917～1921 年这五年间全国新出的报刊有 1000 种

---

① 如无特殊说明，本书的"20 年代"均指 20 世纪 20 年代。
② 王莒章：《青年运动在中国》，转引自周策纵《五四运动史》，岳麓书社，1999。

以上①。仅以报纸一项来说，成绩也颇为不俗。蒋梦麟认为自五四运动后，"大约有三百五十种周报出版，都是学生或同情学生的人士主编。这些周报通常印在一大张纸上，有半张日报那样大，中间折起来，变成四页"②，而胡适的说法更为乐观，"这一年（一九一九）之中，至少出了四百种白话报"③。随着报纸的大量出现，报纸的反应迅速和传播广泛的特点使它具有了其他传播载体无法比拟的优势，而报纸副刊这一原本作为"报余"存在的消闲产品，也因此开始吸引众多新文化人的注意。

中国报纸上有副刊，最早可以追溯到 1872 年，《申报》在 4 月 30 日登出启事，征求"天下各名区竹枝词及长歌纪事之类"，且"不收刊费以示优待"。不过那时候的副刊只是填充报纸剩余版面的边角料，一般都是登些名人雅士互相唱和的作品，没有稿费一说。不过即使是这样，"彼时无量数斗方之士，纷以词章相投，因此报面上充满了诗文之类，有喧宾夺主之概；间及中外近事，然皆信笔点缀，有如传奇小说，反不被重视"④。虽然这些报尾文字不受研究者的重视，但文人墨客对这样一种新兴载体还是热情高涨，1897 年上海《字林沪报》上出现了专门的附张《消闲报》，两年后《同文沪报》也推出了"同文消闲录"，虽然内容仍然是游戏笔墨、笔记故事等，但报纸上要有附张几乎成了报界不成文的规矩。早期报纸副刊上刊登的大多是诗文唱答、对联、随笔、游记、笑话、逸闻趣事等，总体上来说娱乐性较强，因此大受读者欢迎，有时甚至会有"喧宾夺主"的效果，可是报馆还是会随报免费赠送这类附张，目的是争夺读者市场，以"推广报务"⑤。

民国成立之后，报纸副刊的内容开始有所改变，一些革命党的机关报上出现了个别具有政治意义、富有战斗性的副刊，如香港《中国日报》的"中国旬报"是一个十日刊，卷末常常登载一些讽刺时政的歌谣谐文，名曰"鼓吹录"。上海《国民日报》的副刊则叫"黑暗世界"，专事攻击腐

---

① 周策纵：《五四运动史》，岳麓书社，1999。
② 蒋梦麟：《西潮·新潮》，岳麓书社，2009。
③ 胡适：《五十年来中国之文学》，《胡适全集》第 2 卷，安徽教育出版社，2003。
④ 胡道静：《申报六十六年史》，中国人民大学新闻系编《中国近代报刊史参考资料》下册，1982。
⑤ 赖光临：《七十年中国报业史》，台北："中央日报"社，1981。

败官僚，开始使原本以娱乐休闲为主的报纸副刊染上了政治气息。到了1918年，新文化运动已经在国内开展得如火如荼，新思想的传播、对传统的反思，尤其白话文的提倡，都给传统报业带来了极大冲击，报人们对此也迅速做出了回应。1918年3月4日上海的《时事新报》副刊"学灯"创刊，主编张东荪要利用副刊"促进教育"和"灌输文化"①。北京方面，1918年10月《国民公报》在蓝公武的主持下也率先改革，除了新闻部分增加了"欧美政情"、"日本政情"、"欧战议和问题"、"欧战战况"等栏目之外，在其第二张的副刊部分，也由原来的"文苑"、"笔记"、"游记"、"杂俎"、"谈丛"等栏以文言为主的文人唱和、旧闻旧说，而一变成为拥有"社说"、"专论"、"民国野乘"、"欧战史料"、"世界珍闻"、"剧说"、"专载"、"青年教育"、"科学丛谈"等栏目的新思潮集散地。

五四前后到20年代后期，北京的报纸几乎都开辟副刊，刊登各种思潮、学说或文艺作品，但以进步性而论，则非《晨报副刊》和《京报副刊》莫属。《晨报副刊》最早可以追溯到《晨钟报》的第五版，后在李大钊、孙伏园、徐志摩等历任编辑的主持下，迅速成长为具有全国影响力的报纸副刊，在新文化运动后期的北京成为聚合新文化人、继续推进新文化运动的大本营。荆有麟曾对孙伏园辞去《晨报副刊》编辑一职之后，整个北京新文化界几乎丧失言论空间的情形有过这样的回忆：

> 常写文章的人，忽然没有合适的发表地方，也有些不舒服。因为当时的北京，杂志是意外的少，《努力评论》，是胡适之先生发表政论的机关杂志，刚出版的《现代评论》，又是有政府靠山的宣传机关。至于报章，虽然已经都有了副刊，但《顺天时报副刊》，是为日本人而说话，邵飘萍的《京报副刊》，是专捧女戏子，《黄报副刊》，就是专登"阿呀呀，我要死了"的发源地，闹得当时原在《晨报副刊》上发表作品的人，简直没有插足的地方了。②

由此可见《晨报副刊》在当时北京新文化界难以取代的地位和作用。

---

① 《时事新报》1918年3月4日。
② 荆有麟：《〈语丝〉的发刊》，载《鲁迅回忆录》，北京出版社，1999。

孙伏园辞去《晨报副刊》的职务之后，在邵飘萍的邀请下主持《京报副刊》，不仅迅速打开了《京报》的销路，而且也使得《京报副刊》一跃成为"四大副刊"之一。《晨报副刊》在进入徐志摩时代后偏于个人趣味的情况下，仍然保持了相对的公共性和对现实的批判精神。也正是《晨报副刊》和《京报副刊》的存在，北京才能够一直保持全国新文化运动中心的地位。本书即选取《晨报副刊》和《京报副刊》作为 20 年代北京报纸副刊的代表性副刊，以此来考察 20 年代北京的文化空间。

《晨报》是研究系的机关报，1918 年 12 月创刊于北京，其前身为《晨钟报》。1919 年 2 月，李大钊开始主持《晨报》的第七版，增加了介绍新知识、新思潮的"自由论坛"和"译丛"两个栏目。1919 年 10 月，第七版宣告独立，作为副刊印行，改革后的副刊主要刊登文艺作品，采用新式标点，用白话文写作，紧密配合新文化运动。1921 年 7 月，副刊再一次由主编孙伏园加以改版，变为四开四版的独立小报，并从形式到内容都进行了改革。改革后的《晨报副刊》（简称"晨副"）很快成为"北京宣传新思想、新文化运动最有力的报纸"①，为新文化运动提供了发展的空间。鲁迅在晨副上共计发表了 50 余篇作品，包括《阿 Q 正传》、《狂人日记》、《故乡》等小说以及大量的杂文、译文，周作人则在晨副上开辟《自己的园地》一栏，写出了一批文艺评论文章，钱玄同在晨副上发起讨论一系列的语言学话题，胡适的新诗、学术论文、演讲稿也常常见诸报端，其他如林语堂、江绍原、叶圣陶、郁达夫、川岛、杨鸿烈、顾颉刚、吴稚晖、甘蛰仙、徐志摩、张申府、费觉天、孙福熙、赵景深、夏元瑮、魏建功、张耀翔、缪金源、蔡元培、谭熙鸿、金岳霖、蔡子民、周建侯、李大钊等作家学者也纷纷在晨副上一展才华，构成了一个自由、开放的言说空间。

新文学方面，孙伏园特别重视对青年作家的发掘和培养，为文学新人的成长提供了良好的发展空间，如冰心的小诗就是在《晨报副刊》上最先发表的，并由此开启了一个重要的诗歌流派，而汪静之、冯雪峰、应修人也是因发表在《晨报副刊》上的湖畔诗而崭露头角的；小说方面，孙伏园大量刊登了冰心、叶圣陶、徐玉诺、陈大悲、庐隐等反映青年人的思想、

---

① 罗贤梁：《报纸副刊学》，百花洲文艺出版社，1991。

情感的作品，直接促成了"问题小说"的创作热潮，而许钦文、蹇先艾、黎锦明、王统照等人的出现则表明"乡土小说"流派的逐渐形成；戏剧方面，陈大悲翻译、撰写的大量戏剧方面的论文发表在晨副上，有力地推动了爱美剧的发展，陈大悲、熊佛西、蒲伯英的剧本以及余上沅积极的理论输入，戏剧人关于男女合演等问题的讨论，都显示了戏剧革新的实绩；散文方面，则有瞿秋白的《旅俄通讯》、孙氏兄弟的游记、冰心的"寄小读者"系列等诸多成果。可以说，正是由于孙伏园发掘、培养新人的努力和他慧眼识珠的准确判断，使得《晨报副刊》成为展示新文学成绩的大本营，并为新文学的发展培养了充足的后备力量。

除了聚合新老作者、全面展示新文化运动的成绩之外，孙伏园还以巧妙独特的编辑技巧和敏锐的眼光发起并组织一系列的话题讨论，承担起新文化运动的启蒙任务，在"众声喧哗"的思想交锋中推动思想、道德、文化等方面的除旧迎新。在短短四年的时间里，发生在《晨报副刊》上或有《晨报副刊》参与的讨论就有"丑的字句"问题、"南开读经运动"问题、"爱情定则"问题、"科学与玄学"问题、"新某生体"问题、吴虞"赠娇寓"诗的问题等，涉及语言、文体、思想、教育等诸多层面，这些问题讨论的参与者既有当时的知名学者如鲁迅、周作人、孙伏园、梁启超、丁文江、胡适、朱经农、梁实秋、钱玄同、赵景深、蹇先艾等，也有因报纸的广泛传播而带来的大量普通读者，这些讨论在把问题引向深入的同时，也促进了新文化人与普通民众的直接交流与沟通，在呈现学者们不同的背景、立场和角度的同时，实现了精英与大众的对话和自上而下进行启蒙的可能。

1924 年 10 月因主编刘勉己抽掉了鲁迅的《我的失恋》，孙伏园一气之下，从《晨报》辞职出来。一年后，徐志摩接手《晨报副刊》编辑一职，由于徐志摩的编辑风格更偏重于个人趣味，因此将它办成了新月派、现代评论派的园地。《晨报》的专刊另有王统照主编的《文学旬刊》，徐志摩主编的《诗镌》和《剧刊》等。

20 年代后期北京较有影响力的报纸副刊是孙伏园主编的《京报副刊》。《京报》是邵飘萍主办的具有进步倾向的日报，1918 年 10 月 5 日创刊于北京，社址在北京琉璃厂小沙土园。1919 年 8 月 21 日，《京报》因为得罪了段祺瑞政府被迫关门，邵飘萍也不得不出逃。到了 1920 年 9 月

17 日，《京报》再次复刊。《京报》在创建之时就有副刊，名为《小京报》，内容主要以文学艺术评论为主，开设了"剧评"、"文苑"、"诗画"、"书法"、"小说"、"游记"、"菊话"等栏目，风格与早期副刊类似，以消闲娱乐为主。1922 年 9 月 15 日，《京报》第 1000 期的第五版上出现了另一种副刊，占一整版，无刊头，栏目有"美学"、"研究"、"小说评"、"剧评"、"选录"、"歌谣"和"诗"等，内容开始趋向新文艺。后《京报》还曾办过"青年之友"等副刊，影响力都不大，直到 1924 年孙伏园的加盟，才使《京报副刊》成为日后著名的"四大副刊"之一。《京报副刊》创刊于 1924 年 12 月 5 日，每日一期，每期八版，独立装订，有自己独立的报头，并单独订购，并不随报附送①。孙伏园在《京报副刊》上刊发了大量平实而有趣味的学术文章，继续大力培养新文学的创作新人，还发起青年必读书、爱读书的征求活动，得到了读者的广泛响应，产生了巨大的社会反响。在女师大风潮和三一八惨案发生后，孙伏园在《京报副刊》上大量刊登了鲁迅、周作人、钱玄同、林语堂等人的杂感随笔，积极配合"语丝派"与"现代评论派"的论战，使得《京报副刊》的影响力大增。《京报》的专刊更多，包括鲁迅主持的《莽原》，蔷薇社的《妇女周刊》，丁玲、胡也频主编的《民众文艺副刊》，绿波社、星星社主办的《文学周刊》等。

近年来，随着各种理论话语的引入、文化研究的兴起、文学社会学等方法的实践，大众传媒研究开始成为现代文学研究的重点，学者们关注书籍出版、报刊流传、教科书编写、受众阅读等因素对文学生产和传播的影响，而各种在现代文学史上声名显赫的出版社、大型丛书、报纸杂志也成为近来研究生学位论文选题的热门。诚如陈平原所言，"大众传媒在建构国民意识、制造时尚、影响思想潮流的同时，也在建造我们的'现代文学'"②。在这里可以发现史料、重新认识文本、感受文体的并置交错，也可以体味时代的"生气淋漓"和"众声喧哗"，这也就不难解释《大众传媒与现代文学》这样的研究成果频频出现的原因。

相对于文学书籍、文艺杂志来说，报纸文艺副刊的研究由于原始材料繁多芜杂，涉及政治、经济、文人集团斗争、编辑者立场及主张等种种外

---

① 见吴联栋《关于〈京副〉的几句话》，《京报副刊》第 17 号，1924 年 12 月 21 日。
② 陈平原：《晚清：报刊研究的视野及策略》，载《文学的周边》，新世界出版社，2004。

部因素的影响，问题多且复杂，因此容易成为研究选题，但也使得这一研究领域的突破显得尤其困难。谭云明在《整合：报纸副刊与中国现代文学》① 一文中，从整体的角度讨论副刊对现代文学研究的重要性，认为副刊是一种"报学—文学"交叉的现象，对于文化机制的建立和现代文学的传播功不可没，在考察三个十年间副刊与文学的不同关系和作用的同时，重点讨论了副刊在现代文学语言体系的形成、传统问题的改造及新文体建设方面的积极意义，视野开阔，但讨论相对粗疏，而且基本上局限于文学内部的讨论。同样是从宏观的角度，雷世文选取了《晨报副刊》、30 年代的《申报·自由谈》及《大公报》的文艺副刊三个文本为对象，讨论报纸文艺副刊与文学生产的关系，意图呈现现代报纸文艺副刊作为一种文学生产方式的历史图景。他认为报纸文艺副刊中丰富的问题对话、交流的景象，文学作品的原始面貌，作者和编辑、读者与文本的共生，不仅显示了文学史的原生态图景，也是文学生产的重要动力②。其研究材料更加丰富，讨论也更加细致，但是三个文本似难代表和说明三十年间数量繁多、情况各异的报纸副刊的复杂状况，因此个案研究的出现也就顺理成章了。

以《晨报副刊》的研究为例，1998 年以来的硕士、博士论文有十多篇，其中张涛甫的《〈晨报副刊〉与中国现代文学》③ 在全面考察李大钊、孙伏园、徐志摩主编的不同时期的《晨报副刊》风格、特点的同时，认为《晨报副刊》为现代文学的发展提供了新的作家作品，促进了新文学的传播，也为现代知识分子提供了话语空间，更对中国知识分子的现代转型起了重要作用，文章引入了"公共空间"、"广场意识"、"民间岗位意识"等概念。不过，其论述与副刊内容部分的讨论相对脱节，因此理论也就多少显得有点空洞。郅庭阁的论文着眼于《晨报副刊》的人文关怀，对 20 年代的《晨报副刊》进行了全面细致的梳理，对孙伏园、徐志摩所发起的种种问题的论争、论战都给予了详细的分析和呈现，并从各时期不同的作

① 谭云明：《整合：报纸副刊与中国现代文学》，南京大学博士学位论文，2003。
② 雷世文：《文艺副刊与文学生产——以〈晨报副刊〉、30 年代〈申报·自由谈〉、〈大公报〉文艺副刊为中心的研究》，中国文联出版社，2004。
③ 张涛甫：《〈晨报副刊〉与中国现代文学》，复旦大学博士学位论文，2001。另见张涛甫《报纸副刊与中国知识分子的现代转型——以〈晨报副刊〉为例》，广西师范大学出版社，2007。

家群体的角度考察《晨报副刊》人文关怀的不同向度，材料丰富翔实，但"人"与"文"的双重关怀这样的归纳并不能完全概括《晨报副刊》的复杂面目，也无法涵盖晨副不同时期不同风格、特点背后的种种要素①。卢国华把对《晨报副刊》的研究当作五四新文学语境的一种解读方式，运用现代大众传媒的理论，引入现代大众传媒的两种主要的运行模式——政治模式和经济模式——来考察《晨报副刊》的运行机制，以报刊律法为参照物，分析《晨报副刊》的商业因素和政党背景的影响。但是现代大众传媒的理论并不能够完全对应于现代中国的具体情况，由于副刊有一定的独立性，编辑的立场和报纸正张的立场也并不完全一致，报纸副刊与现代文学的关系异常的紧密，晨副的商业性、政治性也就无法像理论预设一样顺理成章，虽然作者也承认"与西方相比，中国报刊传媒的两种模式其实存在着严重的错位"②，但简单地从商业、政治的角度看问题必然解决不了对冰心的"商业包装"为何没能成功，或是研究系的晨副为什么要提倡新文学这样的问题。

个案研究的另一个角度是从编辑者入手，报纸副刊的编辑作为投资者、出版者、作者、读者之间交流沟通的媒介，对副刊的风格、面貌有着重要的导向、决定作用。一种情况是现代报纸副刊的编辑有些本身就是出色的作家，有着非常个人化的文学理念和理想，其主编的报纸副刊容易成为一个作家或流派的作品展示会，如徐志摩之于后期的《晨报副刊》，沈从文之于《大公报》文艺副刊等，对于这种副刊的考察，有助于对作家本人或流派本身的深入理解，编辑者的身份和位置也必然成为研究的重中之重；另一种情况是编辑者自己虽然也进行文学创作，但以副刊编辑为主业，虽然可能认同某一作者群体或创作风格，但更倾向于在副刊编辑中兼容并包、开明民主，致力于舆论空间的构建，如孙伏园、萧乾等。孙伏园的编辑思想、风格被众多的研究者所关注，很多研究论文会专辟一章讨论或将其与李大钊、徐志摩相比较，也有的则直接将其作为论文的关注对象。刘卓的论文讨论孙伏园的副刊编辑活动对新文学的贡献，论文以孙伏

---

① 郅庭阁：《"人"与"文"的双重关怀——二十年代〈晨报副刊〉研究》，复旦大学博士学位论文，2002。

② 卢国华：《五四新文学语境的一种解读——以〈晨报副刊〉为中心》，山东师范大学博士学位论文，2006。

园的文化关系网为核心，论证他对以周氏兄弟为首的作家群的形成以及新生作家的发现所产生的影响，也关注到了孙伏园的编辑策略在论争的组织、话题的选择等问题上的得失①。不过相对于孙伏园贯穿现代文学30年的编辑生涯来说，仅以《晨报副刊》为例，难免会让人有以偏概全之感，而且鉴于孙伏园特殊的身份、宽容并包的原则，其对新文学的贡献也绝不仅仅在于发现、培养作家一面，类似的问题在其他的文章中也有体现。

综上所述，现今的报纸副刊研究，从宏观研究开始逐渐细化，在充分占有历史文本的同时也开始使用一些概念、理论来尝试对其进行新的阐释，但其中的问题也开始暴露。一方面是把报纸副刊当作文本资料的载体，当作考察对象的界限，虽名曰报刊研究，但实际上研究的仍是登载在报刊上的文学作品，是作家研究或文集研究的一种延续，其研究视野有时不仅没有扩大反而有所缩小，这种研究并没有真正解释清楚报纸副刊对文学发展的独特作用，也没有体现报刊研究相对于传统的作家作品研究的不同特质；另一方面是把报纸副刊当作各种理论的试验场，"公共空间"、"想象的共同体"等概念有，各种传媒理论、传播理论也有，理论的引入必然带来不同的视角和方法，有些也已经成为公认的观念，但必须认识到某一种西方理论或概念的产生并非孤立的事件，其背后有着各自不同的理论背景和脉络，适用于具体的历史和现实，因此在用其考查现代中国复杂的历史语境、文学生产和传播的独特过程及报纸副刊丰富而纠缠的内外部关系时，必须小心谨慎，必须以真实呈现当时文学的原生态图景、充分体现现代中国报纸文艺副刊的独特性和历史作用、解决实在的问题为原则。也就是说，我们现今的报刊研究仍然需要回答这样的问题："假如大众传媒的文字、图像与声音，不仅仅是史家自由出入的资料库，本身也成为独立的研究对象，那么，从解读相对来说前后一致的作家文集，到阐释'众声喧哗'的大众传媒，研究者的阅读姿态与理论预设该做何调整？另外，文学史家眼中的大众传媒，与传统的新闻史家、文化史家或新兴的文化研究者眼中的大众传媒，到底有何区别？"②

---

① 刘卓：《孙伏园的副刊编辑活动对于新文学的贡献》，北京大学硕士学位论文，2003。
② 陈平原：《文学史家的报刊研究——以北大诸君的思路为例》，《中华读书报》2002年1月9日。

　　基于以上考虑，本书选取了 20 年代《晨报副刊》和《京报副刊》上的六个个案，希望通过对这些个案的分析与解读，凸显报纸副刊与期刊等其他传播媒体的不同，在尝试对现有的副刊研究有所推进的同时，发现并总结 20 年代北京报纸副刊的性质和特点。

　　第一，20 年代北京的报纸副刊作为一种大众传媒手段，常常会受到其背后主办者的政治色彩和文化倾向的影响，其对栏目的设置、文章的选取、作家和编辑者的选择，以及对各种政治流派的取舍背后，往往体现出报纸及其主办方的立场和倾向。正如在本书第一章中所分析的，李大钊时期的《晨报副刊》之所以会宣传马克思主义和无政府主义，《晨报》总编辑陈博生个人的政治倾向和研究系核心人员梁启超的文化理念，都在其中发挥了决定性的作用。也正是因为这，希望在文化界的权力斗争中获胜的一方，常常要首先争夺报刊舆论的控制权，并依靠对报刊媒体的掌控来左右舆论的导向，进而实现权力的获得。本书第二章通过对《晨报》报道杜威、罗素两位名哲访华过程的不同方式和态度，展示了中国思想文化界的真实状况及文化派系进行权力争夺的种种玄机。当然，报纸副刊本身所处的文化氛围也会对副刊的倾向产生影响，只不过这种影响往往难以决定副刊的发展方向，而只是一种可以使我们更好地了解副刊的背景资料。

　　第二，报纸副刊由于隶属于日报，每日出版，具有迅速的反应能力和突出的社会时效性，相对于周刊、半月刊或是月刊来说，更适合于即时跟进社会热点，参与问题讨论。在杜威、罗素访华的过程中，《晨报》承担了全程报道任务，使得它对杜威、罗素等人的思想、行踪进行了全方位的介绍和跟进，与其他刊登长篇思想概述或甚至《罗素月刊》这样的专门刊物相比，在普及名哲的思想、扩大影响力方面作用都显得更加突出。也正是由于报纸副刊更贴近社会现实，因此孙伏园能够利用报纸副刊的时效性来展开各种讨论，在聚合新文化人方面做出卓越的贡献。但值得注意的是，报纸副刊的出版周期短、反应迅速，在作家论战的过程中，有时也会起到激化矛盾、将论争引向意气之争的负面作用，当作家们更倾向于在只有一天阅读时段的报纸副刊上发表过激的言辞和进行不理智的攻击时，报纸副刊也就成了文人群体分化的推手。

　　第三，报纸副刊附属于报纸正张，与正张讲求新闻性、及时性相比，报纸副刊有自己的功能。本书第四章在讨论"只手打孔家店的老英雄"吴虞在五四后之所以会成为新文化阵营的批判对象时，关注到了由于吴虞对报纸副刊从消闲娱乐向社会批评的功能转变没有充分的认识，不合时宜地将自己的"嫖妓诗"发表在报纸副刊上，结果引来了新文化人的围剿。在第五章"苏谢事件"当中，《晨报副刊》的正张和副刊也在事件的不同发展阶段发挥了不同的作用和功能，从不同侧面推动了事件的发展。

第四，相对于社团群体的同人杂志来说，报纸作为大众传播媒介，拥有更为广泛的受众群体，而且积极采取各种手段吸引读者参与报纸副刊的问题讨论，使得精英知识分子能够在真正意义上实现与普通民众的沟通，这种交流、对话空间的存在，不仅使得像张竞生这样的学者由此改变了治学方向和治学方法，也给我们提供了一个极佳的机会来对 20 年代北京文化界的青年读者做一个总体的考察和分析。

本书以报纸副刊作为讨论对象，希望在呈现 20 年代北京文学空间的同时，凸显出报纸副刊独特的功能和特征。因此在各章节讨论的过程中，努力开掘报纸副刊的独特之处，以与期刊相区别，并显示北京的地域性。如第一章讨论文学副刊背后的政治背景，并和上海的《时事新报》进行对照，凸显北京的文化氛围；第二章考察对杜威的演讲报道如何由新闻版面向副刊版面转移，从而用新闻性将副刊和杂志区分开来；第三章则以《现代评论》和《语丝》两个刊物作为潜在的对照文本，探究报纸副刊在文人分化方面的作用；第四章区分了公共传播媒介与个人出版物的不同性质；第五章凭借对"正张"和"副刊"的区分，来体现副刊功能的细化；第六章利用报纸广泛的读者群考察接受问题。希望经由以上努力，探索出副刊研究的独特门径。

二 20 年代北京的文化空间

近年来由于大众传媒研究的兴起，丰富的史料使得研究者可以借此考察当时的文学风气、文学语境，还原历史的真实情景，并使以报纸、杂志为依托，讨论某时某地的文学生态、舆论空间成为可能。从李欧梵《"批评空间"的开创——从〈申报·自由谈〉谈起》到北京大学近年两篇报刊研究的博士论文《清末民初北京的舆论环境与新文化的登场》、《1920年代中后期北京的文人集团和舆论氛围——以〈语丝〉和〈现代评论〉

为中心》都体现了这一思路。而哈贝马斯有关"公共领域"的社会批判哲学和以布迪厄的文学场理论为代表的文学社会学方法的引入，则成为报刊研究的重要理论支撑。

哈贝马斯的理论靠建立起一种"市民阶级公共领域"来批判现代社会。所谓的"公共领域"是指我们社会生活中的一个领域，在这个领域中，能够形成公共的意见。"公共领域"原则上向所有市民开放。"公共领域的一部分由各种对话构成，在这些对话中，作为私人的人们来到一起，形成了公众。……他们可以自由地集合和结合，可以自由地表达和公开他们的意见。当这个公众达到较大规模时，这种交往需要一定的传播和影响的手段；今天，报纸和期刊、广播和电视就是这种公共领域的媒介。"① 哈贝马斯用这样的理论来分析西欧资本主义国家国王的宫廷、妇女的沙龙、街头的咖啡馆，再到受众更加广泛的报纸书刊等媒体。也许是因为哈贝马斯的理论在文学艺术研究中很好解释了接受者、消费者及批评者的读者、听众这一公众群体的研究，因此才引起了报刊研究者的密切关注，在如今的报刊研究文章中，"公共空间"、"公共领域"这样的词随处可见。不过需要注意的是，哈贝马斯认为这种自由主义模式的"公共领域"在资本主义初盛时期曾经繁荣过，但到了 19 世纪末，随着工具理性的张扬，物化精神不断挤压，因此已经不存在这样的空间了。换到现代文学、现代传媒的语境中，这样的"公共领域"是否存在，其实是成问题的。有学者已经看到这种区别，认为哈贝马斯的"公共领域"原则上是向所有公众开放的，而中国近现代社会中能够阅读书报的仍然只是少数，另外在"公共领域"中人们是可以自由集合和结合的，可以自由发表言论，而这在现代中国也是不现实的②。因此，对于这一理论的使用是需要很好的分寸感的，毕竟复杂多变的现代中国，与 19 世纪的资本主义国家不能同日而语，而现代报刊能够在多大的范围内发挥作用也是需要辨析的。不过，哈贝马斯的理论关注到了文学艺术的消费者、接受者，并认为公共讨论的存在构造了现代资产阶级的生活方式，这些观点对我们的研究还是很

---

① 〔德〕尤根·哈贝马斯：《公共领域》，载汪晖、陈燕谷主编《文化与公共性》，生活·读书·新知三联书店，1998。

② 郝庆军：《报刊研究莫入误区》，《中国现代文学研究丛刊》2005 年第 5 期。

有启发的。

　　至于将布迪厄的文学场理论运用到文学研究中，也是产生了一些重要的成果的，如邵燕君的《倾斜的文学场——当代文学生产机制的市场化转型》。1996 年在荷兰曾召开过名为"现代中国文学场"的国际研讨会，但对这一理论在现代文学研究中的应用还处于方兴未艾的阶段。布迪厄的文学场理论将社会学的分析方法应用于文学，在占有并分析大量资料的基础上，论述了自 19 世纪下半叶以来文学场逐步自主化的过程。在这一过程中，一方面市场通过制裁、限制或通过报纸、出版业直接作用于文学活动，另一方面当权者通过各种媒介施加影响，将他们的观念强加给艺术家。因此要争取自主，艺术家必须要独立于外部的政治或经济权力，与当权者及其价值观保持距离。但是随着文学场自主性的增强，文学体裁的区分也越来越明显，而且每种体裁在生产场的内部又产生了对立的两极："一方面是纯生产的一极，生产者的主顾是他们的同行，另一方面是大生产的一极，生产者的主顾是广大的公众"，因此艺术产品的生产受到在生产场中起作用的全部因素的制约。在方法论上，布迪厄认为无论是内部分析还是外部研究，都有致命的弱点，都会导致作品分析的片面性，而"场的概念有助于超越内部阅读和外部分析之间的对立"①，由于文学场、权力场或社会场具有同源性，许多选择都是双重行为——既是内部的，又是外部的，既是美学的，又是政治的，因此他将现象学的分析角度与结构性的分析角度结合成为一体化的社会研究方式，这种方法既分析权力场内部的文学场的位置及其时间进展，也分析文学场的内部结构，同时分析位置占据着的习性的产生。布迪厄正是通过这些方法的有效使用，完成了文化生产场这个充满矛盾斗争、不断变化发展的力量空间的构建，戳穿了文学独立王国的假象，以期达到对作品的科学认识。布迪厄的理论有很强的实践性，他用来进行理论操练的包括福楼拜、海明威的小说，也包括 15 世纪意大利的艺术场。比照 20 年代的北京，其文化场域的特点与性质与布迪厄的理论必然会有许多的不符之处，比如在现代中国，权力资本和商业资本能够在多大程度上作用于文化的发展是一个需要详细辨析的问题，不

---

① 〔法〕皮埃尔·布迪厄：《艺术的法则——文学场的生成和结构》，刘晖译，中央编译出版社，2001。

过他的理论也启示我们，只有把文化场域的内部逻辑同外在于它的社会逻辑结合起来，研究它们之间的相互作用，研究文本和语境之间的共生性关系，并把社会分析应用到文化生产、文化生产者及文艺作品的形式和语言层面上来，才可能对这一场域获得全面而合乎实际的认识。

借助"公共领域"概念和文学场理论，本书试图建立一个"文化空间"的概念，这一空间里除了要考虑文化生产者的作用，也需要充分关注文化的接受者、消费者；但是这一空间要比哈贝马斯所说的自由主义的言论空间更大，它包含了更多文化的外部因素，比如政治权力的作用以及文化生产过程中发生作用的各种要素。如果在 20 年代的北京存在着这样一个在某种程度上受到各种外部因素制约的，由文化生产者、文化消费者共同参与文化生产的文化空间的话，那么考察这一空间的最佳媒介无疑非报纸副刊莫属。现代中国的报纸副刊作为一种传播媒介，可以说是完美地集合了文化空间中的各种因素，新文学作家在其中发表作品，进行思想启蒙，而青年读者群也可以发表意见，进行反馈；副刊上的论争、论战提供了具体而生动的历史语境；编辑者、出版方乃至意识形态的控制则显示出了个人趣味、政治权力与文化场域之间的控制与反抗。基于以上考虑，本书希望借助公共领域和文学场理论，在保持惯有的内部研究的同时，在全面占有副刊文本及史料的基础上，以报纸副刊来考察 20 年代北京的文化空间，通过对报纸文艺副刊中所呈现出来的文化与政治的关系、文化界内部的权力争夺、城市中文化生产群体的聚合分化、阅读受众群体的形成和变化等问题的讨论，建构丰富生动的文化空间，也希望最后能够对文化空间当中的各种外部、内部因素到底对新文化运动起着怎样的作用、它们之间又是以什么样的关系存在并作用于自身和他者这样的问题给出尽可能圆满的回答。

第一，20 年代北京的文化空间与政治权力之间有着密不可分的联系。由于新文化运动的开展，西方各种先进的思潮、理论不断被介绍到国内，人们希望在这些理论、主义中找到解决中国自己的问题的方法，并使中国重新走上复兴之路。本书第一章通过考察《晨报副刊》上对于无政府主义和马克思主义的介绍及论争，探讨作为研究系机关报的《晨报》在此时积极宣传无政府主义和马克思主义背后的内在理路和文化逻辑，并指出北京大学自由的学术氛围、报刊出版界宽松的舆论环境及编辑陈溥贤个人的倾向和努力，都在《晨报副刊》对无政府主义和马克思主义的传播方面发挥了不可忽视的作用。在本书的第三章中，青年学生和教育当局的矛盾升级，除了有当时教育独立呼声高涨的因素，新文化人因此分裂成英美派与法日派，或是"现代评论派"与"语丝派"，在其内在理路中也可以找出政治分歧的原始动力。事实上，由五四运动开启的 20 年代，因为整个思想启蒙议题与新文化运动都不是局限于文学、文化内部的活动，其背后更为宏大的政治构想和理念，在整个 20 年代都左右着文化空间的发展倾向，也左右着居于其中的新文化人在文化与政治之间的左右摇摆。

第二，20 年代北京的文化空间内部一直存在着权力斗争的潜在线索。本书第二章"访学潮"关注 20 年代众多西方学者来华讲学的特殊现象，以杜威和罗素思想对于中国的影响区别为问题的起点，考察两人受邀的政治、文化背景，以及国人对他们的不同期待，并从两人的接受角度揭示当时北京文化界的权力之争。在第三章中，新文化人分化的原因，虽有教育背景、文化理念等层面的冲突，但两方的激烈论战、各不相让，并分别创办或接手报纸副刊与杂志，背后未使没有争夺舆论界的倾向和掌控话语权的努力。20 年代北京文化空间内部的权力斗争，作为 30 年代"京派"与"海派"之争的先声，在某种程度上也预示了下一个十年文化空间的发展路径。

第三，20 年代北京的文化空间是由不同的文人群体组成的，他们活动于其中。这些文人群体既在同一阵营内部出现分化，同时也与其他代际的文人群体产生关系，这些分属于文化生产者、文化消费者等不同角色的文人群体构成了文化空间的主体，探讨他们之间的关系有助于我们对于整个文化空间的理解。第三章以孙伏园的辞职风波为考察对象，充分肯定其在《晨报副刊》期间，通过对副刊的改革在为新文学提供发表的场所、为新文化界培养新人及利用卓越的编辑手段组织各种问题讨论等方面对于聚合五四后的新文化人所做出的努力；同时也通过全面考察他辞职背后的种种原因凸显 20 年代中期北京文化界的文人分化，并深入探究报纸副刊在"现代评论派"和"语丝派"的对立、论战中担任的角色和所起的功用。第四章和附录二其实是从不同角度补充第三章的内容。当年在《新青年》杂志中集结的新文化人，除了在 20 年代后期分化成两个文人集团，还有其他的分化方式，吴虞的方式可以算作一种"堕落"或是"倒退"，而张竞生则在学术方向和方法的转变中实践着另一种转向。第五章集中处理"苏谢事件"这一个案，利用大量历史资料还原事件发生的全过程，并从青年男女作家的对立、青年文化人群体共进退的生存方式、青年文化人群体与五四一代文化人群体的关系等层面来探讨新文化运动在新的历史语境下产生的种种意想不到的后果。第五章则将报纸副刊的读者纳入研究视野，在分析 20 年代读者构成的具体情况之后，以孙伏园在《晨报副刊》、《京报副刊》上组织的两场大讨论来凸显当时副刊读者的爱情观、文学观并显示"子一代"的精神特质。

三　故事分析法

本书的写作方式是"故事分析法"。

所谓"故事分析法"，就是每章选取一个"故事"进行分析，在对"故事"方方面面的开掘中实现种种的研究意图。此处的"故事"可以是一个人物、一个事件、一场论争，总之是需要具备基本的情节因素，而不会使研究散漫无边，如第二章专论杜威与罗素之不同，第三章以孙伏园辞职风波为线索，第四章集中于"赠娇寓"诗作的前因后果，第五章以还原"苏谢事件"为主，第六章以两场讨论为对照。之所以采取此种方法，一方面是由于报纸每日出版，报纸副刊上的资料比较零散，选取有代表性的典型事件进行分析是相对现实、有效的处理方式；另一方面，报纸副刊与其他传播媒介的最大不同，仍在其与新闻的紧密联系，直至今日，新闻的讲述方式仍和"讲故事"难以完全区隔，影响及于报纸副刊的表现，就是各种"故事"的无处不在。

在具体的操作过程中，20 年代发生在《晨报副刊》和《京报副刊》上的"故事"——征求、讨论、诘难、攻讦——大大小小、不计其数，内容涉及思想、语言、文学、文化、道德、政治等层面，如何确定选取的标准是最先面临的挑战。由于本书依托报纸副刊呈现 20 年代北京的文化空间，因此一方面要挑选能够充分体现报纸副刊区别于其他传播媒介的特质的"故事"，如"辞职风波"一章针对副刊的聚合、分化功能，"苏谢事件"一章表现"正刊"与"副刊"的区隔，最后一章集中展现读者面貌等；另一方面则要兼顾文化空间的各个层面，比如第一章体现文化与上层建筑的关系，第二章凸显空间内部权力的争夺，接下来的各章分别展现老、中、青三代文化人的不同选择和复杂联系等。在选取出典型事件之后，还要对这些事件进行典型分析。一般先通过大量发掘史料还原"故事"的来龙去脉，然后从各个角度对"故事"进行解读，并由此拓展到20年代北京复杂多变的文化空间，如第一章以《晨报副刊》上的政治讨论解读副刊的生存环境，第二章以两位名哲的境遇对比透视其背后的权力争夺，其后对于文人群体的考察也都联系故事主角的家世、背景和教育成长历程，并由此生发出具普遍意义的文化命题，也是希望通过这种细致入微的个案研究来探索"故事分析法"对于副刊研究的有效性。

另外，本书致力于对文化空间的呈现，性质上接近于还原历史或是文学史描述，因此本书在一定程度上借鉴了海登·怀特的历史叙事理论。海登·怀特将历史修撰作为自己的研究对象，提出了历史修撰的五个重要方面：编年史、故事、情节编排模式、论证模式和意识形态含义的模式。"这五个方面是任何一部历史著作都不可或缺的要素，构成了怀特所说的'历史场'，其中包括未经加工的历史记录，各种历史叙事，以及历史著作与读者之间的一种协作关系"，"是历史的书写及其接受的五个阶段"①。在海登·怀特看来，编年史纯粹是一个罗列事件的名片，只有在经过历史学家的精心选择和编序后，才由一系列的事件变成了有意义的"故事"。海登·怀特此处所说的"故事"，具有可辨认的形式，能够追溯从社会和文化过程的开端到终止的序列事件的发展过程，历史学家只有通过发现、识别、揭示或解释被编年史所掩藏的"编排情节"，才能完成将编年史建构成历史叙事的过程，而正是这种"叙事性"才能揭示和解释历史事件的意义、连贯性和历史本身。从编年史到有叙事性的故事需要经过三个阶段。

第一，通过情节编排进行解释，也就是海登·怀特所说的"通过识别所讲故事的种类为故事提供意义"。

第二，通过形式论证进行解释。所谓"论证"是指"话语论证"，分为形式论的、有机论的、机械论的和语境论的论证。

第三，通过意识形态含义进行解释。海登·怀特提出了四种基本的意

---

① 《译者前言：海登·怀特的历史诗学》，载海登·怀特：《后现代历史叙事》，陈永国、张万娟译，中国社会科学出版社，2003。

识形态立场：无政府主义、保守主义、激进主义和自由主义。

通过以上的过程，伟大的历史学家就能够利用各种因素之间的辩证张力，在各个因素中寻找审美的平衡点，给其著作以总体的连贯性和一致性，在历史叙事中使真正发生的事件以诗意的解释和再现。因此，从某种程度上说，历史叙事和文学都具有"虚构性"，但历史叙事必须要接受真实性的检验，也就是说，要能拥有赋予真实事件以意义的能力。

因为按照海登·怀特的说法，历史叙事也需要通过"虚构"、"解释"来赋予事件以意义，因此本书作为一种文学叙事，也适当参考了海登·怀特的种种解释方法，将报纸副刊上的故事通过种种手段建立起逻辑联系，以期还原更接近于真实的历史事件和文化空间，推进自己的研究。

第一章

"主义竞赛"：报纸副刊的政治背景与生存环境

第一节 《晨报副刊》与无政府主义

斯诺在《西行漫记》中记述，毛泽东谈到自己在北京大学当图书馆助理员时曾说道："我常常和一个北大学生，名叫朱谦之的，讨论无政府主义和它在中国的可能性。"① 而后来成为哲学家的朱谦之则这样回忆那段时光：

> 一九一七年，我进北大预科读书时，在北大图书馆里，陈列着不少无政府主义的书刊。如《晦明录》、《民声》、《实社自由录》等。那时，克鲁泡特金的书，全译本还很少，如《法律与强权》，此外，有《互助论》等的节译本，印成小册子。另外，《晨报》有《地底下的俄罗斯》一文，介绍虚无党。李石曾翻译的《夜未央》，在国外影响较大，也是介绍虚无党的。在那个时候，所谓新思想，就是指的无政府主义思想。无政府主义思想揭发社会的黑暗，是作为社会主义思潮被介绍到中国来的。②

作为中国无政府主义运动的亲历者，朱谦之的回忆多少有些夸张，当

---

① 〔美〕埃德加·斯诺：《西行漫记》，董乐山译，东方出版社，2005。
② 《朱谦之的回忆》，载《无政府主义在中国》，湖南人民出版社，1984。

时所谓的"新思想"五花八门、名目众多，绝不仅仅是指无政府主义思想，而且无政府主义思想在五四前后已经开始了在现代中国的第二轮传播高潮，已经算不得是"新"思想了。

无政府主义（Anarchism）西文源于希腊文 anarkir，指没有统治，因此 Anarchism 一词在中国曾被译为"无强权主义"、"无治主义"，音译为"安那其主义"、"安挪克主义"。无政府主义是一种关于"人的解放"的社会政治思潮，直接指向人的"绝对自由"，不仅要求消除国家制度，而且要求消除包括政府、法律、宗教、家庭等一切对追求个体自由构成障碍的社会强制因素，以及人与人之间的权力支配关系，从而实现一种具有最大限度个人自由的社会，在此社会中，物质财富得到公平的分配，公共职责通过自愿达成的协议而得到履行。无政府主义先后分为三派：施蒂纳和蒲鲁东的无政府个人主义、巴枯宁的无政府工团主义及克鲁泡特金的无政府共产主义。早在 20 世纪初，留学欧日的中国留学生就已经接触到了这种理论，并通过翻译将它引介到国内，马君武的《俄罗斯大风潮》（1902）、张继的《无政府主义》（1903）、金一的《自由血》（1904）及陈冷翻译的一系列俄国虚无党的小说都曾经风靡一时，而热衷于进行理论输入的报刊更是不遗余力地向国内的读者介绍无政府主义的"自由、自治，铁血主义之手段，牺牲精神"[①]。由于无政府主义思想强调个人的绝对自由、反对专制统治，以及俄国虚无党的种种暗杀、爆炸的暴力手段，正迎合了当时如火如荼的反对清政府的革命运动，因此无政府主义思想在中国迅速流行，并直接引发了"天义派"、"《新世纪》派"、晦明学社、民声社等无政府主义团体的形成，上文朱谦之回忆中提到的书刊很多就是这些社团的产物。到了 1917 年，俄国革命的胜利与民国成立后让人失望的政治现实两相对照，更进一步激起了国人对俄国革命历史的关注，因此从此时一直到五四前后，中国舆论界对无政府主义的介绍和传播进入了第二个黄金期。朱谦之提到的《晨报》，自 1918 年由《晨钟报》改组以来更是当仁不让，在北京报界扛起了宣传无政府主义的大旗。

---

① 大我：《新社会之理论》，《浙江潮》1903 年第 8、9 期。

一

1919 年 4 月 25 日，《晨报》“自由论坛”栏目刊登了一篇名为《梁乔山先生致某君书》的书信节选，其中的“某君”是时任《晨报》常务董事的张澜，他和《晨报》社长蒲伯英早年是一起发动四川保路运动的同学、同志，也同为进步党的成员，不过，蒲伯英就任《晨报》社长是由于其“政党政治”的理想一再幻灭，终于决心“脱离政治生涯”，“尽力于舆论指导和社会教育，以一个‘文化人’的面目出现”[①]，张澜却仍然在苦苦寻找政治改良的方法，他“颇闻人言社会主义，欲一知其底蕴而苦于无书可读”[②]，因此梁乔山写信向他剖析了当时社会上非常流行的“社会主义”学说。梁乔山认为社会主义制度分为两种：一个是无政府主义，一个是国家社会主义。所谓无政府主义，“即三无二有主义，三无者，无政府，无家庭，无宗教。二有者，各尽其力，各取所需”，而实现这种主义的标准，则要“露积其财货而无人窃取，与美女同宿而不起淫心”，在他看来，人是一种喜竞争、好安逸的动物，因此要想实现无政府主义，必须先使民德发展到能够克服这两种弊端的程度才有可能，“否则恐徒乱社会之秩序，率天下为禽兽而已矣”。而“国家社会主义”则是梁乔山一直提倡的：国家主义以国家为资本，以民众为劳动者，民众共同生产，共同消费，能够排除独占而实现平均，是一种“光明正大”的主义。具体到中国当时的情况，由于私产制还不发达，因此无须经过社会革命可以直接经由国家政策来达成，不过民智獉狉，军阀财团割据，如何能让国家法律发生效力，迅速实现民治主义，则是最难解决的。对此，梁乔山给出了自己的解决方案：吸收财阀的财产以与贫民平均，规定私产制的最低限度，破除家族制和废除财产承袭制。另外，在第二封来信中，他又具体谈到了实现“国家社会主义”的两个重要条件：提倡“新教育的精神”，即宣传个人拥有的社会权利与应承担的义务，以及普及“真值”[③]（即土地资本劳力的原值）的概念。

---

① 《蒲殿俊传》，载李兴普等《阔人的孝道》，中国戏剧家协会四川分会、《戏剧与电影》杂志社编印，1990。

② 《某君答梁乔山先生书》，《晨报》1919 年 4 月 28 日，第五版。

③ 《梁乔山先生再与某君书》，《晨报》1919 年 5 月 2 日，第五版。

梁乔山对无政府主义和"国家社会主义"的看法刊登后，首先就得到了张澜的回应。张澜很认同梁乔山对"国家社会主义"的选择，他认为中国连年战乱，民生凋敝，物价却连连攀升，新晋的资本家与政府勾结引起了民众的不满，而兴办产业的人又解决不了众多游民的就业问题，反而用强权夺利于民，这些都足以促使社会革命的发生。但一旦以革命的手段来实现社会主义，就很难避免"徒袭社会主义之名词，揭社会主义之旗帜，而肆行其掠夺杀戮之惨"的后果，因此张澜寄希望于通过政府解决财产不均的问题，并普及教育，将"国家社会主义"的理念加以宣传，靠"先知先觉诸人"① 来实现"国家社会主义"的制度。

不过反对意见也随之而来。王光祈以笔名"若愚"向《晨报》投稿，阐述自己对无政府主义的不同看法。王光祈作为五四时期空想社会主义的代表人物之一，积极参与了各种社会活动，在这场讨论结束后不久，即与李大钊、曾琦等发起组织了少年中国学会，并被推选为执行部主任，还在陈独秀、蔡元培、李大钊等人的支持下，创建"工读互助团"，实践新村生活的理念，因此，他凭借对无政府主义理论的深入了解，对梁乔山的观点一一进行了质疑。首先，王光祈不同意梁乔山简单地以"三无二有"来概括无政府主义，因为无资本、无军备、无祖国、无国会等都是无政府主义的应有之义，而"各尽其力，各取所需"也是共产主义、集产主义的一种基本原则，用来界定无政府主义也略显宽泛，王光祈自己对无政府主义的定义是："无政府主义者，反对一切强权的组织，而主张互助自由的社会者也。"其次，梁乔山因为没有国家社会的制裁无法克服人性弱点而不赞成无政府主义，王光祈也并不赞成，因为无政府主义的派别也有很多，其中最重要的无政府共产主义提倡劳动互助，并通过社会制裁的方式来实施，并非对人性毫无办法。再次，王光祈对梁乔山所提倡的"国家社会主义"也有疑虑，因为一旦资本集中于国家，对个人自由有何影响，还不好估量。最后，梁乔山认为中国可不必经过革命而直接通过国家政策来实现"国家社会主义"，而王光祈认为无论中外的资本家和政府都无法分割，因此必须经过社会革命才有实现的可能。既然革命潮流不可抗拒，王光祈主张"尽自己的力量，使一般劳动者自身觉悟，为一种有理性的，有秩序的

---

① 《某君答梁乔山先生书》，《晨报》1919 年 4 月 28 日，第五版。

动作，一方面使他们知道工作与人生的价值，一方面设法增长他们的利他心"，实践他所一贯提倡的"工作主义"①。

王光祈对于社会主义概念的分析梳理很快引起了《晨报》读者的兴趣。事实上，晚清以降，无政府主义、虚无主义、社会主义、共产主义、集产主义等概念就不断地被引入中国。由于理论来源的渠道以及翻译命名的不同，这些概念常常同中有异，异中有同，呈现出复杂交织的面貌。再加上像张澜这样无书可读，或者无法读外文的读者，道听途说，更易造成混淆，因此，对社会主义的理论、派别和概念进行爬梳和辨析，确实是一项非常迫切的工作。应读者的要求，王光祈专门在《晨报副刊》撰文，系统地梳理了"国家社会主义"和无政府社会主义的来源与区别。在他看来，"国家社会主义"和无政府社会主义是社会主义内部的两个派别，两者在政治上以主张有无政府来区分，而在经济上则以主张共产或集产相区别。主张"国家社会主义"的以马克思为代表②，包括当时俄、匈、德、奥等国的过激派，而无政府社会主义的代表人物是巴枯宁、克鲁泡特金等，我国的刘师培等无政府主义先觉者也多属此派别。两派自1864年万国劳动者大会上的激辩后即完全决裂，之后一般皆把"国家社会主义"叫作社会主义，将其党人叫作社会党，而无政府社会主义党人则自称无政府党，或无政府社会党、无政府共产党。至于无政府社会主义内部，也有许多派别，如无政府共产主义、无政府集产主义、个人无政府主义等，在无政府的政治主张前提下，以经济主张的不同相区分。此外还有文学、宗教等层面的无政府主义。接下来，王光祈借用自己在《每周评论》上发表的文章来具体辨析无政府共产主义与"国家社会主义"在政治、经济上的不同主张。无政府共产主义又叫互助的无政府主义，代表人物是克鲁泡特金。他反对一切形式的强权，主张"把现在极悲苦的旧社会推翻，另造一种极快乐的新社会"，而其组织的方式就是建立多数人的自治团体，"只要适合于人类生存的小团体，不要担个虚名的大国家"。在经济方面，克鲁泡特金提倡生产机关与所生产的物品全部由社会全体共有，"各尽所能，

---

① 若愚：《读梁乔山先生与某君论社会主义书》，《晨报》1919年4月29～30日，第五版。
② 其时各种社会主义的理论在翻译与命名方面尚未统一，情况相对混乱，王光祈所谓的"国家社会主义"和后世普遍理解为希特勒德国所奉行的"国家社会主义"并非同一概念，而更接近俾斯麦的"社会政策说"，后文还有进一步辨析。

各取所需"。而"国家社会主义"是由马克思提出的，政治上主张由劳动者自己组织政府，将一切生产机关收归政府掌管，实行中央集权，经济上则提倡集产主义，公有的生产机关生产出来的物品，除去可作生产手段的，仍可归私人所有。这就与互助的无政府主义全体共有的主张根本不同，属于"各售所能，各取所值"。而这也正是互助的无政府主义所一直诟病的地方，因为人的能力有差别，但所需基本一样，因此如果"各售其能"，则大家的所得必然有别，"与今日的地狱社会，有何分别？"[①]。

《晨报副刊》上这场关于无政府社会主义和"国家社会主义"的讨论，也吸引了一直关注新文化、新思潮的《国民公报》副刊的主编蓝公武的注意。他不仅将王光祈的文章全文转载在《国民公报》副刊上，还写下《致梁乔山先生书》一文参与讨论，他的重点也在派别的区分上。蓝公武认为梁乔山和张澜文中所说的"国家社会主义"和马克思所提倡的"国家社会主义"其实是两个不同的概念。前者其实是俾斯麦的"社会政策说"，俾斯麦所谓的"国家"是军国主义的国家，他崇尚的是强权专制，他所提倡的"国家社会主义"其实也只是应付劳动阶级的一种说辞。后世的政治家正是看中了社会政策对于安抚社会革命的功效才纷纷倡导此说，其实与马克思的"国家社会主义"所主张的产业公有、劳动平等理念相去甚远。蓝公武自称并非"国家社会主义派"，不过是想通过讨论达到研究的目的，"而后真理可致"[②]。事实上他对社会主义有着更为深入的研究，在这场讨论开始之前，他就在《国民公报》副刊上连载长文，分析俄国的"过激派"。在蓝公武看来，以当时俄、德、匈等国家的政局来分析，俄国"过激派"所倡导的革命潮流已然一发而不可收，即使是中国也不能幸免，因此要想遏制过激主义的入侵，必须正确认识其主张的由来和优劣，才有可能"行其不可抗而去其不可行"[③]。正是在这样的前提下，蓝公武撰写了十六篇文章对"过激派"进行了系统阐述。蓝公武笔下所谓的"过激派"是当时俄国以列宁为首的布尔什维克党，国内报纸一般将其称为"过激派"。"过激派"的前身是社会民主劳动党，此党在 1903 年伦敦大会上

---

① 若愚：《社会主义的派别》，《晨报》1919 年 5 月 3 日，第五版。

② 知非：《致梁乔山先生书》，《国民公报》1919 年 4 月 29 日，第五版。

③ 知非：《俄国过激派之研究（一）》，《国民公报》1919 年 4 月 11 日，第五版。

分裂为以白来哈诺夫为首的少数派和以列宁为首的多数派（也即 bolshevi-ki 的俄文原意）时，两派的分歧多在具体政策上，"与主义无关"①。社会民主党最初提倡以工人阶级为革命之本位，并以此与提倡农奴解放的其他党派相区分。蓝公武根据列宁等于 1918 年发表的决议分析出"过激派"的宗旨与纲领："（一）劳动者为国内唯一之阶级，而不许其他阶级存在。（二）政府万能，有强迫干涉个人生活自由之大权，政府之组织，则以代表制度行之。（三）一切产业采国有制而非公有制。（四）土地公有制与产业国有制，未能完全调和，而农民与工人之利益，亦多不能一致之点。（五）不废武力，仍以强权治国。"② 在他看来，这说明"过激派"与无政府主义有着根本相反的主张，而与马克思主义相近。进而，蓝公武又阐述了"过激派"和社会主义的区别，"凡真之社会主义者，莫不抱有下列四点之主张：（一）生产机关之公有。（二）生产之公共经营。（三）生产物之公平分配。（四）社会利益之平等享受"③。至于实现的形式和方法，则各派各有不同。社会主义内部分为集产主义和共产主义，前者不废政治组织，以强力实行一切政策，后者则以个人自由联合为共同生活的基础，提倡互助，各尽所能，各取所需。接下来，蓝公武以马克思的《资本论》为根据，详细论述了集产主义的思想和主张，并说明了马克思以其唯物史观论证资本主义制度必在其全盛时期灭亡，而"社会革命实乃势所必至"的全过程。并认为，由此可见，"过激派"的主张基本与马克思的集产主义相一致，是实现共产主义的必经途径，共产主义则是集产主义的最终理想。从欧洲百余年的革命历史观之，"过激派"的革命并无特别惨烈之处，其社会组织也不过是"百尺竿头，更进一步"，"过激派之有今日，亦历史潮流之所趋，积百余年之因果事实而成者也"④。随后，蓝公武又用英国、法国的历史实例来考证劳动问题和劳动团体的关系。因为身体的原因，蓝公武的这篇长文最后没有写完，不过他对俄国"过激派"和马克思主义的态度已经基本有了大致呈现，其细致、深入的考证对国人了解这一主张的科学性和顺应历史潮流的必然性都有一定的帮助。他在后来的启事

---

① 知非：《俄国过激派之研究（三）》，《国民公报》1919 年 4 月 15 日，第五版。
② 知非：《俄国过激派之研究（五）》，《国民公报》1919 年 4 月 18 日，第五版。
③ 知非：《俄国过激派之研究（六）》，《国民公报》1919 年 4 月 19 日，第五版。
④ 知非：《俄国过激派之研究（十三）》，《国民公报》1919 年 5 月 7 日，第五版。

中还提到要利用一年的时间，"努力为文化事业之一前驱小卒"，从近代思潮中选择八种"足以代表而又崇高伟大之思想"——介绍给读者，其中就有马克思和克鲁泡特金的学说①。

在这些文章连载的过程中，讨论仍然在继续。5 月 6 日《国民公报》副刊的"读者论坛"栏目发表了费觉天的《说三无》一文，来回应王光祈关于社会主义派别的文章。时为北大学生的费觉天，日后与李大钊等人共同发起成立了北京大学社会主义研究会，并在中国最早部分翻译了《资本论》，其理论素养可见一斑。他首先对"三无二各"中的无政府、无家庭、无宗教的说法进行了辨析，在他看来，将无政府与无家庭、无宗教并举，不仅与无政府主义的本意不符，而且在理论上也有谬误之处，因为"将极端主迷信之宗教，与极端主真理之无政府主义，同时并提"② 有不伦不类之嫌，另外提倡无政府主义的托尔斯泰也同时主张建立一个新宗教，可见将两者相提并论并不能定义 Anarchism，而着力于摆脱政治束缚的无政府主义更是与是否有家庭没有必然联系，因此用无政府、无宗教、无家庭三者来定义无政府主义非常不准确。其次，费觉天对王光祈为无政府所下的定义也并不满意，因为克鲁泡特金的"无强权"的定义，从严格意义上来说指的是无强暴统治权，对于自由结合的团体是默认的，因此并非像王光祈所定义的那样"反对一切强权的组织"，更何况王光祈所谓的"自由结合"，在无政府主义内部也有个别派别如个人无政府主义是加以否定的，因此"无强权"已可表明无政府主义的态度，王光祈的定义反嫌累赘。

费觉天的质疑首先得到了蓝公武的回应，蓝公武不同意费觉天单纯从消极意义上定义无政府主义为"无强权"，因为不管是社会主义还是无政府主义，其终极目的在于"建设人类平等自由之社会，完满幸福之生活"，是以积极建设为宗旨和归宿的，而消极破坏只是过渡时代的手段，两者的区别也体现在建设方法上的不同。即使是在各国政府压迫监视的恶劣环境下，近年的无政府党人也在努力于建设一面，俄国的互助生活团体、日本

---

① 《知非启事》，《国民公报》1919 年 5 月 27 日，第五版。其他六种分别为：柏格森（Bergson），实用主义（Pragmatism），欧根（Enchen），尼采（Nietzsche），托尔斯泰（Tolstay），朴安卡兰（Poincare）。

② 费觉天：《说三无》，《国民公报》1919 年 5 月 6、7 日，第五~六版。

的新村运动均可证明。因此，"无政府主义之仇视强权也，以其背反人道而有妨理想生活之实现耳，非即以此为目的也"①。

随后，王光祈的回应也刊登在了《国民公报》上。王光祈表明自己所下的定义仅指克鲁泡特金的无政府共产主义，与费觉天所说的个人的或基督教的无政府主义无关。同时，他也不同意费觉天对宗教的看法，在他看来，"宗教问题在现代社会中，仍是一种亟待解决的问题，并不是不成问题，在二十世纪提倡反对宗教，也不是一种笑话"，他更是将托尔斯泰的主义称为"不彻底的无政府主义"②。对于无家庭，其反对的理由则是为了充分地发挥个人自由，脱离家庭的专制，并非像费觉天所理解的狭隘的不嫁娶、恋爱自由。另外，无政府主义的"无强权"不仅反对国家之统治权，更反对一切不平等之经济、宗教、家庭制度，因此费觉天的异议也不能被王光祈接受。

对于两人的回应，费觉天又进行了进一步的申辩，他不承认自己的定义是消极的，因为"盖一者相形，非彼而不非此，不非此者，即承认此也，即表彰此也"，因此"无强权"三个字中除了包含"反对强权"的意思，同时也含有"承认自由意志"、"承认自由意志为组织团体之一种无上要素"③ 等意义，还能够说明现行组织之不良，将所欲除之组织和所欲建设之组织、两者的相同与相异、实行无政府主义的方法、表扬互助、实行恢复自由结合、天赋人权等要点。至此，费觉天的论辩已遁入文字游戏之道，脱离了学术讨论的路径，难怪蓝公武对此只能无奈地重申"无论何种主义，各有其是非，不以先见为主，去其非而存其是，则端在吾辈研究学问者之责任耳"④。反倒是一个多月后梁乔山在《晨报副刊》上对王光祈、蓝公武的回复，使得这场讨论终于有了个完满的结束。梁乔山首先坦承他"不解西文，未读马克斯资本论原文"，他提出的经济主张，"与其曰祖述马克斯之主义，毋宁曰弟所独抱之主义也"⑤。其次，从中国现实的国情出发，他仍坚持无政府共产主义在现时无法实现，只能实行"国家

---

① 知非：《致费觉天先生书》，《国民公报》1919 年 5 月 8 日，第五版。
② 若愚：《致费觉天先生书》，《国民公报》1919 年 5 月 10 日，第五版。
③ 费觉天：《答知非先生书》，《国民公报》1919 年 5 月 16 日，第五版。
④ 知非：《答费觉天先生书》，《国民公报》1919 年 5 月 17 日，第五版。
⑤ 《梁乔山君答知非若愚两君书》，《晨报》1919 年 6 月 23 日，第五版。

社会主义"。至于以社会政策的方式来实行，并非如蓝公武所说的效仿俾斯麦的军国主义政策，而是实现社会主义的方法，梁乔山并详细列出了他认为必需的五项政策，认为只有积极实行这些社会政策，然后才能进入蓝公武所说的以革命的方式从社会主义转变为无政府主义的阶段。

通过这场小小的辩论，我们可以看到，虽然无政府主义理论传入中国已有近二十年的时间，但是显然国人对这一理论的接受仍然处于初级阶段，连基本的定义、宗旨和派别都还没有最基本的共识，再加上无政府主义最初是被当作社会主义理论的一派引入中国的，事情就变得更加复杂。如此众多的名目、学说、门派在这么短的时间里一股脑地涌入，确实会让很多不通外文的国人迷惑混淆，而那些能够从外文书籍中获取信息来源的，又因为这些理论经过各种语言、各种学者的转译加工，得来的知识常常说法不一，甚至自相矛盾，因此，五四前后对无政府主义的宣传仍然有很多最基本的工作要做。

二

《晨报副刊》对于无政府主义的宣传确实称得上不遗余力，除了这场讨论之外，表1-1统计了《晨报副刊》在1920年7月孙伏园出任主编之前，发表的关于无政府主义的文章，因为当时是将无政府主义作为社会主义理论的一个派别来介绍的，因此两者常常被相提并论或互相混淆，很难彻底分开①，中共党史的研究者甚至认为，正是因为这种混淆才推迟了中国的激进分子对于科学社会主义的接受②。因此将其中关于社会主义的文章中无政府主义占主要篇幅的也列入此表（见表1-1）。

从表1-1可以看出，早期关于无政府主义的文章以译介为主，既有对俄国虚无党革命运动的历史回顾，也有对无政府主义的起源及其重要人

---

① 具体情况参见蒋俊、李兴芝《中国近代的无政府主义思潮》，山东人民出版社，1991。

② 阿里夫·德里克认为，"有证据表明，中国的激进派最初并不是把俄国的十月革命看作是马克思主义的革命而是看作无政府主义的革命——或至少是与无政府主义的目标相一致的革命"，见阿里夫·德里克《中国革命中的无政府主义》，孙宜学译，广西师范大学出版社，2006。而国内的研究者也认为，这一时期（1919年五四运动前），许多人认为俄国十月革命的胜利是无政府共产主义的胜利，不满中国现状、希望革命的中国激进分子因而开始信仰无政府主义。见朱成甲编《中共党史研究论文选》，湖南人民出版社，1983。

物的系统介绍，还有一些经典文献的直接翻译，上文关于无政府主义的讨论也是以概念、主张的辨析为主，而到了 19 世纪 20 年代，则多是中国的无政府主义者进行本土化探索的主张和分析，清晰呈现出了理论从传入到接受再到实践的过程，而且这一过程的进行十分迅速，进一步显示出国人对无政府主义理论的极大兴趣和热情。从著译者的身份来看，接受、传播这一理论的人员情况复杂，既有早年参与革命的前辈（吴弱男、蔡元培），又有当时新文化运动中的领军人物（周作人），还有血气方刚的青年学生（罗家伦①、王光祈），更多无法考辨的作者更是充分证明了这一理论的接受层面之广，人数之多。另外，通过早期文章的译者附识或是绪论可以看出，大部分的译介者对无政府主义和社会主义的理论本身，都抱持着相对客观理性的态度，并非以此种主义或理论的拥趸的身份加以鼓吹或是推广，而是以研究为姿态，以考察为目的，以介绍为旨归，在真正意义上进行着学理输入的工作，也就是所谓的"严守学者态度，以其为学问上研究之对象"，这就和当时无政府主义社团所出版的杂志上的态度有所区别，甚至和当时其他地方报纸上的态度也有所不同，要考察其中的原因，必须联系《晨报》的政治背景以及当时北京的文化氛围。

表 1-1　《晨报副刊》上关于无政府主义的讨论文章

序号	时间	栏目	名称	作者	译者	备 注
1	1919 年 2 月 26 日	译丛	俄国式革命之由来		潜	
2	1919 年 2 月 27 日～5 月 24 日	革命实话	地底的俄罗斯	日本宫崎龙介	可叔	原作者为俄国民粹党人司特普尼亚克（Stepniark），述俄国虚无党人之事

---

① 罗家伦（1897～1969），字志希，笔名毅，绍兴人。1914 年入上海复旦公学，1917 年肄业后进入北京大学文科。1919 年，在陈独秀、胡适支持下，与傅斯年、徐彦之成立新潮社，出版《新潮》月刊。同年，当选为北京学生界代表，到上海参加全国学联成立大会，支持新文化运动。五四运动中，亲笔起草了印刷传单中的白话宣言（其中文言篇由许德珩起草）《北京学界全体宣言》，提出了"外争国权，内除国贼"的口号，并在 5 月 26 日的《每周评论》上第一次提出"五四运动"这个名词，一直沿用至今。五四运动后，接任《新潮》主编。

续表

序号	时间	栏目	名称	作者	译者	备 注
3	1919 年 3 月 29 ~ 30 日	自由论坛	何为无政府主义	法国 Aldregirard 著		记者附识：自俄德革命以来，无政府主义，传播益广，渐由秘密结社，而进于公开运动。其主义之当否，运动之成否，姑置弗论。唯在今日既为社会上一种有力之主义，则吾人亦未可漠然置之。盖吾人严守学者态度，以其为学问上研究之对象可也。兹编为无政府主义者之代表的著作，读者阅之可略窥无政府主义之内容
4	1919 年 3 月 30、31 日	名人小史	蒲鲁东	顽石		
5	1919 年 4 月 4 ~ 11 日	自由论坛	论无政府主义	克洛扑秃金		译者附识：兹篇系俄国无政府党领袖克洛扑秃金（Peter Kropotkin）所著载在大英百科全书。克氏历史已详见《国民公报》上贻上君所译载之克氏自叙传，读者幸参阅之
6	1919 年 4 月 19 日 ~ 7 月 30 日	名著新译	俄国革命史	塞克	志希（罗家伦）	作者在绪论中说：我做这本书的意思，就是要使美国人民，知道在俄国一九一七年三月大革命以前的种种革命运动，所以酝酿大革命的缘由，及大革命以后至于现在的期间内俄国情形之发展
7	1919 年 12 月 1 日	传记	俄国革命之祖母 Catherine Bleshkowsky	吴弱男[①]女士		
8	1919 年 12 月 4 日	论坛	城市中的新生活	王光祈[②]		宣传"工读互助团"
9	1919 年 12 月 12 日	论坛	工读研究	一个学生		与王光祈的商榷
10	1920 年 1 月 24 日	论坛	新村运动的解说（对于胡适之先生的演说）	周作人		对"新村运动"的解释
11	1920 年 1 月 28 日	论坛	工学片谈	世豪		宣传"工学主义"
12	1920 年 2 月 6 ~ 19 日	名人	现在学者/社会改造家传略		绍虞[③]	欧文、圣西门、傅里叶、巴泰勒尔米·普罗斯佩·安凡丹、圣阿芒·巴扎尔、费希特、柏拉图

续表

序号	时间	栏目	名称	作者	译者	备　注
13	1920 年 6 月 23～24 日	讲演录	新村的理想与实际（6 月 19 日在北京社会实进会讲演会所讲）	周作人		
14	1920 年 6 月 30 日～7 月 2 日	世界新潮	今日德国之社会学说	Megrick. Booth（英国学者蒲士）		译自英国 *Socialist Review*
15	1920 年 8 月 21 日	书评	社会主义史序	蔡元培		原书名为《克卡朴氏社会主义史序》（*A History of Socialism*），作者为 Thomas Kirkup

注：①吴弱男（1886～1973），安徽省庐江县南乡沙湖山人。1902 年赴日本东京，在青山女子学院攻读英语。1905 年加入同盟会，任孙中山英文秘书。1909 年与章士钊在伦敦结婚。

②王光祈（1892～1936），中国音乐学家、社会活动家。字润玙，一字若愚。1892 年 8 月 15 日生于成都温江。1914 年到北京，入中国大学攻读法律，同时任职于清史馆，并先后担任成都《四川群报》驻京记者和北京《京华日报》编辑。1918 年与李大钊、曾琦等发起组织"少年中国学会"，在翌年 7 月 1 日的成立大会上，被推为该会执行部主任。同年底，在陈独秀、蔡元培、李大钊等支持下，又创建"工读互助团"。1920 年赴德国留学，先学德文和政治经济学，并兼任《申报》、《时事新报》和北京《晨报》的驻德特约记者。1922 年起改学音乐，1934 年以论文《中国古代之歌剧》（今译《论中国古典歌剧》）获波恩大学博士学位。1936 年 1 月 12 日病逝于德国波恩。

③郭绍虞（1893～1984），语言学家、文学家、文学批评史家。原名希汾，字绍虞，江苏省苏州市人。1910 年在苏州工业中学上学时与同学创办文学刊物《嘤鸣》。1913 年到上海教书。1916 年出版专著《战国策评注》。1919 年任北京《晨报副刊》特约撰稿人，编写《马克思年表》、《近世美学》、《艺术谈》等。

《晨报》和它的前身《晨钟报》都是"进步党—研究系"的机关报。1906 年 9 月 1 日，清政府迫于当时的政治形势，宣布预备立宪，全国各地方的士绅如张謇、汤化龙、蒲殿俊、汪大燮、林长民、梁济善等发起了大规模的请求立宪运动，而此时流亡海外的改良派领袖梁启超则成立了政闻社与国内的立宪运动相呼应，并派人参与国内的请愿活动，因此与国内的立宪派士绅建立了密切的联系，并通过徐佛苏创办《国民公报》，使其成为立宪派的大本营，而这些地方立宪派领袖也都成为日后"研究系"的核心成员。民国成立后，共和、统一、民主三党合并成为进步党，以与国会中的国民党相抗衡，其成员基本上都是立宪派人物，主要包括梁启超、张謇、伍廷芳、孙武、汤化龙、蒲殿俊、孙洪伊、蓝公武、王家襄、林长民、刘崇佑等。护国战争结束后，由于国民对于民初政党政治的混乱颇为反感，因此梁启超一派开始提倡"不党主义"，因此进步党改组为"宪法案研究会"和"宪法研究同志会"，以抵制国民党的宪法商榷会，1916 年两会宣布合并，定名为"宪法研究会"，继续在国会中与国民党竞争，而这也就成了"研究系"这一名称的来源。研究系与进步党在宗旨和人员上几乎完全一致，在梁启超的周围聚集着一批与他志同道合的同人，这些人有着共同的政治理念，有些则和梁启超本人私交甚厚，还有一些持相同文化理念的知识分子也被视为广义的"研究系圈子"① 中人。

从 1913 年二次革命失败到 1919 年底这段时间，知识界普遍对国内政治产生了失望、不满情绪，进步党—研究系政治上的失意也使他们产生了远离政治的想法。梁启超早在 1913 年共和党在国会中败给国民党后，就曾经表示了对政坛的厌倦："吾今拟与政治绝缘，欲专从事于社会教育，除用心办报外，更在津设立私立大学……若能如此，真如释重负，特恐党人终不许我耳"②。而在与袁世凯合作失败后，更是宣布"自今以往，除学问上或与二三朋辈结合讨论外，一切政治团体之关系，皆当中止，乃至生平最敬仰之师长，最亲习之友生，亦惟以道义相切靡，学艺相商榷；至其政治上之言论行动，吾决不愿有所与闻，更不能负丝毫之连带责任"③。这番宣言发表之后几个月，梁启超无法割舍的政治热情又使他参与了护国战争，但随着段祺瑞内阁的倒台，进步党的政治理想再次失败，于是梁启超决意将重心从政治转向思想文化领域："吾自觉欲效忠于国家社会，毋宁以全力尽瘁于著述。为能尽吾天职，故毅然中止政治生涯"④，并同张东荪、黄溯初等人"着实将从前迷梦的政治活动忏悔一番，相约以后决然舍弃，要从思想界尽些微力"⑤。正是在这样的背景下，梁启超及其同人

① 关于"研究系圈子"形成和人员分析的具体论述，参见彭鹏《研究系与五四时期新文化运动——以 1920 年前后为中心》，中山大学出版社，2003。
② 丁文江、赵丰田编《梁启超年谱长编》，上海人民出版社，1983，第 664 页。
③ 梁启超：《吾今后所以报国者》，《大中华》1915 年 1 月第 1 卷第 1 期。
④ 丁文江、赵丰田编《梁启超年谱长编》，上海人民出版社，1983，第 868 页。
⑤ 丁文江、赵丰田编《梁启超年谱长编》，上海人民出版社，1983，第 874 页。

张东荪、张君劢、蓝公武、蒋方震、林宰平等人先后创办了《时事新报》、《国民公报》、《晨报》、《改造》、《解放与改造》等报刊宣传他们的文化理想，并建立了讲学社、尚志学会、新学会等社团组织进行文化实践的活动。① 而此时陈独秀、胡适等人所领导的新文化运动也开展得如火如荼，并通过五四学生运动产生了广泛的影响，研究系的文化理念与新文化运动在很多方面不谋而合，这成为他们参与新文化运动的契机。

1916 年 8 月 15 日，《晨钟报》作为进步党的机关报在北京创刊，由梁启超、汤化龙主持，蒲殿俊任社长，汤化龙的私人秘书刘道铿任经理，李大钊从日本回国后受汤化龙的邀请任编辑主任，报社的地址在宣武门外丞相胡同内②。《晨钟报》后因揭露北洋军阀段祺瑞向日本大借款的消息于 1918 年 9 月被封，同年 12 月 1 日，《晨钟报》改名《晨报》复刊，成为研究系在北京的机关报，常务董事为张澜，社长仍由蒲殿俊（即蒲伯英）担任，而李大钊、陈溥贤、瞿秋白等则参与编辑工作。1919 年 1 月 31 日，《晨报》上登出了"本报改良预告"：

> 本报自二月七日起（即旧历正月初七起）将第二张大加改良：
> （一）增设自由论坛一门，欢迎社外投稿。凡有以新修养、新知识、新思想之著作惠寄者，无论文言或白话皆所欢迎。
> （二）译丛一门拟多采东西学者名人之新著，且择其有趣味者选译之。
> （三）剧评一门拟专择与文艺有关系，比较的有高尚精神者登载之。如承投稿亦所欢迎。
> 谨启。

第二张改良不到一个月，2 月 27 日的《晨报》又刊登出了新的改良

---

① 梁启超介入文化的转向，其实质仍然不无政治的目的在，"即如能在文化事业上有一番活动，亲身到学校里去传道授业，接近一批新的同志，造就一批新的人才，吸收他们，引为知己，一定可以再度建立一个新的政党，重振旗鼓，卷土重来。这样，未来的政治生命，仍然是乐观的"。见张朋园《梁启超与民国政治》，吉林出版集团有限责任公司，2007。

② 关于《晨钟报》的人员职务，各史料说法互有出入，此处沿用王政在《李大钊在〈晨钟〉报本事考信述要》中的考证，见《学术研究》1999 年第 3 期。

启事："阅者注意：本报从本日起将第二张第七版大加改良，特于自由论坛之外添设名著新译、名人小史、革命实话三门，皆取材于中西有名之著作，请阅者注意。"增设了自由论坛、译丛、名人小史、革命实话等栏目的《晨报》第二张迅速成为新思潮、新思想的传播阵地，关于无政府主义、社会主义的文章大多刊登在这些新增的栏目中，而经由这些栏目介绍的还有马克思主义、民主主义、人道主义、实用主义、康德唯心主义等。之所以会有如此的成绩，除了编辑李大钊的功劳外，也是和社长蒲伯英分不开的。蒲伯英曾是进步党的七位常务理事之一，此前由于经历了袁世凯称帝、张勋复辟等挫折，其政党政治的幻想屡屡幻灭，因此从段祺瑞内阁的内务部次长的位子上愤然辞职，决心脱离政治生涯，"尽力于舆论指导和社会教育，以一个'文化人'的面目出现"[1]。他 1899 年就曾在家乡进行革新文化教育的尝试，创办紫金精舍，聘胡峻、张澜等具有维新思想的人十执教，除讲授经史辞章外，还广及舆地、博物，宣讲"西学新书"，力矫旧学院讲学陋例。1902 年，他受聘为汉章书院院长，继续推行新式教育，并在正课之外时常讲授"时务"。1909 年 8 月，他领头集资五千元创办了四川咨议局的机关报《蜀报》，自任报社社长，聘朱山为总编，邓孝可为主笔，为在四川输入新思想、新知识，报道国内省内大事，宣传君主立宪，鼓吹改良，鼓吹早日召开国会；蒲殿俊亦在该报撰文介绍日本法政知识、国外科学论著，发表时事评论。除办《蜀报》外，蒲殿俊还陆续资助办起了《白话报》、《西顾报》、《启智画报》等报刊。由于蒲伯英一向致力于以舆论来指导社会改良，因此他由政治向文化、教育的转变就是顺理成章的了。蒲伯英的女儿蒲耀琼曾经回忆当年父亲办《晨报》时的情况：

> 顺治门大街有所房子，有一百多间房间，好多好多花园，是一所好大好大的房子。我家和《晨报》都在里面，所以那时《晨报》的事情我还是很清楚的……他把持《晨报》很紧，社论差不多都由他

① 《蒲殿俊传》，载李兴普等《阔人的孝道》，中国戏剧家协会四川分会、《戏剧与电影》杂志社编印，1990。

写，副刊他非常注意，副刊的文章一般要他过目。①

可见他对副刊的重视程度。

事实上蒲伯英这种由政治向文化的转变，《晨报副刊》上这种对于新思想、新思潮的开放心态是和研究系的文化态度一致的，梁启超曾经这样表明他对外来文化的看法："我们对于中国的文化运动向来主张'绝对的无限制尽量输入'……只要是有价值的演说，我们不分门户，都要把他介绍进来。如像我们开一个大商店，只要是好货，都要办进，凭个人喜欢买那样就那样。我常说中国学问的衰落，由汉朝的表彰六艺、罢黜百家。无论他表彰的罢黜的对不对，总是把思想的自由锢蔽了。所以我们要大开门户，对现代有价值的学说都要欢迎，都要灌输。"② 正是由于这样"绝对的无限制尽量输入"原则，使得《晨报副刊》上对于无政府主义的宣传和介绍相对于其他无政府主义社团出版的杂志刊物（如《进化》月刊、《奋斗》旬刊、《北京大学生周刊》等）来说，并没有明显的政治倾向性，而是采取了相对客观、学理的态度，展示出了五四前后不同立场、不同层面的知识分子对于无政府主义的多元化的态度和倾向。

五四时期，《晨报》算是研究系各种传媒中政治色彩最不明显的一个，研究系的《解放与改造》以及后期的《改造》杂志有着明显的政治倾向，鼓吹基尔特社会主义，上海的《时事新报》副刊《学灯》在张东荪的主持下虽然也致力于"促进教育"和"灌输文化"③，在五四运动期间贡献不少，可《时事新报》在利用《学灯》介入文化运动的同时，也登出了这样的"征文例言"："本报为研究政闻，征集政见以引起政党论之端倪，揭载重要问题与海内外有志者讨论其究竟"④，1921 年 9 月"社会主义研究"专刊创立之后，更是将研究系屡屡不能忘怀的政治抱负显露无遗。除了《晨报》在北京之外，研究系的其他报刊都在上海，因此要考察《晨报》政治色彩不明显的原因除了要考虑报社成员的个性与倾向之外，也许还有必要注意北京当时的思想文化氛围。

---

① 根据易丹对蒲耀琼的采访，见易丹《左右与螺旋》，上海文艺出版社，1999。
② 《讲学社欢迎罗素之盛会》，《晨报》1920 年 11 月 10 日。
③ 《时事新报》1918 年 3 月 4 日。
④ 《时事新报》1918 年 8 月 3 日。

三

罗家伦曾这样回忆早年在北大读书时的情形：

> 当时我们除了读书以外实在有一种自由讨论的空气，在那时我们几个人比较读外国书的风气很盛，其中以傅斯年、汪敬熙和我三个人，尤其喜买外国书，大学的图书馆，对于新书的设备比以前也好些，大家见面时候，便讨论着自己所读的书籍，而回去的时候便去看书或写信给日本丸善株式会社去定买外国书。除了早晚在宿舍里面常常争一个不平以外，还有两个地方是我们聚合的场所，一个是汉花园北大一院二层楼上国文教员休息室，如钱玄同等人，是时常在这个地方的。另外一个地方是一层楼的图书馆主任室（即李大钊的房子），这是一个另外的聚合场所。在这两个地方，无师生之别，也没有客气及礼节等一套，大家到来大家就辩，大家提出问题来大家互相问难。大约每天到了下午三时以后，这两个房间人是满的。所以当时大家称二层楼这个房子为群言堂（取群居终日言不及义语），而在房子中的多半是南方人。一层楼那座房子，曾称之为饱无堂（取饱食终日无所用心语），而在这个房子中则以北方人为主体。（李大钊本人是北方人。按：饱食终日无所用心，是顾亭林批评北方人的；群居终日言不及义，是他批评南方人的话。）这两个房子里面，当时确是充满学术自由的空气。大家都是持一种处士横议的态度。谈天的时候，也没有时间的观念。有时候从饱无堂出来，走到群言堂，或者从群言堂出来走到饱无堂，总以讨论尽兴为止。饱无堂还有一种好处，因为李大钊是图书馆主任，所以每逢图书馆的新书到时，他们可以首先看到，而这些新书遂成为讨论之资料。当时的文学革命可以说是从这两个地方讨论出来的，对于旧社会制度和旧思想的抨击也产生于这两个地方……当时学生界的思想也有一个剧烈的变动。最初的北大学生看外国书的很少，到了我们的时候，看外国书的便比较多起来了。傅盂真和我两个人，是每月都要向日本丸善株式会社（代收西书的书店）报效一点款子。[①]

---

① 罗家伦：《蔡元培时代的北京大学与五四运动》，《传记文学》1978 年第 5 期。

　　从这段文字我们可以体会到当时北大学术自由的空气，教授和学生之间可以就具体问题尽情讨论而毫无障碍，可以从日本书店中获取大量最新的书籍和理论作为谈资，其结果则是在文学、思想上都产生了巨大的影响力，这不得不归功于校长蔡元培"思想自由，兼容并包"的方针，因此北大校园中既有陈独秀、胡适等新派，也有辜鸿铭、刘师培这样的守旧派。他提倡学术民主，主张不论什么学派，只要持之有物，言之成理，就应允许其存在，"不同主张的教员，无分新旧，应允许其自由讲学，让学生自由进行鉴别和选择"①。除了学术上的考虑之外，在作为政治中心的北京城，在政坛风云变幻的 20 世纪初，蔡元培的"兼容并包"背后也有一种"拒绝党派或教会的压制，以保持教育的相对独立性"的考虑②，这种思想文化上的自由、开放不仅使北京大学成为自由主义、马克思主义、无政府主义、国家主义、文化守成主义、进化论思想、虚无主义等思潮的重要中转站和发祥地③，还带动整个北京文化界、出版界形成了努力输入、传播各种"主义"的风气。其结果是当时追随新潮的先锋人物的信仰和理想中混杂着各种理论和"主义"的痕迹，毛泽东曾经和斯诺回忆说："当时（1918～1919），我的思想是自由主义、民主主义、改良主义和乌托邦社会主义的奇特混合体。我对 19 世纪的民主主义、乌托邦主义和旧自由主义有种说不清的热情，但我肯定是反军事主义和帝国主义的。"④ 其时这种思想的混合"不是当时一个特殊的青年学生的特殊的思想状态，它实际上代表了五四运动中活跃而又不安定的年轻人的主导思想倾向"⑤。而这种思想局面的出现，不能不在一定程度上归功于当时报界、出版界的大量输入之功。

　　具体到报刊出版界，这种自由、开放的风气，还得益于当时宽松的舆论环境。民国成立之后，南京政府内务部废止了前清报律，并规定了暂行的报律三章，要求报界遵守：一、要求期限内已经出版的新闻杂志社就近

① 顾颉刚：《蔡元培先生与五四运动》，载中国人民政治协商会议全国委员会文史资料委员会编《五四运动亲历记》，中国文史出版社，1999。
② 陈平原：《触摸历史与进入五四》，北京大学出版社，2005。
③ 参见刘军宁主编《北大传统与近代中国》，中国人事出版社，1998。
④ 〔美〕埃德加·斯诺：《西行漫记》，董乐山译，东方出版社，2005。
⑤ 周策纵：《五四运动：现代中国的思想革命》，周子平等译，江苏人民出版社，1996。

向地方高级官厅呈明并报内务部注册，之后出版的须在发行前呈明注册，否则不准发行；二、"流言煽惑，关于共和国体有破坏弊害者，除停止其出版外，其发行人、编辑人并坐以应得之罪"；三、"调查失实，污毁个人名誉者，被污毁人得要求更正。要求更正而不履行时，经被污毁人提诉讼时，得酌量科罚"①。但是这三条一经提出，就遭到了全国报界俱进会的反对，因此孙中山当即要求内务部取消这三条报律，原因是"言论自由，各国宪法所重"，且"民国此后应否设置报律，及如何订立之处，当俟国民会议决议，勿遽亟亟可也"②。但事实上后来国民会议也没有指定具体的报律，因此民初的一两年间，报刊发展极为繁荣，"当时统计全国达五百家，北京为政治中心，故独占五分之一"③，成为民国成立后第一个言论相对自由的时期。直到 1914 年袁世凯当政之后，制定了新的《报纸条例》，其结构和内容虽然大多数抄自前清报律，但对报刊的控制极其严格。首先是对报纸发行人、编辑人、印刷人的条件进行了诸多限制，军人、官吏、学生以至无住所者、被剥夺公权尚未复权者等都不许从事报纸的发行、编辑、出版工作；其次是经济控制，对日刊、不定期刊、周刊、旬刊、月刊、年刊按照类别不同规定了相应的保押金额；再次是规定了一系列报纸严禁登载的内容，包括淆乱政体者、妨害治安者、败坏风俗者、外交及军事之秘密及其他政务经该管官署禁止登载者、预审未经公判之案件及诉讼之禁止旁听者、国会及其他官署会议按照法令禁止旁听者、煽动曲庇赞赏救护犯罪人或刑事被告人或陷害刑事被告人者及攻讦个人隐私损害其名誉者。如果登载了这些内容，则发行人、编辑人、印刷人都应被判有期徒刑。《报纸条例》的实施极大地限制了国内报业的言论自由，稍稍犯禁的报纸即被查封，也有很多报业从业人员因此获罪，国内舆论界经历了一段黑暗时期，"据当时的记者报道，北京的国民党报纸一律停止，北京成百家报纸只剩下二十多家"④。

袁世凯死后，黎元洪和段祺瑞立即下令废止了《报纸条例》。"报界

① 张静庐：《中国近代出版史料初编》，中华书局，1957。
② 张静庐：《中国近代出版史料初编》，中华书局，1957。
③ 戈公振：《中国报学史》，上海古籍出版社，2003。
④ 梁家禄、钟紫、赵玉、韩松：《中国新闻事业史》，广西人民出版社，1984。

庆获得一时的自由"①，短短几年，各地就创办了四百多份支持新文化的报刊。虽然出现过一些封报和逮捕新闻记者的事件，但创办新的报刊登记即可，实际影响不大，比如《晨钟报》就是因为攻击段祺瑞政府而被查封，而短短几个月后，《晨报》就复刊创立。因此这是"继民国元年、二年后，言论最为自由的时期"②，再加上蔡元培1917年出任北京大学校长后，学术自由也得到了切实保障，因此五四时期报刊的舆论环境更是宽松，客观上成就了五四时期出版界的繁盛景象。

现代传媒理论认为，政治对大众传媒的影响是决定性、占主导地位的，政治局势的变化直接影响着大众传媒的命运，这一点，前述民国以来报纸的命运就是很好的例证。另外，传媒理论声称国家政治制度和统治阶级的立场决定了一国占据主流地位的大众传媒的根本立场，同时良好的政治秩序所带来的社会稳定、经济繁荣、消费能力的提高等因素则会促使大众传媒更加繁荣③。而反观20世纪初年中国的大众传媒出版状况就会发现，主流的大众传媒时常与统治阶级的立场相左，有时更是针锋相对，而在五四前后政权的频繁更迭反而在某种程度上成为大众传媒的发展契机，大众传媒通过其影响力在某种程度上成了新的政治力量、政治活动出现的导火索和鼓动者（对马克思主义的宣传就直接促成了中国共产党的建立）。这充分反映出了当时中国政党政治的混乱和不成熟，也显示了大众传媒在中国早期艰难发展阶段蓬勃的生机与生命力。

第二节 《晨报副刊》与马克思主义

一

《晨报副刊》改革不久，一个新增设的栏目颇引起了人们的注意，这个栏目叫作"马克思研究"。虽然"十月革命一声炮响，给我们送来了马克思列宁主义"已经成为老生常谈，但事实上早在19世纪末20世

---

① 赖光临：《中国新闻传播史》，三民书局，1978。
② 袁伟时：《新文化运动与"激进主义"》，载郝斌、欧阳哲生主编《五四运动与二十世纪的中国》，社会科学文献出版社，2001。
③ 参见刘华蓉《大众传媒与政治》，北京大学出版社，2001。

纪初，马克思的名字和他的学说已经开始进入国人的视野，1899 年李提摩太翻译、蔡尔康笔述的《大同学》中，马克思作为"百工领袖"被加以介绍，并认为他的思想是"主于资本"①。梁启超早在 1902 年也在文章中提到马克思，并将他称作"社会主义之泰斗也"②，后来他又曾专门著文讨论社会主义，并引用马克思的经济学说，将社会主义概括为"土地归公，资本归公，专以劳力为百物价值之原泉"③，梁启超因此被称为"中国人最早自己撰文介绍马克思及其社会主义思想的学者"④。1903 年发行的《近世社会主义》一书更是被后世研究者称为"近代中国系统介绍马克思主义的第一部译著"⑤。一时间，关于马克思及其社会主义学说通过各种渠道（主要是日本⑥）纷纷传入中国，和其他的新思潮、新学说一样引起了国人的广泛关注。不过，这一阶段，马克思的学说还没有和笼统的社会主义思潮相分离，甚至有的时候还会与无政府主义混淆，对这一理论的接受也因接受者的立场和态度不同而存在着众多分歧（如社会革命派与社会改良派的论战、无政府主义者与社会主义者的论战等⑦），直到俄国革命的胜利，终于让马克思主义在中国的传播进入了一个崭新的阶段。十月革命的胜利证明了马克思主义的真理性和有效性，而《新青年》"马克思主义研究专号"的出版以及李大钊《我的马克思主义观》等文章的发表，"马尔克斯学说研究会"、"马克思主义读书会"等社团的成立，《共产党宣言》及各种马恩著作译本的出版，都显示出了这一阶段的新气象。

在这股马克思主义传播的热潮中，已有众多的研究者注意到了《晨报副刊》所表现出来的重要性，"马克思研究"等专栏上刊载的众多文章被

---

① 见《万国公报》1892 年 2~5 月第 121~124 册。
② 梁启超：《进化论革命者颉德之学说》，《新民丛报》1902 年 10 月第 18 号。
③ 梁启超：《中国之社会主义》，《新民丛报》1904 年 2 月第 46~48 号。
④ 杨河、胡海涛、张炳奎：《马克思主义哲学的传入与研究》，福建人民出版社，2006。
⑤ 参见姜义华《我国何时介绍第一批马克思主义译著》，《文汇报》1982 年 7 月 26 日。
⑥ 具体情况参见高军等主编《五四运动前马克思主义在中国的介绍与传播》，湖南人民出版社，1986，及谈敏著《回溯历史——马克思主义经济学在中国的传播前史》，上海财经大学出版社，2008。
⑦ 具体参见林代昭、潘国华编《马克思主义在中国——从影响的传入到传播》，清华大学出版社，1983。

认为是"揭开了五四时期马克思主义传播的序幕"，"标志着唯物史观在中国的启蒙"①，《晨报副刊》也就因此被视为五四运动前后"《新青年》之外传播马克思主义思想、介绍俄国革命的主要阵地"②。表1-2统计了《晨报副刊》在1920年7月孙伏园出任主编之前，发表的关于马克思主义的文章。

表1-2 《晨报副刊》上关于马克思主义的讨论文章

时间	栏目	名称	作者	译者	备 注
1919年2月7~9日	自由论坛	战后之世界潮流	守常（李大钊）		Bolshevism 的潮流
1919年2月14~15日	自由论坛	劳动教育问题	守常（李大钊）		Democracy 就是现代唯一的权威，现在的时代就是 democracy 的时代。劳工问题也是 democracy 的表现
1919年2月18~19日	自由论坛	新时代之根本思想（录每周评论）	一湖（彭一湖①）		Democracy，一切以民众为主的思想。经济的 democracy 就是社会主义，赞成的条件：社会民众都以劳动为神圣，都肯劳动
1919年3月1~2日	自由论坛	俄罗斯之研究	若愚（王光祈）		介绍俄罗斯的过激派
1919年3月23日	名人小史	李卜勒德（德过激派首领）			即威廉·李卜克内西，德国社会民主党领袖，第二国际创始人
1919年3月24日	名人小史	列宁（俄过激派首领）			
1919年3月27~28日	名人小史	托罗斯基②自述			
1919年4月1~4日	名人小史	近世社会主义鼻祖马克思之奋斗生涯	渊泉（陈溥贤）		原著为河上肇的《马克思的〈资本论〉》，引自《社会问题管见》，1918年出版

① 参见唐宝林主编《马克思主义在中国100年》，安徽人民出版社，1997。
② 中共中央马克思、恩格斯、列宁、斯大林著作编译局研究室编《五四时期期刊介绍》，生活·读书·新知三联书店，1978。

续表

时间	栏目	名称	作者	译者	备 注
1919 年 5 月 1 日	"劳动节纪念"专刊	人类三大基本权利	渊泉（陈溥贤）		生存权、劳动权、劳动全收权
		"五一节" May Day 有感	守常（李大钊）		五月一日是工人的庆典日，五月五日是马克斯的诞生日，去年的五月五日，又正是他诞生百年的诞生日，也是世界的劳工共和国的诞生日。我们应该纪念这个五月，纪念这一八一八年五月五日诞生的人物，纪念这一八九零年五月一日创行的典礼，更纪念这一九一八年诞生的世界新潮
		对于劳动节的感想	一粟（高一涵③）		西方所产生的"劳动节"，在我们中国必定也要得一个结果；这个"劳动节"的结果，比十八世纪末期革命的结果，必定要来得迅速
		二十世纪之大问题	一湖（彭一湖）		无产阶级革命
1919 年 5 月 2 日	自由论坛	劳动者的权力	若愚（王光祈）		要求生产机关应归公有、要求教育平等
1919 年 5 月 5~8 日	马克思研究	马克思的唯物史观		渊泉（陈溥贤）	原著为河上肇的《马克思的社会主义理论体系其二》，引自《社会问题研究》第 2 号，1919 年 2 月出版，以及河上肇《马克思的唯物史观》，《社会及国体研究录》一卷一号，1919 年 4 月出版
1919 年 5 月 9~31 日	马克思研究	劳动与资本	原译者河上肇④	转译者食力	原著为马克思的《雇佣劳动与资本》，根据河上肇的《劳动与资本》转译，引自《社会问题研究》第 4 号
1919 年 6 月 1 日~11 月 11 日	马克思研究	马氏资本论释义	柯祖基原著	渊泉译注	共连载 138 次。原著为考茨基的《卡尔·马克思的经济学说》，根据高畑素之的日译本《马克思资本论解说》转译，1919 年 5 月出版
1919 年 6 月 6 日	自由论坛	社会主义胜利乎？社会政策胜利乎？	兆明		
1919 年 7 月 1~3 日	译论	民主主义—社会主义—布尔塞维克主义	日本吉野博士	晨曦	
1919 年 7 月 6~9 日	译论	社会问题之本质及其解决	福岛耀三	杨贤江⑤	

续表

时间	栏目	名称	作者	译者	备 注
1919 年 7 月 12～18 日	译论	战争中之社会党态度	安部矶雄	髯客	作者为日本社会主义运动先驱者之一，日本社会民主党创始人，基督教社会主义者
1919 年 7 月 17～26 日	劳动问题	劳动问题之研究	William Morris⑥	竞人⑦	译者附识：本篇为莫永（William Morris）杰作之一，一千八百八十六年夏出版于苏格兰 Scotland。按莫氏赞成社会主义（Socialism）之时期，当在一千八百八十三年。一千八百八十五年十二月莫氏创办社会主义同盟会，并任该会主笔，一千八百八十九年辞职他去，一千八百九十年该会亦即消灭。莫氏为崇拜马克思氏之主义者
1919 年 7 月 18～24 日	马克思研究	马氏唯物史观概要	译日本《社会主义研究》杂志	佚名⑧	原著为堺利彦的《唯物史观概要》，引自《社会主义研究》第 1 卷第 1 号，1919 年 4 月
1919 年 7 月 25 日～ 8 月 5 日	马克思研究	马氏唯物史观的批评	节译《改造》杂志"社会主义批判"		原著为贺川丰彦的《唯心的经济史观之意义》，引自《改造》1919 年 7 月号
1919 年 8 月 1 日～ 9 月 14 日	名人评传	西洋之社会运动者	日本尾崎士郎、茂木久平	筑山醉翁⑨	论及伯伯尔、拉萨尔、亨德森、李卜克内西、托洛茨基、路易·乔治、马克思、列宁、塞缪尔·冈珀斯、悉尼·韦伯、伍德罗·威尔逊、让·饶勒斯
1919 年 8 月 7～12 日	世界新潮	新共产党宣言（即《第三国际第一次代表大会宣言》）		毅（罗家伦）	译者附识：从美国五月三十一日《国家》杂志里译出来的，《国家》杂志，是从英国参战处刊布的公报叫《外报评论》的增刊里转载下来的，《外报评论》又是从三月二十九及三十一日的 Christiania Social‐Demokraten 报里译出来的。我并非主张共产主义的人，不过世界上发生了这件事情，应该翻译出来，供作研究世界新潮的材料罢了
1919 年 8 月 13 日～ 8 月 17 日	译论	各国社会党之情形及社会主义之概论	Ensor	竞仁	
1919 年 9 月 10～11 日	劳动世界	英国劳动联合会之组织	程振基⑩		
1919 年 9 月 18～24 日	短篇名著	现代社会改造论	Edward Carpenter⑪	渊泉译	劳动艺术化以求自由社会生活

时间	栏目	名称	作者	译者	备　注
1919 年 10 月 20 日~ 11 月 21 日	笔记	东游随感录		渊泉	研究日本的必要，日本政况概观，日本三政党，日本底党弊，日本军阀，日本官僚底长所，日本国民性，日本底对华政策，日本人底我国民众运动观，日本与山东问题，日本与新银行团，日本底言论界，日本智识阶级底社会运动，日本学生底文化运动，日本底劳动运动概观，"友爱会"，日本底社会主义运动
1919 年 11 月 12 日~ 1920 年 1 月 7 日	俄国研究	一九一九年旅俄六周见闻记	Arthur Ransome⑫	兼声⑬	译者叙言：我们有一位朋友，刚从欧洲带来 Ransome 做的一本《一九一九年旅俄六周见闻记》(Six Weeks in Russia in 1919) 这是今年六月在伦敦出版，七月再版的。他在说至于作者做这本书的宗旨，他的引子已经说的很明白，用不着我在这里提了。这本书共分三十章，最少，要四五星期方能登完。读这本书的人，总可以看见：（一）俄国社会的一切情形；（二）劳工会政府治下的政治经济教育状况；（三）该国民对于政府的评论，和该国政府对于各国的态度；（四）华工在俄国的真相；（五）列宁的主义和进行，以及其他各派如克鲁泡特金等的传播事业。以上是本书的大端，其详细处，请阅者诸君逐日看去便明白了。共连载 50 次
1920 年 2 月 4~5 日	研究	劳动问题的起源	绍虞		
1920 年 2 月 15 日	劳动世界	英国劳动界最近的趋势	程振基		工厂纠察员运动
1920 年 5 月 1 日	劳动节纪念	劳动问题在中国的意义	西谛		
		劳动纪念日小史——黎明运动之时代	品今（吴品今）		
		国际劳动会议经过的情形及其与中国的关系	放园（刘道铿⑭）		
1920 年 5 月 1 日	劳动节纪念	现下中国士人阶级的劳动问题	一湖（彭一湖）		

续表

时间	栏目	名称	作者	译者	备注
1920 年 9 月 28 日～ 1921 年 3 月 1 日	特载	劳农俄国 之一瞥	日本布施胜 治 (日本 著名记者)		共连载 89 次

注: ①彭一湖 (1887～1958), 名蠡, 字忠恕, 笔名伊甫, 岳阳县人。幼时寄读于岳州金鹗书院。
1909 年考收湖南公费生去日本早稻田大学攻读经济学, 参加同盟会, 1911 年回国参加辛亥
革命, 任上海《晨报》编辑。1913 年得湖南都督谭延闿资助, 再度赴日深造, 1919 年回国。
②即列夫·托洛茨基 (1879～1940), 苏联著名政治家, 列宁的亲密战友, 红军的缔造
者, 第四国际领导人, 联共 (布) 党内反对派, 所谓 "托派分子" 首领。
③高一涵, 原名永浩, 别名涵庐、梦弼, 安徽六安人。清光绪年间中过秀才, 后在安徽
高等学堂学习。民国初年留学日本, 为《甲寅》的主要编辑, 并为《新青年》撰稿。
1916 年在日本明治大学政治课毕业回国后, 经陈独秀介绍担任 "北京大学丛书" 编译
委员会编译员, 并成为《新青年》六位编委之一。
④河上肇 (1879～1946), 日本著名的马克思主义经济学家、哲学家。
⑤杨贤江 (1895～1931), 字英父, 浙江省余姚县人, 著名教育家。1917 年到南京高等
师范学校 (简称 "南高") 工作, 宣传进步思想, 开展少年学会工作, 他是南高最早
宣传马克思主义和组织进步团体的人。1919 年 11 月 1 日, 李大钊、邓中夏等创建的
少年中国学会在南京成立分会, 蒋锡昌、杨贤江任书记。在杨贤江影响下南高学生于
12 月 1 日创办了《少年世界》月刊和《少年社会》周刊, 介绍苏联十月革命等情况,
恽代英、杨贤江任编辑, 李大钊、蔡和森、王若飞均为刊物写过文章。他于 1922 年参
加中国共产党。
⑥威廉·莫里斯, 英国建筑、家具及织物图案设计家、作家、诗人和社会主义者。
⑦原名刘仁静 (1902～1987), 中国共产党早期领导人, 时为北大物理系学生, 参加过
五四运动。
⑧日本学者石川祯浩认为, 从译文中术语的翻译推断, 这篇译文似乎也是出自渊泉之
手。见〔日〕石川祯浩《中国共产党成立史》, 袁广泉译, 中国社会科学出版
社, 2006。
⑨原名陈光焘, 曾任《晨钟报》总编辑, 其时在日本留学。
⑩程振基 (1891～1940), 字铸新, 安徽婺源 (今属江西) 人。早年毕业于安徽高等学
堂, 1912 年赴英国格拉斯哥大学、爱丁堡大学留学, 1918 年获经济学硕士学位。其时
为北京大学经济学讲师。
⑪Edward Carpenter (1844～1929), 19 世纪末英国著名的社会主义思想家和社会改革活
动家。
⑫亚瑟·兰塞姆 (1884～1967), 英国作家, 第一次世界大战期间他在俄国, 是一家报
纸的战地记者。
⑬黄凌霜, 又名黄文山, 广东新宁人, 时为北大外文系学生, 无政府主义者, 曾于 1920 年 10
月加入李大钊组织的北京共产主义小组, 因信仰分歧, 一个月后即退出。1922 年留学美国。
⑭刘道铿 (1883～1958), 号佛楼, 闽侯 (今福建福州) 人。冰心的表兄。清末优贡, 朝考一
等第一名。授法部七品京官。旋留学日本早稻田大学经济部。归国任法部主事。民国期间
历任众议院秘书长、内务部参事兼民治司长。1918 年起任《晨报》经理、总编辑等职。
1921 年当选上海通易信托公司专务董事; 曾任东吴大学法学院教授。抗战胜利后为盐业银行
董事会秘书。1953 年受聘为中央文史研究馆馆员, 同年移居北京。能诗。著有《放园吟草》。

　　观察表 1-2 会发现一个有趣的现象，众所周知这段时期的《晨报副刊》是由李大钊参与编辑的，而李大钊又是中国最早的马克思主义者和共产主义者，早在 1918 年《晨报》复刊之前，他就已经写下了著名的《法俄革命之比较观》、《庶民的胜利》、《Bolshevism 的胜利》等文章，宣传俄国革命"是二十世纪中世界革命的先声"①，宣称"对于俄罗斯今日之事变，惟有翘首以迎其世界的新文明之曙光"②，并预言"从今而后，到处所见的，都是 Bolshevism 战胜的旗。到处所闻的，都是 Bolshevism 的凯歌的声。人道的警钟响了！自由的曙光现了！试看将来的环球，必是赤旗的世界！"③ 可是在李大钊编辑《晨报副刊》的这段时期，他在晨副上发表的关于马克思主义和社会主义的文章却并不多，一共只有三篇，其他的文章则多是关于现代青年的（《青年与农村》、《现代青年活动的方向》、《青年厌世自杀问题》等），他更著名的《我的马克思主义观》也没有刊登在晨副上。与此同时，晨副上最积极、最活跃地宣传马克思主义、翻译介绍马克思的经典理论的则是渊泉。最早，学术界将"渊泉"指认为李大钊的笔名④，不过后来研究者通过考证推翻了这个观点，李炯华最早考证出"渊泉"是《晨报》记者陈溥贤，并认为他在晨副上翻译的《马克思的唯物史观》，具有马克思主义哲学启蒙的意义，在时间上早于《新青年》的"马克思主义研究专号"，标志着马克思主义哲学在中国传播的开始⑤。而杨纪元则根据梁漱溟的回忆，认为"'渊泉'姓陈，名博生，福建人，为《晨报》一负责人"⑥。许全兴在著作中不仅明确指出"渊泉"是陈溥贤的笔名，而且考证出了他与李大钊的关系：陈溥贤在日本留学时任留学生总会文事委员会编辑，而李大钊则是该会的编辑主任，两人同为"中国经济财政学会"1916 年的责任会员⑦，在《晨钟报》时期也曾共主笔政⑧，因

---

①　李大钊：《庶民的胜利》，《新青年》1918 年 10 月 15 日第 5 卷第 5 号。

②　李大钊：《法俄革命之比较观》，《言治》1918 年第 3 册。

③　李大钊：《Bolshevism 的胜利》，《新青年》1918 年 10 月 15 日第 5 卷第 5 号。

④　见王志新《部分党组织和党史人物的代号、笔名、别名录》，《党史资料征集通讯》1985 年第 7 期，以及陈玉堂编《中共党史人物别名录——字号、笔名、化名》，红旗出版社，1985。

⑤　李炯华：《略论马克思主义哲学在中国传播的历史分期与主要人物——兼评一个"模式"》，《怀化师专学报》（哲社版）1986 年第 4 期。文中将"陈溥贤"误作"陈博贤"。

⑥　杨纪元：《"渊泉"不是李大钊的笔名》，《党史研究资料》1987 年第 10 期。

⑦　《民彝》杂志 1916 年 5 月第 1 号。

⑧　梁漱溟：《回忆李大钊》。

此两人应该是老同学、老同事，正是这种密切的关系，使得许全兴推断陈溥贤翻译《马克思的唯物史观》等文章应与李大钊有关①。而在将"渊泉"的身份弄清之后，关于陈溥贤在李大钊对马克思主义接受方面所发挥的作用等方面的研究，也就迅速得到了推进。

陈溥贤，字博生，福建闽侯人。少年时代读家塾，1902年东渡日本求学，从中学念到早稻田大学政治经济系毕业，一度参与为同盟会革命党人运送弹药的活动，与李大钊同为留学生总会文事委员会编辑、中国经济财政学会会员。辛亥革命后回国，在国会众议院与李大钊共同担任进步党人汤化龙的私人秘书。1908年进入新闻界，在李大钊参与编辑的《晨钟报》中任编辑，负责国际新闻述评。同年12月，《晨钟报》改组为《晨报》继续出版，被聘为总编辑，与总经理林仲易②合作，发展报纸业务。同年末即以《晨报》特派记者身份再次赴日，积极采访"黎明会"及日本社会主义思想现状。五四运动前回国，4月起以"渊泉"的笔名介绍日本的社会主义思潮，积极宣传马克思主义。4月30日林长民接到梁启超电报，5月1日写成《外交警报敬告国人》一文，于晚间送到研究系的《晨报》报馆，即由陈溥贤接收，刊载在5月2日的《晨报》上，掀起了著名的五四爱国运动。7月下旬，陈再次东渡日本，考察日本的社会情形和日本对于五四运动的态度及其政府今后的对华方针，回国后撰写长篇通讯《东游随感录》。1920年与北大教授李大钊、陈启修等共同积极斡旋，促成北京大学学生团于5月1日访问日本。陈溥贤因善写政论文章，与上海《中华新报》总编辑张季鸾、天津《益世报》主笔颜旨微、上海《商报》编辑主任陈布雷号称当时中国报界的"四大主笔"。1922年因所刊评论袒护在金佛郎案中失职的官员，受到各方的指责。同年11月作为《晨报》

① 许全兴：《李大钊哲学思想研究》，北京大学出版社，1989。
② 林仲易（1893~1981），原名秉奇，号竹西，又号属云，长乐人。1911年入福建私立法政学堂学习，1914年毕业。1917年赴日本留学，1920年毕业于日本早稻田大学。回国后任北京《晨报》经理。1923年任该报代理总编辑，直到1928年6月《晨报》停刊。后历任《民言日报》社长、北平晨报社总经理兼总编辑，并先后兼任燕京大学讲师、民国学院教授。1936年冬，回福州任福建学院院长兼附属中学校长。1943年，赴重庆从事律师工作。1945年，加入中国民主同盟，倾向中国共产党。同年，任重庆《新华日报》法律顾问。1949年，参加第一届中国人民政治协商会议。历任全国政协委员、民盟中央委员、民盟中央宣传部副部长，并先后担任《光明日报》总经理、政务院政治法律委员会委员、最高人民法院顾问等职务。

特派员，与刘秉麟赴英进行调查采访①。1924 年因攻击冯玉祥所部国民军，遭到过冯部的缉捕。1928 年 6 月，《晨报》停刊，随张学良去东北，历任《民言报》主笔、东北边防军司令公署顾问等职，后游学欧洲，在伦敦政治经济学院进修。1930 年 9 月《晨报》接受张学良的资助，改名《北平晨报》恢复出版，陈溥贤被聘为社长兼总主笔。1935 年何梅协定后，被迫离开该报。次年 5 月，就任中央通讯社驻东京特派员。抗日战争爆发后回国，任中央社总编辑，并被选为国民参政会参议员。1940 年 12 月，改任国民党中央机关报《中央日报》重庆版社长兼总主笔。1942 年回中央社任总编辑。抗战胜利后，曾代表中央社赴日参加在东京湾"密苏里"号军舰上举行的受降典礼。1946 年曾率领国统区的新闻记者代表团赴日访问。1948 年当选为南京国民党政府的立法委员。1949 年去台湾。1950 年 6 月辞去中央社总编辑职务，专任"立法委员"。1957 年 8 月 13 日在台北逝世，台湾新闻界在他去世后设立了陈博生奖学金，以奖励成绩优良的青年新闻工作者。②

　　由于北洋政府对苏俄的封锁和防范，当时中国的知识界和苏联几乎无法进行直接联系，因此五四前后马克思主义在中国的传播实际上也是和无政府主义一样，以日本为中介来进行的。此时日本经过了"大逆事件"③之后，正值民主运动高涨、社会主义思想复苏的时期，尤其是十月革命以后，当时日本舆论界"差不多可以说是马克思底时代"，没有一个报刊不在谈社会主义、劳动问题，甚至有人说日本谈社会主义的人都发财了，因为只要谈社会主义、马克思主义的文章和著作，都可即登即出④。因此才

----

① 此事是经梁启超推动，上海《时事新报》和北京《晨报》共同举办的，两报共派出 16 名特派记者、通讯员前往欧美各国进行调查、报道。其中，陈筑山（陈光焘）为美国特派员，刘延陵为法国特派员，吴统续为德国特派员，瞿秋白、俞澹庐、李崇武三人为俄国特派员。同时，《晨报》驻美国特约通讯员为罗家伦，驻英国通讯员为傅于，驻法国特约通讯员为张若名、张崧年，《时事新报》驻英国特约通讯员为郭虞裳，驻法国特约通讯员为周太玄，驻德国特约通讯员为王若愚、Gersdavff。

② 陈溥贤生平参见《世界华文传媒年鉴（2003）》"陈博生"条目（世界华文传媒年鉴编辑委员会编，世界华文传媒年鉴社 2003 年版）、叶明勋、黄雪邨《追忆陈博生先生》（《传记文学》39 卷 1 期，1981 年）及陶菊隐《狷介与风流》（山西人民出版社，2007）等资料。

③ 1910 年，日本政府借口社会主义者幸德秋水等人对明治天皇图谋不轨，实行大逮捕，残酷镇压进步的民主力量，结果幸德秋水等十一人被执行死刑，史称"大逆事件"。

④ 渊泉：《东游随感录》，《晨报》1919 年 10 月 20 日～11 月 21 日。

会有大量的由日文翻译过来的宣传、解读马克思主义的文章、书籍出现在中国知识分子面前，而这一时期频繁来往于中日两国的陈溥贤也就成了向中国传输最新的马克思主义理论的"使者"。陈溥贤在五四运动前就曾写过一篇名为《各国要承认列宁政府了》的时评，向读者介绍布尔什维克的真实意义，他认为国人将布尔什维克派翻译成"广义派"虽然不够恰当，但至少不含批评意味，而翻译成"过激派"则是沿用了日本的译法，很是"冤枉"，因为"他们的主张，激烈的地方固然是有的，然而公平稳健的地方，却也有不少可赞成的地方，也有可以反对的地方。本来过激不过激，是程度的问题，我们看他们是过激，其他方面的人看起来还有嫌他们不彻底的哩！"因此陈溥贤还是认为直译为"布尔什维克派"比较妥当，他还以英美各国被迫承认列宁政府的事实提出我国政府和人民也要研究布尔什维克主义，"使我们对俄的政策，不至走入歧路才好！"① 在《近代社会主义鼻祖马克思之奋斗生涯》的序言中，他也明确表明自己写作的目的是要引起读者"研究社会主义之兴味"，并高度评价《资本论》是一部"不朽名著"②。1919 年 5 月 5 日"马克思研究"栏目设立后的第一篇文章就是陈溥贤翻译的河上肇的《马克思的唯物史观》，该文节译了《共产党宣言》第一章和《〈政治经济学批判〉序言》前四段，概述了唯物史观的地位及其基本特征，阐述了社会组织的变迁及其根本原因，并进一步考察了社会组织与社会生产力的关系、经济基础与上层建筑的关系等，行文中对"社会的意识形态"、"社会革命"、"生产方式"、"社会存在决定人的意识"等基本概念、术语都做了注释进行解释，发表后即被《新青年》、《民国日报》、《时事新报》及四川的《国民公报》等报纸转载，因此具有启蒙意义，"在中国马克思主义哲学传播史上具有不容低估的意义"③。其后"马克思研究"栏又分 138 次连载了陈溥贤翻译的考茨基著的马克思主义通俗著作《马氏资本论释义》，较好地解说了《资本论》。该书是马克思主义政治经济学的重要读物之一，其日语版和德语版在当时的日本、欧洲都被认为是了解马克思主义学说最简明且准确的著作，而陈溥贤则是第

---

① 渊泉：《各国要承认列宁政府了》，《晨报》1919 年 4 月 13 日。
② 渊泉：《近代社会主义鼻祖马克思之奋斗生涯》，《晨报》1919 年 4 月 1～4 日。
③ 庄福龄主编《中国马克思主义哲学传播史》，中国人民大学出版社，1988。

一个将该书翻译到中国的译者。而他对《雇佣劳动与资本》的翻译，更被认为是"马克思著作的第一部完整的中译本"①。除了对马克思经典著作的翻译和解读之外，在他再次东渡日本回国后撰写的长篇通讯《东游随感录》中，在详细介绍日本政治、政党、社会情况的同时，他还集中介绍了日本四种专门研究社会主义的杂志：河上肇独立编撰的《社会问题研究》、堺利彦主编的《新社会》、堺利彦和山川均主编的《社会主义研究》、高堺素之等主编的《国家社会主义》。陈溥贤认为当时日本舆论界的马克思主义热潮是"日本思想界的一个新纪元"，不过他也关心其他方面的动向，如对于无政府共产主义者大杉荣新办的《劳动运动》杂志，他就"盼望读者买来看看也好，我们才知道无政府共产主义是甚么东西"②。

总体来看，陈溥贤译介马克思主义，基本上是和研究系"绝对的无限制尽量输入"的立场相一致的，他重视世界上产生的新思潮，不管是马克思主义还是无政府共产主义，他都认为应该以研究的态度去接触了解，可是在这样的立场下为什么只有马克思主义的传播在《晨报副刊》上大放异彩，使得《晨报副刊》成为五四时期马克思主义传播的重要阵地？作为研究系机关报的《晨报》为什么对马克思主义情有独钟？

事实上五四时期的研究系对于社会主义、马克思主义是有着明确的立场和选择的。梁启超作为"中国人最早自己撰文介绍马克思及其社会主义思想的学者"，对社会主义一直是非常关注的。1903 年在他访问美洲大陆时，美洲的社会主义者给他留下了深刻的印象："吾所见社会主义党员，其热诚苦心，真是令人起敬，墨子所谓强聒不舍，庶乎近之矣"，不过在他看来，"盖社会主义者，一种迷信也。天下惟迷信力为最强，社会主义之蔓延于全世界也，亦宜"。正是出于对于社会主义如此的态度，在美国《社会主义丛报》总编辑向梁启超建议"中国若行改革，必须从社会主义着手云云"时，梁启超则表示对于极端的社会主义，"今日之中国不可行，即欧美亦不可行。行之，其流弊将不可胜言"③。可以说此时的梁启超对于社会主义还是一知半解，并没有深刻的

① 雍桂良：《马克思著作在中国》，载《马克思主义在中国的胜利》，中共中央党校出版社，1983。
② 渊泉：《东游随感录》，《晨报》1919 年 10 月 20 日~11 月 21 日。
③ 梁启超：《新大陆游记》，载《饮冰室合集·专集》第 22 卷，中华书局，1989。

领悟。到了1907年，他开始提倡先弄清楚社会主义的宗旨和本质，进
而再来考察其是否适合于中国的土壤，因为"其为物也，条理复杂，含
义奥衍，非稍通经济原理者，莫能深知其意。又其理论基础，在于事
实。而此时事实为欧美各国之现象，我国不甚经见。国人索解愈难"，
所以他认为"未知社会主义为何物，而欲论我国宜如何适用之，其以喻
天下亦艰矣"①。十月革命的胜利使得梁启超承认"社会革命恐怕是二
十世纪史唯一的特色，没有一国能免，不过争早晚罢了"②。可是在他从
欧洲回国之后，开始公开表明社会主义不适用于中国，"其总原因在于
无劳动阶级"，而他们正是社会主义运动的主体。在梁看来，在实行社
会主义之前，必须要经过既发展实业又遏制资本主义弊病的阶段，也就
是在对资本家采取矫正态度的同时，极力提倡协社；协社一旦有成效，
就联合扩充，慢慢生产事业移入公众之手，"谋劳动团体之产生发育强
立，以为对全世界资本阶级最后决胜之准备"③。与此同时，研究系的理
论骨干张东荪则在他主编的《时事新报》的"社会主义研究"副刊上
公开宣布"怀抱基尔特社会主义的思想，竖起基尔特社会主义的旗帜，
在'社会主义研究'发刊的第一天，宣言我们是基尔特社会主义者"④。
在研究系的刊物《解放与改造》、《改造》上梁启超与张东荪等人对基尔
特社会主义进行了详细的阐释和讨论，并因此与早期共产党人陈独秀、李
达等人展开了关于社会主义的大辩论。研究系所谓的基尔特社会主义被后
世的史学家定性为资产阶级改良主义、伪社会主义，其中是非曲直暂且不
论，可就在研究系在上海宣传基尔特社会主义、与《新青年》大辩论的这
一时期，北京《晨报副刊》上刊登的却都是正派的"科学社会主义"的
文章，完全显示不出研究系的政治转向，这除了陈溥贤出于研究兴趣的译
介之外，则不得不归功于当时《晨报副刊》的编辑李大钊。

　　李大钊在北洋法政学堂上学的时候，进步党人汤化龙曾任该校校长，

---

① 梁启超：《社会主义论序》，载《饮冰室合集·文集》第20卷，中华书局，1989。
② 梁启超：《欧游中之一般观察及一般感想》，载《饮冰室合集·专集》第23卷，中华书局，1989。
③ 梁启超：《复张东荪书论社会主义运动》，《改造》1921年第3卷第6号。
④ 张东荪：《社会主义研究宣言》，《时事新报》副刊《社会主义研究》1921年9月第1号。

李大钊毕业之后，受到汤化龙和该校校董孙洪伊的资助留学日本。正是因为这样的渊源，1916 年 5 月李大钊回国，即被汤化龙邀请参与《晨钟报》的筹备工作并担任汤化龙的私人秘书。1916 年 8 月 15 日《晨钟报》创刊时，李大钊随即担任编辑主任一职，负责第七版的工作。不过他在《晨钟报》只待了短短的 22 天。原因是袁世凯死后，孙洪伊和段祺瑞在地方自治问题上起了冲突，李大钊倾向于孙洪伊，而汤化龙、刘崇佑等"拥段派"则想"以段制孙"，政治上的分歧迫使李大钊在 1916 年 9 月 9 日于《晨报》上发表了辞职启事，从此李大钊与研究系渐行渐远。但当《晨报》成立之初，李大钊再次参与编务，这恐怕就要归功于《晨报》编辑陈溥贤了。《晨报》复刊的时候，汤化龙已死①，原先的政治理念冲突已然不存在，蒲伯英倾向于新思潮、新文化的传播，《晨报》的政治色彩不浓，陈溥贤又与李大钊有着密切的关系，另一位编辑罗家伦则是李大钊的学生，种种因素都有利于李大钊的回归。再比较一下《晨报副刊》的"马克思研究"栏目与《新青年》上李大钊主编的"马克思研究"专号的设立如此相似（"马克思研究"专号上就曾转载过《晨报副刊》"马克思研究"栏中的文章），大概可以得出这样的结论：如果说《晨报》请李大钊参与改良、编辑《晨报副刊》有着借助于李大钊在北京教育、文化界的地位而招揽更多的新文化界人物关注、参与的考虑的话，那么李大钊的这次回归，也可以说是借着《晨报》改良的契机将报纸作为自己马克思主义宣传的第二个阵地。同时，《晨报》的编辑工作，尤其是其与陈溥贤的渊源，对于李大钊自身的马克思主义修养的提高也不无益处，李大钊的那篇标志着他完成了从民主主义者向马克思主义者转变的《我的马克思主义观》，已经被学者发现不仅有相当大的篇幅取自于河上肇的《马克思的社会主义理论体系》一文，就连一些译者说明也直接译自河上肇的原文。其中的第 2 节至第 6 节是把河上肇的文章"稍加整理"就介绍给读者的，第 7 节则是他在初步研究了河上肇所介绍的马克思主义唯物史观等学说后所感受到的几点"意见"②。而李大钊之所以能接触到河上肇的文章，则是由

---

① 1918 年 9 月 1 日，汤化龙在加拿大维多利亚中华会馆被国民党人王昌枪杀。
② 彭明：《李大钊研究中的几个问题——大钊同志百年诞辰答客问》，《中共党史研究》1989 年第 6 期。

于陈溥贤在《晨报副刊》上翻译的一系列河上肇的文章,尤其是《马克思的唯物史观》一文,正是对《马克思的社会主义理论体系》的翻译①。

二

1872年4月30日《申报》登出启事,征求"天下各名区竹枝词及长歌纪事之类",且"不收刊费以示优待",中国的报纸上开始出现"副刊"这一新鲜的版面样式,虽然那时的副刊只是填充报纸剩余版面的边角料,却迅速成为报纸吸引眼球的重要手段。1897年上海《字林沪报》上出现了专门的附张"消闲报",两年后《同文沪报》也推出了"同文消闲录",虽然内容仍然是游戏笔墨、笔记故事等,但报纸上要有附张几乎成了报界不成文的规矩。早期报纸副刊总体上来说娱乐性较强,因此大受读者欢迎,有时甚至会有"喧宾夺主"的效果,可是报馆还是会随报免费赠送这类附张,目的是争夺读者市场,以"推广报务"②。民国成立之后,一些革命党的机关报上出现了个别具有政治意义、富有战斗性的副刊。《晨钟报》在1916年8月创刊的时候,其第五版也是文艺副刊的性质,刊登的都是一些旧体的诗文随笔文章。到了1918年《晨报》创刊的时候,新文化运动已经在国内开展得如火如荼,新思想的传播、对传统的反思,尤其白话文的提倡,都给传统报业带来了极大冲击,研究系对此也迅速做出了回应。上海的《时事新报》副刊"学灯"主编张东荪要利用副刊"促进教育"和"灌输文化"③,北京的《国民公报》在蓝公武的主持下也率先改革,其第二张的副刊部分也一变成为拥有社说、专论、民国野乘、欧战史料、世界珍闻、剧说、专载、青年教育、科学丛谈等栏目的新思潮集散地。同年12月《晨报》复刊时,第五版仍然保留着《晨钟报》的原有风格,直到次年2月,在李大钊的参与之下,《晨报副刊》才真正改头换面,不仅刊登众多"主义"、思潮的文章,更是成为五四时期马克思主义宣传的大本营。

---

① 更多考证参见吴二华《陈溥贤在李大钊接触河上肇马克思主义观点时的中介作用》,《中共天津市党校学报》2007年第1期。
② 赖光临:《七十年中国报业史》,台北:"中央日报"社,1981。
③ 《时事新报》1918年3月4日。

从李大钊主编《晨报副刊》的情况中我们可以看到，五四时期中国现代报纸副刊不仅是在内容上从消遣文艺、娱乐笔墨开始向思想变革、严肃人生方向上转变，更重要的是副刊开始具有了独立性，拥有了区别于正张的独立地位和姿态，显示出副刊编辑者强烈的个人色彩和政治倾向；副刊编辑开始在副刊办刊方针方面起着决定性的作用，而其制定的方针不一定和报纸主办者本身的政治、思想倾向一致，有时甚至是针锋相对的。此后报纸副刊的独立性越来越强，很多报馆为了招揽读者，扩大影响，都会聘请一些知名人士来主持副刊工作，在提供办刊资金的同时却完全不干涉副刊的倾向和主张，因此使得中国的报纸副刊有了一个相对宽松的生存、发展环境，这不仅使中国现代报纸副刊在现代思想、文化的发展上发挥了异乎寻常的重要作用，也成就了一批著名的副刊编辑和他们用心经营的自家园地：孙伏园的《晨报副刊》和《京报副刊》，徐志摩的《晨报副刊》，邵力子的《民国公报》副刊"觉悟"，张东荪的《时事新报》副刊"学灯"，沈从文的《大公报》副刊，储安平的《中央日报》副刊，等等。

考察李大钊主编时期的《晨报副刊》还可以帮助我们认识中国现代报纸副刊与政治的关系。从来媒体不自由，政治制约、限制大众传媒发展主要通过三种手段——"利用法律进行约束、通过政府机构辖制以及利用政治派别和利益集团施加影响"，这三种手段在五四前后的报刊史中都常常会出现，如前文提到的《报纸条例》对报纸数量的影响、各报馆屡遭查封、段祺瑞重金贿赂报馆等。不过大众传媒对此也不是毫无办法，"它为公民政治权利的扩大和拥有提供了新的前提，为公民更加广泛地参与国家大事创造了新机会"，"它通过描述各种群体或组织的情况以及其他个体的行为方式，间接地对个人意见的形成和行为选择产生影响"[①]。李大钊正是通过《晨报》这个平台向中国的民众宣传劳动理论，宣传劳动者应有的权利与义务，并通过对马克思主义的传播培养了中国最早一批共产主义者，为中国共产党的建立奠定了一定群众基础的。而这些都是在一些偶然、必然因素影响下的李大钊、陈溥贤等人的个人行为，可见媒介从业人员其个人的力量有时可以大到削弱媒介本身的政治性或政治倾向，而增强

---

① 刘华蓉：《大众传媒与政治》，北京大学出版社，2001。

媒介的公共性的程度。在政治权力控制能力不强，或政权混乱更迭时期，从业人员自身对某一政治问题或派别的兴趣或强调，都可能会影响到其在媒体上传播的频率和篇幅，从业人员也通过这种对传媒的利用将自身的立场和观点间接转化为受众的立场和观点。

第二章

访华潮：报纸副刊背后的文化权力之争

20年代的北京不仅是各种新思潮的集散地，也是众多外国著名学者纷至沓来的表演舞台，五四运动前后短短几年的时间里，来到北京访问演讲的，就有美国哲学家杜威、英国哲学家罗素、美国经济学家司密士夫人、美国节育运动创始人桑格夫人、德国哲学家杜里舒、法国汉学家班乐卫先生、印度文豪泰戈尔、美国教育家孟禄等。这些西方学者的到来，不仅把先进的思想和学说引入中国，进一步加深了当时的知识分子和青年学生对新思想、新思潮的研究兴趣，也把他们在中国实地考察后得到的对中国社会文化、政治思想状况和百姓生活的真实处境的印象和观感带到了西方。这是思想的盛宴，也是东西方文化交流的盛会，透过这股热闹纷繁的访华潮，我们得以一窥当时中国思想文化界的真实状况以及文化派系进行权力争夺的种种玄机。

第一节　讲学社与访华潮

如果仔细考察20年代来中国访问讲学的西方学者，我们会发现其中有多位享誉盛名并对中国产生重要影响的学者，如美国哲学家杜威、英国哲学家罗素、德国哲学家杜里舒、印度文学家泰戈尔及美国教育家孟禄等，其中国之旅之所以能够成行，都或多或少地与一个社团有关，这个社团就是讲学社。

1918年，由于政治上的失败而灰心丧气的梁启超，决定去欧洲游历一番，体验一下西方的现代文明。虽然欧战结束后的欧洲一片破败，使得他并没有从欧洲的物质文明当中找到自己的精神寄托，但对新知识、新思想的接触，仍然给他以灵感，那就是"以办文化事业和从事讲学为入手"①，希望借此能够重新以另一种形式回归政坛，也就是借助文化事业来招揽人才，重新建立新的政党，再展拳脚。梁启超的弟子张君劢在 1920 年就曾坦言梁启超"所念念不忘者，以延揽同志而已。惟内地吾党旗帜不鲜明，则招致新人才之举，无由着手，故任公宣布方针，及此后杂志之论调，总以打破军阀，改进社会为目标，要之应与世界潮流相应"②。至于以何种方式介入文化事业，梁启超在欧洲期间即有了大致的方针，按照张君劢的说法，他们计划，第一要创办一所大学，由梁启超亲自讲授；第二要组织学会，出版杂志，做横向的广泛接触。而要完成这两项事业，非有相当的财力不足以有为，因此第三，要办一个实业机构，使财源有着，文化教育事业能够顺利开展。③ 在梁启超从欧洲回国前后，这些计划开始一一得到实施，与以上三者对应的就是承办中国公学、组织共学社和讲学社、发行《改造》杂志、拟组中比实业公司等举措。就是在这样的背景之下，讲学社作为以梁启超为首的研究系介入文化运动的一个重要的文化组织得以酝酿起来。

讲学社曾经承担过续聘杜威的工作，当时杜威在中国已经停留一年多了，能够接手杜威在华讲演的工作，要归功于讲学社雄厚的资金支持。杜威来华，最初是由于 1919 年 3 月间，时任南京高师代理教务主任的陶行知得知他在哥伦比亚大学读书时的导师杜威在东京帝国大学做交换学者，因此跟当时在日本的南京高师校长郭秉文以及杜威的知名弟子胡适商量，打算邀请杜威顺便来华访问讲演。陶行知在信中和胡适说：

> 三个礼拜前，听说杜威先生到了日本，要在东京帝国大学充当教员，当头一棒，叫我觉得又惊又喜。为何惊呢，因为我两三年后所要做的事体，倒日本先做去了。既而又想到杜威先生既到东方，必定能帮助东方的人建设新教育，而他的学说也必定从此传得广些。且日本

---

① 张朋园：《梁启超与民国政治》，吉林出版集团有限责任公司，2007。
② 丁文江、赵丰田编《梁启超年谱长编》，上海人民出版社，1983，第 898 页。
③ 丁文江、赵丰田编《梁启超年谱长编》，上海人民出版社，1983，第 570 页。

和中国相隔很近，或者暑假的时候可以请先生到中国来玩玩，否则就到日本去看看他也是好的。想到这里，又觉得大喜了。所以即刻就把这事和郭先生谈了一下，当时就决定由他经过日本的时候当面去请。现在又有你欢迎的信去，我看杜威先生十有六七分能够来了。我不久也要写一封信去。总而言之，这件事我们南北统一起来打个公司合办，你看如何？上海一方面等信和省教育会商量之后再看下文。①

杜威最初被邀请是由胡适牵头，由北京大学、江苏省教育总会、南京高师三个机构联合出面的。当时恰在日本的杜威另一个弟子——北大的蒋梦麟和郭秉文一同当面向杜威发出了邀请，江苏省教育总会也表示愿意承担杜威来华的一切费用，最后与杜威签约的单位则是北京大学②。没想到，后来江苏方面筹款颇有困难，而就在杜威于 1919 年 4 月 30 日到达中国后没几天，五四运动的迅速爆发直接导致蔡元培辞职，更令胡适担心北京大学与杜威的合同失效。对此，蔡元培专门请蒋梦麟代他向胡适解释："并不是他（胡适）替我个人私订的，是替北京大学校长订的……有北大一日，就有履行这个契约的责任。况且中国对着外国教习是特别优待；就是北大消灭了，政府也不能不有相当的对付，因为这个学校是国立的。"③ 至于经费方面，胡适就不得不借助于研究系方面的力量了，胡适在给蔡元培的信中交代："那时范静生先生到京，我同他商量，他极力主张用社会上私人的组织担任杜威的费用。后来他同尚志学会商定，担任六千元。林宗孟一系的人，也发起了一个'新学会'，筹款加入。我又和清华学校商量，由他们担任三千元。"④ 此处提到的范静生，就是后来成为讲学社董事之一的范源濂，他是梁启超在长沙时务学堂时的学生，也是研究系的成员，其时是内阁教育总长，并与张伯苓、严修等人筹建了南开大学，并成为南开校董之一。因此范源濂得知此事之后，去跟另一研究系文化社团尚志学会商量，就是顺理成章的了。尚志学会成立于

① 中国社会科学院近代史研究所中华民国史组编《胡适来往书信选》，中华书局，1979。
② 具体经过参见中国社会科学院近代史研究所中华民国史组编《胡适来往书信选》，中华书局，1979。
③ 《致胡适函》，载中国蔡元培研究会编《蔡元培全集》第十卷，浙江教育出版社，2003。
④ 《致蔡元培》，载耿云志、欧阳哲生编《胡适书信集》，北京大学出版社，1996。

1909 年，是梁启超与范源濂等人共同发起的文化组织，从 1918 年开始致力于国外最新思潮的编译工作，在 1919 年间已由商务印书馆出版了很有影响的"尚志学会丛书"①。而胡适信中提到的另一位人物林宗孟，也就是日后和梁启超成为亲家的林长民，也是研究系中的重要成员，如果胡适的说法属实，那么三个月后由林长民、蒋百里、蓝公武、张东荪等人成立并以出版研究系重要刊物《解放与改造》为主要活动的新学会，则直接是为杜威筹款催生出来的。由于研究系文化组织的介入，因此杜威在演说中也说"北京大学、尚志学会、新学会是最初请我演讲的"②。可见研究系在杜威访华一事上，凭借雄厚的经济实力出力甚多，也由此参与到这一文化盛事中来。

杜威在中国受到的热烈欢迎和追捧同时也是对尚志学会和新学会的最好宣传，这也使梁启超摸到了参与新文化运动、广泛搜罗人才的门径，因此罗素的到来就成为讲学社成立的最好契机。在杜威来中国访问讲演大概一年之后，曾随罗素研究过数理哲学的北大哲学系讲师傅铜向梁启超建议聘请罗素来华讲学，梁启超当然赞成，并委托傅铜亲自执笔给罗素写了邀请信，傅铜将信寄给他在英国伯明翰大学留学时的指导教师缪尔赫（J. H. Muirhead），缪尔赫在加上了他本人的介绍之后转寄给罗素。傅铜的邀请信很不正规，不仅没有标明主聘单位和具体的讲学地点，连落款、时间都没有，只是在信中说要邀请罗素来华讲学一年，酬金除往返旅差费外加两千英镑，讲题包括哲学、科学和政治思想，由罗素本人自定③。之所以没有写明聘请机构，还是因为经费的问题。在向罗素发出邀请时，梁启超曾经建议用北京大学、中国公学、尚志学会、新学会四团体的名义联合邀请，后三者都带有研究系的背景，不知道是不是这个原因，后来在筹划接待事宜的过程中，傅铜提出组建一个类似于"国外名哲聘请团"之类的团体，并且可以此团体为基础，联合其他团体，陆续聘请外国名人来华访

① 郑振铎在回顾 1919 年的出版情况时曾说："除了北京大学丛书和尚志学会出版的丛书，简直没有别的有价值的书了。"见《1919 年的中国出版界》，《新社会》1920 年第 7 期。
② 《五团体公饯杜威席上之言论》，《晨报》1921 年 7 月 1 日，第三版。
③ 傅铜给缪尔赫的信和缪尔赫 1920 年 5 月 31 日给罗素的信，现均藏罗素档案馆，参见冯崇义《罗素与中国——西方思想在中国的一次经历》，生活·读书·新知三联书店，1994。

问，这才有了讲学社在 1920 年 9 月 5 日的正式成立。

讲学社的宗旨是组织、邀请国外的知名学者来华讲学，梁启超曾经在 1920 年 9 月间向张东荪谈到他对讲学社的一些设想：

一、组织一永久团体，名为讲学社，定每年聘名哲一人来华讲演。

一、讲学社董事暂举定以下诸人，伯唐①、子民、亮俦②、秉三③、仲仁④、任公、静生⑤、梦麟、抟沙⑥、陈小庄（高师校长）、金仲蕃（清华校长）、张伯苓（南开校长），尚拟邀范孙⑦、季直⑧、

---

① 汪大燮（1859~1929），字伯唐，又字伯棠，杭县（今杭州）人。曾任驻日公使、教育总长等职，1913 年加入进步党。1919 年 2 月，创建"国民外交协会"，推选梁启超为理事长，梁当时在国外，由汪代理。徐世昌任总统时，设立外交委员会，任汪为委员长，审议巴黎和会有关中国外交事件。晚年弃政办学，创办平民大学、红十字会等社会事业。在民国政界中资望较高，与孙宝琦、钱熊训合称"浙江三老"。

② 王宠惠（1881~1958），字亮畴/亮俦，广东东莞虎门王屋人。著名法学家，曾任国民政府外交部部长、代总理、国务总理等职。五四前后是北京大学教授，和胡适一起提倡好人政府主张。

③ 熊希龄（1870~1937），字秉三，湖南凤凰人，号双清居士，光绪二十三年进士，任长沙时务学堂提调，延请梁启超为中文总教习。民国初年，曾任北京政府国务总理兼财政总长。后返湖南，助陈宝箴、黄遵宪力行新政，1913 年与梁启超、张謇等组阁，又擅书法，嗜丹书，与沈从文、黄永玉一起被称为"凤凰三杰"。

④ 张一麟（1867~1943），字仲仁，号公绂，又名张一廛，江苏吴县人。清末入袁世凯、程德全等幕。民国成立后，历任袁世凯政事堂机要局局长、内阁教育总长、总统府秘书长等职。

⑤ 范源濂（1867~1927），字静生，湖南湘阴县人。民国成立后任北京政府唐绍仪内阁教育次长。1915 年冬，与梁启超等共同发起讨袁运动，次年初任护国军务院驻沪委员。袁死后，7 月任段祺瑞内阁教育总长，举荐蔡元培出任北京大学校长。1917 年 1~7 月兼代内务总长。与黄炎培、蔡元培等发起组织中华职业教育社。是年 11 月辞教育总长职赴美国考察教育。翌年回国。1919 年组织"尚志学社"，邀美国学者杜威等来华讲学。

⑥ 王敬芳（1876~1933），字抟沙，巩县兴仁沟人。曾和于右任、张邦杰等人参与发起组织中国公学。早年是留日的同盟会会员，和秋瑾、蔡元培、马君武、于右任等人一道，后来成为研究系成员，与梁启超、张君劢、张东荪、梁漱溟等人交好，曾负责联络罗素来华。

⑦ 严修（1860~1929），字范孙，天津人，曾获授晚清翰林院编修，任贵州学政。1897 年 10 月，在戊戌变法的前一年，他就奏请清廷废除科举，开设经济特科，被梁启超称为"戊戌变法之源点"。1904 年，在严氏家馆的基础上，成立完全新式教育的南开中学。1919 年与张伯苓共同筹办南开大学。

⑧ 张謇（1853~1926），字季直，号啬庵，江苏海门人。中国近代著名实业家、教育家，主张"实业救国"。1905 年与马相伯在吴淞创办了复旦公学，即后来的复旦大学。1918 年 10 月 23 日与熊希龄、蔡元培等人发起组织了"和平期成会"。1920 年参与梁启超的中比贸易公司的筹建，为共学社的发起人之一。

菊生①，尚未得本人同意，想必乐就也。

一、经费政府每年补贴二万元，以三年为期，此外，零碎捐款亦已得万元有奇。②

讲学社的董事除了上述梁启超提到的之外，还有黄炎培（创办中华职业教育社）、郭秉文（时为南京高师校长）、胡汝麟（曾任中国公学校长）、林长民和沈恩孚（与黄炎培共创中华职业教育社）③，共计二十人，总干事是蒋百里。从这份名单来看，其中各校校长并不属于研究系的圈子，王宠惠、蒋梦麟则属于北大教授一系，张謇以实业家的身份介入明显是提供财力支持的，汪大燮和范源濂则凭借政界的声望，为讲学社从教育部筹措到每年 2 万元的补助，不过这些人多多少少都与梁启超有着复杂的关系或交往。不管是出于撑门面还是纳捐款的目的，梁启超将这一干在民国政治界、教育界、实业界、文化界颇有名望的人纳入讲学社的董事阵营，本身就说明了梁启超和研究系在当时仍然有能力构建有影响力的学术团体。当然，讲学社的具体工作仍由研究系人员来承担，讲学社的具体章程也是由梁启超亲自拟定的：

讲学社规约

一、本社团欲将现代高尚精粹之学说介绍于国中，使国民思想发扬健实。拟定每年延聘世界专门学者来华巡回讲演。

二、凡经本社职员或经学校各学术团体之介绍者皆得为本社之员。凡社员皆给以聘请证书，随时随处自由聘请。每年开社员大会一次，其日期地点由总务干事先一月登报通告。

三、本社设董事会专任筹划社务，每年所聘讲师由董事会决定。董事会会员由发起人公推之。董事互选主席董事一人对外代表本社。董事会成立后，续推董事须经董事会承认。

---

① 张元济（1867~1959），字菊生，浙江海盐人，著名国学大师、史学家、出版家，曾主持中国历史上最为悠久的民营大型出版机构"商务印书馆"达数十年之久，是我国近现代出版业的先驱。20 年代协助梁启超出版共学社丛书。
② 丁文江、赵丰田编《梁启超年谱长编》，上海人民出版社，1983，第 919 页。
③ 丁文江、赵丰田编《梁启超年谱长编》，上海人民出版社，1983，第 587~588 页。

四、本社设基金监二员，由董事互选之。本社经费收支于每年开支大会时由基金监报告之。

五、本社设总务干事、文牍干事、会计干事各一员，由董事会公推之。

本社设临时干事，无定员，每一讲师讲演期由分任翻译招待、编辑诸务，其人员由董事会临时公推之。

六、各地讲演事宜及讲费分担方法，由总务干事随时与各学校各学术团体接洽办理。[1]

讲学社的资金来源，除了上文中提到的教育部补助，还有四种渠道。一是讲学社成员的捐助。按照梁启超的设想，董事均须捐助一份费用，他率先将稿费、润笔费等捐出，其他董事如张謇、严修、王敬芳、胡汝麟等也各有奉献。二是梁启超的门生旧故多有资助，如黄群、徐新六、胡汇源、聂云台、陆费逵等经济比较宽裕的，都是梁启超募捐的对象。三是参与讲学社的各个团体的支出。这部分经费由他们共同协商。四是商务印书馆的报酬。梁启超与张元济约定，外国名哲的讲演稿经过讲学社的编辑整理之后均交由商务印书馆出版，而商务则须支付讲学社一定的版权费，并且不与商务的捐助相互冲突[2]。

正是由于强大的人脉资源和资金支持，讲学社才有能力接手杜威在中国第二年的聘约，而罗素也在讲学社成立一个多月后就来到了中国。继罗素之后，讲学社还曾计划邀请哲学家柏格森、倭铿，经济学家凯恩斯，自由主义者霍柏生，但均因各种因素未能成功，最终讲学社聘请了倭铿推荐的德国哲学家杜里舒来华讲学一年，虽然他对康德学说的介绍对中国的哲学界不无益处，不过杜里舒的哲学显然不对中国人的胃口，因此也没能产生更大的影响。直到 1924 年印度文豪泰戈尔在徐志摩的运作下访华，才使国人对异国名人的热情再一次升温，不过随之而来的还有国内思想界围绕东西方文化观的大讨论。泰戈尔访华之后，由于资

---

① 梁启超手稿，藏于国家图书馆，转引自彭鹏《研究系与五四时期新文化运动——以 1920 年前后为中心》，中山大学出版社，2003。

② 冉维山：《梁启超与讲学社》，《沧桑》2006 年第 6 期。

金短缺、研究系自身方向的转向和国内政治空气的日益浓厚，讲学社基本上处于解散状态，再没有邀请到西方大家来华讲学，不过20年代头几年"你方唱罢我登场"的热闹场面里，确实有讲学社的一份功劳在，不管是出于文化建设还是培养政治势力的目的，这些由讲学社邀请、资助来中国访问讲演的学者不仅给国内的学术界带来了新鲜的空气，也把五四前后中国思想界、文化界的剧烈震荡间接地展现在世界面前，其价值和影响力不容小觑。

第二节　从新闻到学术

国外学者来华访问讲学，不仅对于五四前后的思想界来说是有益于学术发展的大事，对于当时的整个社会也都具有足够的吸引力和影响力。新文化运动的兴起、新思潮的大量涌入使得当时的知识界，尤其是接受了新式高等教育的新一代青年渴望思想解放，希望从西方的先进经验和模式中找寻中国自身的未来与道路，这就使得这些携带着各种理论、方案来华的西哲们先天地拥有巨大的社会影响力和关注度，而新闻媒体也就自然从中找到了新闻点和难得的商机，《晨报》作为研究系在北京的唯一一家报纸，全程参与了对杜威、罗素访华的宣传和报道，考察《晨报》及《晨报副刊》上有关两人的新闻和文章，有助于我们认识报纸的新闻性给报纸副刊带来的多方面影响，以及研究系如何利用学者访华的巨大新闻效应来进行文化上和政治上的自我包装与宣传。

1919年4月30日，杜威及其夫人、女儿从日本坐船到达上海，到码头迎接的是分别代表北京大学、江苏教育总会和南京高师的胡适、蒋梦麟和陶行知三人。随后的整个5月，杜威几乎都是在上海、杭州、南京等地进行讲演和游览，与此同时，北京则爆发了著名的五四运动，《晨报》上几乎天天都是关于巴黎和会的消息和学生运动的各种报道，就是在这种情况下，《晨报》也没有忽视这位讲学社出资赞助的大哲学家，专门对杜威的行程和讲演进行跟进报道。5月9日和12日，《晨报副刊》相继刊出《杜威博士在沪讲演记》、《杜威博士讲演大要》两篇文章，对杜威的讲演及时进行报道。与此同时，《晨报副刊》上也刊载了胡适在江苏教育会所做的关于实验主义的讲演，读者投来的文章《实用主义之要旨》①，以及百如②所写的对杜威生平和学说的介绍文章，进一步加深了读者对杜威及其学说的认识。百如在文章中称杜威是"美国今日第一流的哲学家和教育家"，并认为"我们在国内的人，居然有机会把世界第一流的学者请了来，听他的言论，接近他的声音笑貌，这样幸福，是不容易的"，即使是"观感之间"，得到的也就不少了。不仅如此，百如确信杜威关于民本主义的和实验的教育学说"是我们教育家急须研究的东西"，他的"工具主义的哲学"，则"是我们空疏浮泛的思想界的根本救济"；百如还希望杜威的到来能使新思想得到很好的指导，使顽固守旧的人也能"受些感化，换些新空气"③。

　　学界对于杜威既有如此的期盼，因此当杜威一路北上来到北京的时候，《晨报》迅速将杜威的行踪当作热点新闻来报道。先是在新闻版面第三版刊出杜威的照片预告"美国哲学大家杜威博士本日到京"，并称杜威在南方的演说已经"大受学界欢迎"，"此后我国教育界大放光明，当于杜威氏之来卜之"④。等到杜威到了京城之后，更是在头版详细描述他"下车时踏足不稳，腿部微受跌伤"，不过这并未扫了杜威的兴致，因为"博士拟于一礼拜内遍游京畿各名胜之地，并欲亲往万里长城一观"⑤，等到游览结束之后才开始在学术讲演会等团体的演说活动。这种事无巨细的报道，表现了北京学界对杜威的强烈兴趣，也反映出《晨报》及研究系对杜威的声望和能量的充分认识。他们的认识也是正确的，杜威在北京的第一次讲演《美国之民治的发展》首日就"座为之满"，"女界到者亦甚多"⑥，第二日则"到者更为踊跃"，"后到者咸环立两旁""肃然静听"⑦，

---

① 周兆沅：《实用主义之要旨》，《晨报副刊》1919 年 5 月 19~21 日 "自由论坛" 栏。
② 孟宪承（1894~1967），字百如，江苏省武进县人。中国现代教育家。早年毕业于上海南洋公学中院和圣约翰大学，1918 年留学美国，获华盛顿大学教育学硕士学位，1921 年到英国伦敦大学研究生院深造。回国后先后任教于圣约翰大学、清华大学、南京高师、东南大学、北京师范大学等高校，是华东师范大学的第一任校长。曾翻译过在这篇文章中提到的有助于听杜威讲演的《我们怎么样思想》一书。
③ 百如：《美国教育者杜威》，《晨报副刊》1919 年 5 月 14、15、17 日 "名人小史" 栏。
④ 《杜威博士本日到京》，《晨报》1919 年 5 月 29 日，第三版。
⑤ 《杜威博士抵京》，《晨报》1919 年 5 月 31 日，第二版。
⑥ 《杜威博士讲演之第一日》，《晨报》1919 年 6 月 9 日，第二版。
⑦ 《杜威博士讲演之第二日》，《晨报》1919 年 6 月 11 日，第三版。

到了第三日，不仅"听者布满，且均先期而至，尤为中国自来开会未有之
精神"①。由于"所讲的真理录不胜录，听者莫不太满意，忻忻然而散"②，
因此《晨报》记者在报道中热情地向读者宣称"演说全文已有详细速记，
待演完后即由本报尽先发表，想读者必以先睹为快也"③。如此慷慨地拿
出新闻版面进行这样殷勤而周到的报道，加上报纸每日出版的速度与时效
性，《晨报》自然成为北京地区对杜威讲演的权威报道媒体④。随后《晨
报》对杜威在北京美术学校的讲演《现代教育的趋势》也进行了同样密
集的跟踪，不仅由康白情⑤详细记录胡适的口译，还随时刊登杜威的近照
和讲演会场上座无虚席的照片，甚至连杜威以前在华盛顿曾经发表过的文
章的译文，也被《晨报》发表在新闻版面上，作为一个新闻事件来报
道⑥。在杜威应北京大学和教育部的邀请，正式进行关于"社会哲学与政
治哲学"和"教育哲学"的系列讲演之后，对这两个主题讲演的广告，
也长久地占据了《晨报》二版第一行的位置，提醒读者每天翻开《晨报》
的第一件事就是别错过了杜威的精彩演说。其实即使有人错过了杜威的讲
演也没关系，因为杜威的每一次讲演内容都会原原本本地登在《晨报》的
二版或三版上，在众多国际国内大事中显得尤为令人瞩目，而《晨报副
刊》上还有罗家伦对杜威夫人关于教育讲演的记录。

　　除了《晨报》的努力宣传，参与邀请罗素来华并提供关键的资金支持
的研究系团体新学会、尚志学会，也积极地与杜威接触，参与这场盛会。
8 月 10 日，杜威应新学会的邀请在尚志学校进行了一次名为《学问的新
问题》的演讲，由范源濂主持。这次演讲照例由胡适担任口译，担任笔录
的则是罗家伦和毋忘。10 月 19 日，杜威在中国度过了他的六十岁生日，
出面设宴为杜威庆祝的除了北京大学、教育部之外，也有尚志学会和新学

---

① 《杜威博士讲演之第三日》，《晨报》1919 年 6 月 13 日，第三版。
② 《杜威博士讲演之第二日》，《晨报》1919 年 6 月 11 日，第三版。
③ 《杜威博士讲演之第一日》，《晨报》1919 年 6 月 9 日，第二版。
④ 其时北京对杜威讲学进行报道的报刊还有《京报》、《北京大学日刊》等，但因篇幅、人
　力、资源等有限，都无法与《晨报》报道的集中、丰富相匹敌。
⑤ 康白情此时不仅是就读北大文科的学生，同时也是五四运动中五大学生领袖之一，刚
　刚随北大学生代表团访问日本归来。由康白情来记录杜威演讲，很可能是胡适的意思。
　而记录稿可以直接登在《晨报》上，显示出北大方面在杜威一事上与《晨报》应属合
　作关系。
⑥ 《杜威博士之实业教育谈》，《晨报》1919 年 8 月 25 日，第三版。

会。杜威的寿筵设在中山公园的来今雨轩，代表教育部出面主持的是在政学两界都极有名望的王宠惠，代表北京大学出席的是蔡元培，而林长民和梁善济则分别代表尚志学会和新学会在席上致辞。蔡元培在发言中因为杜威的阳历生日正巧和孔子的阴历生日同日，因此将杜威的学说和孔子的学说进行了一番比较，认为"孔子的理想，与杜威博士的学说，狠有相同的点"，因此也就有了东西方文明融合的可能，但蔡元培表示，融合的方法"必要先领得西洋的科学精神，然后用他来整理中国的旧学说，才能发生一种新义"。林长民在发言中表示杜威的学说作为"成人"在西方显然已经取得成功，但他的学说对东方来讲还是像"小孩"一样崭新，因此祝福杜威的学说在东方一样取得成功。梁济善的发言更是直接将杜威比作东方佛教中的无量寿佛，说他有自度度他的精神。杜威在接下来的答谢词中对东方主人的各种好意和比喻表示感谢，并表示以后要多讲一些西方精神文明方面的内容，以解除原来东方人认为西洋文明都是物质文明，是"杀人的机械和偏重金钱"① 的有害学说的观念，以补救西方物质文明的害处，促进东西方文明的交流和沟通。

杜威在北京的第一个系列讲演是在北大法科讲堂的"社会哲学与政治哲学"，每周六下午四点开讲，第二个系列讲演是在教育部会场的"教育哲学"，每周日上午九点开始。两个系列讲演都在1919年9月下旬开始，在讲了16次后于1920年二三月间结束。随着杜威在北京的讲演有条不紊地进行，《晨报》对杜威讲演的报道也开始变得很有规律。杜威的每次讲演大概会分两天连载在《晨报》的第二版或三版上，这样读者一周至少有四天能看到杜威讲演的记录。到了10月，杜威的第三个系列讲演"伦理讲演"也开始了，这使得《晨报》的版面大为紧张，有时连第六版也要用上，因此杜威这一论题的讲演大多登在了第七版的副刊版面上。11月杜威的"思想之派别"系列讲演也开始了，地点仍在北大法科礼堂，每周五晚上八点开讲，其结果是直接导致《晨报》上对杜威讲演内容的报道几乎成为每日连载，于是《晨报》终于痛下决心，在三版的左下角辟出大概三分之一的版面，设为"杜威讲演"栏，固定于每日发表杜威的三个系列

① 参见《昨夕杜威博士之寿筵》，《晨报》1919年10月20日，第二版，及《本校与他三团体为杜威博士祝寿记》，《北京大学日刊》1919年10月22日。

的讲演。一直到 1920 年 2 月，《晨报》对"杜威讲演"栏的位置以增加新栏目的方式又进行了新的调整：

本报特别启事　读者诸君注意

本报一年以来，逐渐刷新，早为读者诸君所共见。近复于中外各要地添约访员，专任通讯，并订购洋文电报，由本馆自行译登，因之国内外重要新闻，更加翔实捷速。但本报同人，未敢遽自满足，兹拟将内容再加扩张，除每日登载论评，发挥批评的精神外，今后每星期日，特增加"世界周观"一门，将一周中世界大事，作系统的叙述，以供留心时势者之参考，定本星期日起（即本月七日）在第三版刊登。又从本日起，将杜威博士讲演录，移登在第五版，以期填出篇幅，多载新闻。特此通告。①

《晨报》新增加的"世界周观"栏就在原来"杜威讲演"栏的位置，虽然只是每星期出版一次，却使得杜威讲演录彻底地告别了新闻版面，因为连《晨报》自己都承认此时的杜威讲演并不再具有更多的新闻价值，因此要"填出篇幅，多载新闻"。此后"杜威讲演"栏在第五版登载了五次，不过《晨报》的第四版和第五版原本全部都是广告版面，杜威讲演录登在此处，一个是阅者容易忽略，另外好像也有对哲学大家不太重视的意思，于是"杜威讲演"栏最后正式落户第七版《晨报副刊》，将杜威讲演录的学术性真正得以落实，而新闻版面只登载一些和杜威行踪有关的简短新闻。杜威讲演录在《晨报》发表版面的变化，一方面说明随着杜威在北京讲学日久，杜威及其学说的新闻价值也在逐渐降低，杜威毕竟是一位哲学大家，他在北京所做的几种演说，都是学术性很强的哲学、教育方面的专业论说，确实不适合在新闻版面上长篇累牍地连载；另一方面也显示出报纸及其副刊与其他期刊类媒体的不同，即报纸副刊由于是新闻纸的附属版面，因此对杜威来访的呈现，不仅有杜威生平、学说的专业介绍，也有关于杜威在中国行踪的随时通报，不仅可以及时刊登杜威讲演的全文，而且也对当时学界的反应、听众热情捧场等细节进行详细记录，因此可以全

---

① 《晨报》1920 年 2 月 3 日，第二版。

方位地、立体地呈现杜威访华的各个层面，兼具新闻性与学术性。"杜威讲演"栏从新闻版面到文化、学术版面的转移，显示了报纸方面对杜威讲演录定性的变化过程，也表明报纸在承担学术传播功能的过程中所选择的角度变化和种种的条件限制。其实，进行版面调整还有另一个现实原因——另一位享誉世界的哲学大家罗素要来了。

第三节　罗素带来的商机和失望

1920 年 3 月 5 日，杜威在北大法科礼堂开始他在北京的第五大系列讲演——"现代的三个哲学家"，这个题目分六次于当月讲完，同月，他也结束了"伦理讲演"和"社会哲学与政治哲学"两个系列的长篇讲演，而之前的两个月，他的"教育哲学"和"思想之派别"两个系列讲演也已经结束，这样，杜威在中国著名的五大系列讲演均告一段落。4 月，杜威接受新教育共进社的邀请，南下讲演，足迹遍及南京、杭州、上海、镇江、扬州、清江、常州、南通、嘉兴、徐州、无锡、苏州等地。7 月，杜威回京接受北京大学第二年的聘请，而北大方面则授予杜威哲学博士名誉学位。不过北大开学没多久，杜威再次南下，在长沙、汉口、九江、厦门、福州、广州等地游览讲学，一直到离开中国之前的一个月才重新回到北京，在北京做了最后一次演讲后就经山东离开中国，结束了两年访华之旅。等于说杜威在中国的第二年绝大部分时间都是在中国南方各地讲学，极少在北京逗留，而这段时间在北京学术界进行访问讲演的则是声名与杜威不相上下的罗素先生。《晨报》在这一时期也自然将报道重点转移到罗素身上。

与杜威的后半程接手不同，对罗素的来华，讲学社可谓全程参与。《晨报》方面也早早地为罗素访华做好了各方面的准备。早在 1919 年 10 月，《晨报副刊》上就刊登了张申府翻译的罗素的《哲学之诸问题》一书的最后一章①。张申府自从 1914 年考入北大本科开始就一直对罗素的哲学很感兴趣，并广泛搜集罗素的著作和文章进行研究。张申府 1917 年毕业后留在北大数学系做助教，他同时也是新潮社和少年中国学会的成员，并

---

① 张亦：《哲学之价值》，《晨报副刊》1919 年 10 月 2 日。

参与《新青年》的编辑工作①。其后，张申府又在《晨报》周年纪念增刊上发表了《志罗素》② 一文，对罗素的生平和学说予以介绍。1920 年 4 月，《晨报副刊》上开始连载余家菊③翻译的罗素名著《社会改造原理》一书，连载一直持续了四个多月的时间，后来又刊登了郭绍虞的介绍文章《罗素社会哲学的大概》，对罗素学说的宣传可谓不遗余力。而张申府不仅在《晨报》上发表文章宣传罗素，更在《新青年》上编辑了一期罗素专刊，为罗素访华做学理上的准备。八卷二期的《新青年》封面即为罗素的照片，标注是"就快来到中国底世界的大哲学家罗素先生一九一四年底照像"，这一期当中集中发表了张申府对罗素的介绍文章《罗素》和他翻译的罗素著作的片段，如《梦与事实》、《民主与革命》、《哲学里的科学法》等，同期还有黄凌霜、沈雁冰等人对罗素文章的翻译。在接下来的一期中，张申府又发表了《试编罗素既刊著作目录》一文，并翻译了罗素的《民主与革命》，同期还有王星拱对罗素的逻辑和宇宙观的介绍，和李季、郑振铎、沈雁冰等人有关罗素文章的译文。这些文章对于国人了解罗素及其学说提供了很大的帮助，在某种程度上也成为罗素访华前的一种极好的宣传和热身。

与此同时，《晨报》方面接连刊登出《哲学大家罗素明年来华》（"明年"之说应为报道之误）、《北京大学的新施设》等新闻，称罗素"尤能于英国学说之中独标一帜，与现在最新之潮流相应和"④，在世界四大哲学家中北京大学"乃得其二，风虎云龙，宁非中国之大幸"⑤，并预言"杜威来后又继之以罗素，吾国之学术将来必可放一异彩也"⑥。同时随着罗素到访日期的临近，研究系方面也开始为接待罗素进行准备。1920 年 8

---

① 关于张申府生平及其对罗素的研究情况，可参见张申府著译《罗素哲学译述集》，教育科学出版社，1989，以及〔美〕舒衡哲《张申府访谈录》，〔美〕李绍明译，北京图书馆出版社，2001。

② 《晨报周年纪念增刊》1919 年 12 月 1 日。

③ 余家菊，字景陶，又字子渊，湖北人。国家主义教育学派的著名教育思想家。曾参加恽代英创办的互助社。1918 年毕业于中华大学哲学门，并留校参与创办附属中学，任学监。1919 年经王光祈介绍加入少年中国学会。1920 年初肄业于北京高等师范学堂教育研究科。

④ 《哲学大家罗素明年来华》，《晨报》1920 年 7 月 10 日，第三版。

⑤ 《北京大学之新施设》，《晨报》1920 年 7 月 11 日，第三版。

⑥ 《哲学大家罗素明年来华》，《晨报》1920 年 7 月 10 日，第三版。

月 27 日，《晨报》在新闻中称"尚志学会、北京大学、新学会、上海中国公学各团体代表在石达子庙欧美同学会开会，讨论欢迎英国大哲学家罗素事项，及讲演时间、翻译等问题。闻罗素确定九月十七日抵沪，各团体均推举代表赴沪欢迎，公推赵元任、叶景华、丁文江为翻译员……按罗素此次系应以上各团体之公聘而来，在华日期预定一年，讲演地点务求普及全国。罗素学说屡经本报介绍，读者当能记忆。而此次又系其自俄国归英未几，即首途来华，想其考察俄国之所得，必能一一披露于吾人之前"①。《晨报副刊》其时在李大钊、陈溥贤等人的主持下正在不遗余力地刊登介绍社会主义和马克思主义的文章，苏俄方面的情况也是他们关注的焦点，因此他们必然希望从罗素这位刚刚考察过苏俄情况的哲学家那里得到种种对理论的现实印证，这也就不难解释为什么《晨报》在罗素来华之前的一个月间在新闻版面上集中连载了《罗素游俄之感想》的翻译文章。另外，在早早刊登出罗素演讲的广告的同时，《晨报》也迅速将刚刚在副刊版面连载完的《社会改造原理》结集出版，在罗素讲演广告的旁边打出"罗素来了，大家赶快来购他的名著"②，"名哲罗素快来了！我们要听罗素底讲演，非先知道罗素底思想不可。要知道罗素底思想，非读《社会改造原理》一书不可"③ 这样的广告词，来增加图书的销量。从以上种种可以看出，《晨报》对罗素访华一事颇为关注，不仅早早登出各种文章对罗素的生平和学说进行介绍，为罗素之行预热，同时还颇有商业头脑地在名人来华的事件中看到商机，早早地出版相关译著抢占出版市场，这也是报纸及其副刊在对待、处理名人来华的行为和态度上与其他杂志的不同之处，反映出当时的报社已然开始成为相对成熟的商业机构，有意识地在报道新闻事件的同时积极挖掘新闻中的商机。《晨报》在对罗素、杜威等人的报道中也一直进行这样的努力和尝试。

　　1920 年 10 月 14 日，罗素终于来到中国，开始了令国人期待的访华之旅。罗素到达上海当晚，江苏教育总会、中华职业教育社、新教育共进社、中国公学、《时事新报》、《申报》和基督救国会七个团体便联名开会

---

① 《罗素九月中可抵沪》，《晨报》1920 年 8 月 27 日，第三版。
② 《晨报》1920 年 9 月 26 日，第一版。
③ 《晨报》1920 年 10 月 1 日，第一版。

为罗素洗尘，共到场约一百人。主持人沈信卿是中华职业教育社的创始人，也是江苏教育界赫赫有名的人物，张君劢、金其堡等人均是他的学生。沈信卿在发言中指出罗素的学说对中国最有益处的有两点：

> （一）中国旧学说，常谓世界时时变迁，而有不变之理存乎其间。罗素先生之学说，有同于此种意义，且发挥广大，阐明玄微，有非古人所见及者。（二）罗素先生主张改造社会与思想。而今日我国所亟亟需要者，即在乎此。是所望于罗素拜在此一年之间，予我中国以种种指导，俾完成我国之改造事业也。[①]

前一点其实是对罗素客套的恭维，第二点才是当时人们对于罗素的期盼。作为一位在哲学、数学、逻辑学、历史学、政治学等领域均取得了过人成绩的百科全书式的学者，罗素最被国人看重的其实是他关于社会改造的理论和学说，是他对社会主义的推崇以及他对"基尔特社会主义"学派的归宗，这其实也是《晨报》在他的种种著作中单单选出《社会改造原理》大力宣传的原因，是研究系在众多的西方学者中邀请他来华讲学的原因之一。罗素在 1916～1918 年接连出版了《社会改造原理》、《政治理想》和《自由之路：社会主义、无政府主义和工团主义》三本著作，明确表达了他对社会主义的理想和信念，并公开表明提倡"基尔特社会主义"。研究系中的张东荪等人对罗素的这些主张推崇备至，将罗素邀请来，明显也有借鉴罗素的理论以改造中国的考虑在内。不过，张东荪等人没有想到的是，罗素在来华之前的游俄之旅中，从苏联的现实出发对社会主义进行了深刻反思，他认为苏联的布尔什维克是名副其实的"革命贵族"，财产公有和经济平等并没有使苏俄的劳动者真正得到解放，政治权力分配不均产生了一系列问题，因此要想实现社会主义在俄国这一类落后国家取得真正的胜利，还是相当遥远的事情。带着这样的反思来到中国的罗素，不可能马上就简单地把社会主义当成灵丹妙药推荐给中国人，因此他在回应沈信卿的即席演说中表示，欧洲的基本思想并不尽善尽美，反而是"中国固有之文明，如文学美术，皆有可观，且有整理保存之价值与必要"。

[①] 《沪七团体欢迎罗素记》，《晨报》1920 年 10 月 16 日。

罗素认为自己刚到中国，对于改造中国的途径还不敢妄下断言，"但就最近之感想所及，各种改造方法之中，自以教育为第一义"①。在第二天上海中国公学的欢迎会上讲演"社会改造原理"这一题目时，他也表示"中国实业，方在萌芽"，希望中国实业的发展不要步欧美的后尘，产生种种流弊，"至于中国发达产业的方法，最好由同业公会的组织来自谋发展"，不过"这种理论，在欧洲虽已成立，惜未实行，故能行于中国与否，亦不敢断定"②。总之，面对国人对中国改造方案的热切期盼，罗素的回答显得模糊又游移，即使是出于一个学者的谨慎和自谦，还是引起了国人的不满。

罗素刚刚来到中国，并没有大谈改造中国的原理，反而在欢迎会上提出要整理保持中国固有的文明，这种说法其实是出于罗素对中国古代文明的敬仰和对西方物质文明发展过程中的反思，其中可能也不无客气的成分，可是就有媒体对此大做文章，直接断言"罗博士言中国宜保存固有国粹"③，这种"保存国粹"的论调对当时被新文化运动席卷的知识界来说，无疑是极其敏感而容易引起误解的，也就必然会引起知识分子的不同反应。周作人首先在《晨报副刊》上发表文章，称这种"很为中国的人上自遗老下至学生所欢迎的"的言论是他所不能赞成的，因为"国粹实在只是一种社会的遗传性，须是好的，而且又还存在，这才值得保存，才能保存"，而在周作人看来，"中国的国民性里，除了尊王攘夷，换一个名称便是，复古排外的思想（这未必能算得粹？）以外，实在没有什么特别可以保存的地方"，中国人之所以喜欢国粹，提倡复古排外，是"因为懒，因为怕用心思，怕改变生活"，周作人最后郑重地宣布"我们欢迎罗素的社会改造的意见，这是我们对于他的唯一的要求"④，充分表明了当时知识界对罗素的期待和诉求。同期《晨报副刊》上还刊登了另一篇对于此事的评论，作者认为改造社会和保存国粹两件事情不仅不相反，反而是相辅相成的，"社会为什么不能改造，正因为没有保存国粹的缘故"，只有使国人常常在过去中发现人类进化的天性，看出种种进化的形迹，才能努力改

---

① 《沪七团体欢迎罗素记》，《晨报》1920 年 10 月 16 日。
② 《罗素在沪之讲演》，《晨报》1920 年 10 月 17 日，第三版。
③ 《各团体欢迎罗素博士记》，《申报》1920 年 10 月 14 日。
④ 仲密：《罗素与国粹》，《晨报》1920 年 10 月 19 日，第七版。

造，因此必须用科学的态度来保存国粹。而且也不是只有中国人才有保存中国国粹的资格，他国人来保存才能绝对地客观，避免"骄傲"与"勉励"带来的负面影响。作者因此认为像罗素这样的"改造社会家的所谓保存国粹，注重在保存这个字，与眼前的应用毫无关系"①。

面对罗素的言论所引起的反响，一直致力于在中国宣传罗素思想的张崧年立即出面澄清，他在给上海《时事新报》的信中提出，罗素只不过是由于痛心于西方近代的商贾主义、资本主义和军国主义，希望中国人不要简单地承袭西方的道路，而是要在"已有的道路以外另开一条新路"，希望中国人"多多在精神方面注意"，把"保存国粹"这四个字加在"最注重创发的罗素"身上，"不但对于中国无益，必反害之，也害了他自己"②。事情的发展，最终迫使罗素本人也不得不出面回应，罗素在给当初登出"保存国粹"这一新闻的《申报》的信中说，初次来华的游客，首先感触的到，肯定都是中国自古传承下来的艺术上的优美和新式实业对于艺术的摧残之间带来的巨大反差，因此他很希望能够将其保留，"庶宇宙供人潜究之壮观，得增其趣味与派别焉"，而且罗素也注意到"最有毅力最有知识之华人，今多完全不重视国内各种古旧之优点，虽外人誉之，亦有所不恤"。不过罗素也承认"不抛弃之，无以图进取"，而且也为国内"不信古者求思想求文化求指导之大热念所感触"，因为西方对于贤智人物的信仰已经减弱，而国内的青年却以为"贤智之士，必能有良谋善策，以解决国家困难"，这不能不使他大为惊异。因此罗素只能再次重申"今日中国最重要事，厥为教育。此不独为目前学生界之教育，且为全国人民之教育"，至于中国的实业发展是否能够避免西方社会已经出现的种种弊病，少数受过新式教育并有政治改良的大志愿的领袖是否能够引导国人完全醒悟，"则尚非余所能知也"③。罗素的这番解释虽然能够澄清"保存国粹"这一说法带来的种种误解，不过他对于国人呼唤改造方案的要求始终不能明确回应，也就无法改变国人对他的失望情绪。

随后，《晨报》在第三版登出了梁敬錞所写的文章《与罗素同船之一

---

① F. L.：《改造社会与保存国粹》，《晨报》1920年10月19日，第七版。
② 皓明：《国人对于罗素的误解》，《晨报》1920年10月20日，第七版。
③ 《罗素对于中国之第一感想》，《申报》1920年12月3日。

封书》，作者认为"俄党目下以鼓吹为惟一手段，其成功亦实可惊，但惜终近于宗教的，而非近于理性的"，并提到与罗素论及全俄的苏维埃政府组织时，"罗氏颇多贬辞"①。与此同时，罗素在上海演讲的时候仍然着重于"教育的效用"②，到了长沙后更是直言"俄国的政状，说是平民专制罢，实则是政客专制。这样专制下去，虽则布党自谓出于一时之不得已，若干年后俟目的达到了，仍要回复人民的自由，吾则恐一发而不可收，回复自由之说，只成一句好听的话而已"③。罗素如此公开地表明自己思想的转变，一直追随他的张东荪也开始重新考量在中国实行社会主义的问题，他在听了罗素在长沙的讲演之后，写文章指出："救中国只有一条路，一言以蔽之：就是增加富力。而增加富力就是开发实业，因为中国的唯一病症就是贫乏……我们也可以说有一个主义，就是使中国人从来未过过人的生活的都得着人的生活，而不是欧美现成的什么社会主义舒适国家主义什么无政府主义什么多数派主义等等，所以我们的努力当在另一个地方。"④ 张东荪的这篇文章一直被后世研究者当作他乃至研究系公开提倡"基尔特社会主义"，发展实业提倡社会改良，甚至是以"社会主义"的名义反对"社会主义"的宣言书，而陈独秀、李达、陈望道、邵力子等人在《新青年》上对张东荪的批判，以及以梁启超为首的研究系知识分子以《解放与改造》杂志为大本营和中国早期共产主义者所进行的这一场争论，早被党史研究界定性为早期共产党人在五四时期与研究系的"社会主义论战"。相关研究成果颇多，在此恕不赘述。

虽然思想界对罗素及其追随者展开了猛烈抨击，但对于北京的学界，尤其是普通民众和青年学生来说，罗素的到来仍有足够的吸引力，《晨报》的报道也仍然事无巨细。罗素抵达北京后，新学会和讲学社为罗素举行了隆重的欢迎大会，到会一百余人，梁启超代表讲学社在会上致欢迎词，并借机宣传了讲学社的宗旨，即"绝对地无限制尽量输入"，对于罗素本人，梁启超的评价颇高，他认为"往后世界人类所要求的，是生活的理想化、理想的生活化，罗素先生的学说，最能满足这个要求"，不过对于罗素的

---

① 梁敬镎：《与罗素同船之一封书》，《晨报》1920 年 10 月 24~26 日，第三版。

② 《罗素在上海之讲演》，《晨报》1920 年 10 月 24 日，第七版。

③ 《罗素在长沙讲演》，《晨报》1920 年 11 月 2~3 日，第六版。

④ 张东荪：《由内地旅行而得之又一教训》，《时事新报》1920 年 11 月 6 日。

学说到底如何能够满足这一要求，梁启超在盛赞罗素人格魅力的同时，并没有进行详细说明，而只要求罗素"把他研究学问的方法传授给我们"①。随后罗素开始了在京的两个系列讲演："哲学问题"和"心理之分析"，《晨报》也照旧在三版开设了"罗素讲坛"栏发表讲演录。与此同时，《晨报》还特别关注由几个北大学生发起成立的罗素学说研究会的情况，常常会在新闻版面报道这一团体的活动，介绍这一组织"专取精神的结合，不拘于形式的束缚，所以一切章程都没订立，对于会中一切职务及费用由会员全体分担"②的组织形式，以及会员们提出来共同讨论的"什么是真理"和"结婚与人口问题"等问题的讨论情况和相关参考书籍③。随着罗素为"物的分析"和"宗教之信仰"两个问题开设新的系列讲演，"罗素讲坛"栏也像当初的"杜威讲演"栏一样，渐渐由新闻版面向副刊版面转移。1921 年春节过后，罗素开始了在京的另外两个著名系列讲演——"社会构造学"和"数理逻辑"，不过他这两个内容的讲演并没有持续太久，因为他在应邀去保定讲演时，为了显示绅士风度，在其他人穿着外套都冷得发抖的情况下拒绝穿外套，因此着凉患上了急性肺炎，被送进德国人开的医院中进行治疗，整整两周昏迷不醒，胡言乱语，具体情形《晨报》在《罗素讲演暂行停止》（3 月 20 日）、《罗素病势恐将不起》（3 月 27 日）、《罗素病危之昨讯》（3 月 28 日）、《罗素病笃与各方面》（3 月 30 日）、《罗素病势已有起色》（4 月 1 日）、《罗素病已大愈》（4 月 16 日）等新闻中进行了详细报道。罗素这一病大伤元气，一直到 7 月离开中国，除了临别的一场演说之外，再没进行其他演讲。等于说他在中国不到一年的时间里，只有 1920 年 11 月至 1921 年 3 月这 5 个月的时间是真正有效的讲演时间，而这 5 个月里还包括了他放年假和春节休息的时间。在如此短暂的时间里，他在哲学、数学、社会政治等领域的诸多成绩显然来不及全面展示，即使不考虑罗素在社会改造问题上让国人产生的失望情绪，单单与杜威长达两年的讲学时间和走遍中国大江南北相比较，罗素与杜威两人对于中国思想界的影响也自然高下立判。

---

① 《讲学社欢迎罗素之盛会》，《晨报》1920 年 11 月 10 日，第三版。
② 《罗素学术研究会开会》，《晨报》1920 年 11 月 29 日，第三版。
③ 《罗素研究会已开始讨论》，《晨报》1920 年 12 月 3 日，第六版，及《罗素学说研究会开会》，《晨报》1920 年 12 月 12 日，第六版。

第四节　文化界的权力争夺

1921 年 7 月 11 日，杜威和罗素这两位在中国受到热烈欢迎和引发巨大争议的世界级哲学大家不约而同地选在同一天离开了北京，而这一天的《晨报》也几乎成了杜威、罗素的专号。

二版头条是杜威的著名弟子胡适的文章《杜威先生与中国》。胡适在文章中用不容置疑的口吻说："自从中国与西洋文化接触以来，没有一个外国学者在中国思想界的影响有杜威先生这样大的。我们还可以说，在最近的将来几十年中，也未必有别个西洋学者在中国的影响可以比杜威先生还大的。"胡适的理由有二：一是杜威在中国洒下了"试验教育"的种子，将来只要有了试验的机会，"无数杜威式的试验学校直接或间接影响全中国的教育，那种影响不应该比现在更大千百倍吗？"；二是，"杜威先生不曾给我们一些关于特别问题的特别主张，——如共产主义，无政府主义，自由恋爱之类，——他只给了我们一个哲学方法，使我们用这个方法去解决我们自己的特别问题。他的哲学方法，总名叫做'实验主义'"。基于以上两点原因，胡适笃定"他的影响仍旧永永存在，将来还要开更璀璨的花，结个丰盛的果"[1]。在两位哲人同时离京的当天发表这样的文章，胡适在为杜威的中国之旅总结、定性、提升的同时，话里话外也隐约透露出对于罗素此行的评价和态度。紧接着胡适文章的是在罗素访华期间担任翻译的赵元任的文章，题目是《罗素不肯说中国人的短处，赵元任替说》，赵元任仿佛还嫌罗素的中国之行不够糟糕似的，坚持在罗素都不太同意的情况下，替罗素说出平时"作客观的旁观者观察所得的"观感，包括"诚实的程度还须加高"、"懒惰的程度还须减低"、"爱钱心重了不好"、"慈悲心须要真有"、"胆太小不好"、"脸太嫩没有好处"等对中国人的劝告，以这样的文章替罗素送行，也难怪连罗素本人都担心"像受了优待还说不识抬举的挑剔话似的"[2]。同版《晨报》还刊登了杜威临别时特别赠送给读者的签名相片，而罗素出京的消息和相片则被刊登到了第三版上。

---

[1]　胡适：《杜威先生与中国》，《晨报》1921 年 7 月 11 日，第二版。
[2]　赵元任：《罗素不肯说中国人的短处，赵元任替说》，《晨报》1921 年 7 月 11 日，第二版。

同日的副刊版面上，一直为杜威和罗素的讲演担任记录的孙伏园，发表了两篇杂感，抒发自己对两位哲人离去的感想。在写杜威的一篇中，孙伏园将"杜威博士今日去了"这句话中的"杜威博士"、"今日"和"去了"三个词都进行了解构，结果是"将离别的情绪打下了，并且隐隐约约的仿佛有'杜威博士依然不去'的一个观念起来代替"，不过孙伏园的解构方式是偷了罗素的哲学观点，这让孙伏园有了一种"大错"的感觉；而在送别罗素的文章中，孙伏园的离愁别绪就没那么容易打发了，因为一方面罗素"讲演的时间既不到一年，足迹又不过三两省，讲演的科目又多没有完功，无论为学术界，或为普通社会，知道罗素或感受罗素的，绝没有像杜威的那样普遍"；另一方面，孙伏园也为罗素几乎要病死在异国的情形感到"万分抱歉而且万分痛心"，并一语双关地指出中国"细菌肆虐"，竟至弄得外宾不敢驻足，"这一层也已经够教做主人的汗颜了"。孙伏园最后在文章中感慨不管是杜威还是罗素，"他们都尚不厌弃这野蛮民族，在宴别席上无不表示希望再来之意，我们于这无可如何的情境之下，也只有希望再来一语送别他们，并且希望我们自己下次不要这样待慢他们罢了"①。孙伏园的离愁别绪明显偏向罗素的更多，而他对于杜威、罗素在中国的影响力的判断也是基本准确的，日后中国的思想界、哲学界、教育界中，杜威的影响都明显超过了罗素，除了杜威比罗素待的时间长、走的地方多，除了考虑到杜威"实验主义"的方法和理论对于当时追求现实效用的中国人来说，显然要比罗素的艰深哲学、逻辑理论和不合时宜的基尔特社会主义更对胃口之外，也许还需要考虑到这些外国名哲背后源于不同目的和诉求的中国拥趸，以及五四前后北京文化界尚未浮出水面的权力之争。

研究系及其报刊对于杜威、罗素的访华基本上采取一视同仁的态度，都呈现出积极参与的姿态和努力，甚至有学者认为，在同时期的报章杂志中，《时事新报》的《学灯》是登载杜威资料最多的一个②，可胡适一方对罗素来访的态度，则明显与对杜威不同。胡适对于杜威的来访不仅积极

① 孙伏园：《杜威博士今日去了》、《罗素先生今日也去了》，《晨报副刊》1921 年 7 月 11 日，第七版。
② 见彭鹏《研究系与五四时期新文化运动——以 1920 年前后为中心》，中山大学出版社，2003。

策划安排，筹集资金，在杜威抵达中国之后，更是亲自南下迎接，陪同其去各地演讲，担任翻译，但罗素在北京半年多的演讲，胡适竟然一次都没有亲自去听过。他在日记中对自己从未去听罗素讲演原因的解释是"罗素与勃拉克女士今晚在教育部会场为最后的演说，我本想去的，为雨后泥泞所阻，不能进顺治门，故不能去了。罗素的讲演，我因病中不曾去听，后来我病愈时，他又病了，故至今不曾听过。今日最后的一次，乃竟无缘，可惜"①。不过，这种解释明显有些牵强。对于杜威和罗素在同天离开北京一事上，胡适的做法也明显体现出区别对待之意，对杜威，不仅在《晨报》上发表《杜威先生与中国》的文章，将杜威对中国的影响提升到无人匹敌的高度，还亲自携幼子祖望赶到车站送行，"心里很有惜别的情感"。而同日下午罗素动身时，胡适却因与友人陈慎侯谈论文法问题，延误了送行时刻。表面上看来，胡适与罗素始终缘悭一面，但事实上，不能排除胡适有意为之的成分。

罗素离开中国不久，胡适在南下的火车上写下题为《一个哲学家》的白话诗："他自己不要国家，但他劝我们须要爱国；他自己不信政府，但他要我们行国家社会主义。他看中了一条到自由之路，但他另给我们找一条路；这条路他自己并不赞成，但他说我们还不配到他的路上去。他说救中国只须一万个好人，但一两'打'也可以将就了——我们要敬告他，这种迷梦，我们早已做够了！"② 这首诗明显是在指摘罗素在中国发表的种种言论。罗素在中国的最后一个讲演中改变了自己一向鼓励中国发展实业，实行基尔特社会主义的主张，反而建议中国走苏俄式的劳农专政的道路③，这不仅使一向追随他的张东荪等人大为不满，同时也与胡适的"多研究些问题，少谈些主义"的主张不同。罗素本人提倡民主政治，不过他认为民主的前提是绝大多数人都受过基本教育，能读能写，具备一定的参与政治的知识和基础，而对于中国的现实来说这还有些超前，需要先经过一段类似俄国的社会主义专政时期，这也是胡适所不满的"我们还不配"的原因。虽然几年后胡适自己也公开提倡"好政府主义"为中国的政治指

---

① 曹伯言整理《胡适日记全编》1921 年 7 月 6 日，安徽教育出版社，2001。
② 曹伯言整理《胡适日记全编》1921 年 7 月 11 日，安徽教育出版社，2001。
③ 罗素：《中国的到自由之路》，《晨报》1921 年 7 月 14～20 日，第七版。

路，可罗素的"好人说"在当时明显不能让胡适满意。总之，胡适对于罗素给中国的种种建议虽然没有亲到现场聆听，但基本上都有了解，并且是持不同意见的。这不仅仅是一般的学理与政治立场的简单分歧，背后还隐含着胡适一派与研究系之间的复杂关系。

在 1918 年底携研究系的重要成员去欧洲游历之前，梁启超虽然屡次因政治上的挫败而宣称要脱离政界，致力于思想界与教育界，却总是反反复复，难以与政界脱离干系。欧游期间，梁启超及其门生终于决心要在文化界有所作为的同时，国内的"文学革命"已经在陈独秀、胡适等更年轻的一代人手中发展得如火如荼，并且凭借北京大学和《新青年》杂志在国内的影响力迅速在文化界获取了"文化领袖"的地位。当梁启超及其门生从欧洲归来，面对国内文化界已然彻底改头换面的新气象时，虽然也大力采取集会结社、办报办刊、接办大学等文化新举措，但昔日执牛耳的地位已然不再，因此许多活动需要借助并联合新兴的文化力量，其实这也不失为一种迅速融入国内文化主流的捷径，因此在杜威、罗素来访的过程中，研究系一方一直积极与胡适、北大一派合作，不遗余力。可从胡适一派来讲，梁启超等人已经是过时的前辈，尤其是以前在政治上还曾有种种不光彩的历史，因此对于研究系此时的种种文化举措，常常抱着谨慎、怀疑甚至敌视的态度。胡适在 1920 年底或 1921 年初写给陈独秀的一封信中说：

> 你难道不知我们在北京时时刻刻在敌人包围之中？你难道不知他们办共学社是在"世界丛书"之后，他们改造《改造》是有意的？他们拉出他们的领袖来"讲学"——讲中国哲学史——是专对我们的。（他在清华的讲义无处不是寻我的瑕疵的。他用我的书之处，从不说一声；他有可以驳我的地方，决不放过！但此事我很欢迎。因为他这样做去，于我既无害而且总有点进益的。）你难道不知他们现在已收回从前主张白话诗文的主张？（任公有一篇大驳白话诗的文章，尚未发表，曾把稿子给我看，我逐条驳了，送还他，告诉他，"这些问题我们这三年中都讨论过了，我很不愿他来旧事重提，势必又引起我们许多无谓的笔墨官司！"他才不发表了。）你难道不知延聘罗素、倭铿等人的历史？（我曾宣言，若倭铿来，他每有一次演说，我们当

有一次驳论。)①

  在这封信中胡适直接将"新青年"一派与梁启超及研究系的关系定义为敌我关系，并认为研究系办刊、出书、讲学和邀请名哲等活动都是直接针对"新青年"团体的，邀请提倡基尔特社会主义的罗素和代表唯心派哲学的倭铿来华，也自然要引起实验主义信徒胡适的反对。张朋园在对这封信的解读中认为，这体现出的是带有革命气质的"新青年"们"处处防御他人，且有过度防御的心理"②，但如果考虑到当时新旧思潮的激战正酣，新文化运动处处遭到各种守旧势力的反对和攻击，尤其是研究系的突然转向和在文化界的全面出击，胡适的这种多疑和自我保护也并不是没有道理的。事实上，研究系内部对于利用这些文化举措来争取文化权力的目的是毫不掩饰的，1921 年舒新城在给梁启超的信中就直言："中国公学委城、南陔、东荪办理，君劢则分在南开讲演，公则在南京讲演（最好请百里在东南大学设自由讲座），如此鼎足而三，举足可以左右中国文化，五年后吾党将遍中国，岂再如今之长此无人也。"③ 希望以大学为基础来"左右中国文化"，这显然是看到了北京大学当时在文化界举足轻重的位置而意欲效仿，不过"左右中国文化"背后更进一步的目的，则是要为"吾党"延揽人才，通过争夺文化大权，来完成政治上的重新崛起，也就是张东荪后来所说的"以后报国之道，不在空言，必须于社会上占有不动摇的势力，故此后吾辈生死存亡之关键，即在能否充分吸收新人物与开发事业"④。

  对于研究系这种经由文化重返政治的打算，胡适看得很清楚，据罗素的翻译赵元任回忆："8 月 19 日我在南京的时候，我从胡敦复、胡明复及胡适处听说，梁启超、张东荪等人领导的进步党要我为罗素（Bertrand Russell）作翻译，罗素即将来中国作学术讲演。三位胡先生警告我不要被

---

① 中国社会科学院近代史研究所中华民国史组编《胡适来往书信选》（上），中华书局，1979。

② 张朋园：《胡适与梁启超——两代知识分子的亲和与排斥》，载李又宁主编《胡适与他的朋友》第一集，纽约：天外出版社，1990。

③ 丁文江、赵丰田编《梁启超年谱长编》，上海人民出版社，1983，第 942 页。

④ 丁文江、赵丰田编《梁启超年谱长编》，上海人民出版社，1983，第 1012 页。

该党利用提高其声望，以达成其政治目标，并告诉我不可让他们把我仅仅当做译员看待。我同意小心将事，同时也欢迎有此机会会晤这位学者并为他任译员"①。可以说，早在罗素来华之前，胡适等人就已经想到研究系邀请罗素，有利用其声望来扩大文化影响、宣传政治主张的用心，这也是胡适和北大一派一直对研究系怀有戒心的原因。难怪其时在北大任教的吴虞也曾在日记中说："北大如胡适之、陈惺农、君毅诸人，皆可说是同为新派，此外则旧派也。然可以蔡鹤卿北大派括之，最忌恶者为进步系及梁公也。"②

北大一派一直对研究系的文化举措持保留和审慎的态度，而研究系一方却试图将北大和胡适诸人纳入他们的文化、政治格局中。陶菊隐认为，梁启超由欧洲回国后，就有将研究系改组为党的愿望，研究系中的丁文江、张君劢两人极为赞成，并想"以胡适之为桥梁，打通北大路线"③，而张朋园也同意"研究系骨干分子始终抱有政治意图，试图与新文化运动中与胡适等北大派知识分子重组政党或进行政治合作"④。这种意图的实施，以梁启超和胡适结交作为开端。1918 年 11 月，胡适通过徐振飞的介绍，写信向梁启超请教墨子的问题，自此开始了两人的频繁往来⑤。在胡适一方，始终恭敬地以晚辈自居，向梁启超请教，而从梁启超的角度来讲，却不失为一个与五四新文化运动中心结盟的绝佳契机。1919～1923年，北大一派与研究系圈子来往频繁，丁文江、蒋百里、张君劢、蓝公武、藉忠寅、林长民等人常常参加北大一派人的聚会，尤其是丁文江，由于与胡适持续终生的友谊而成为沟通北大一派和研究系的一座桥梁。不过胡适对研究系的观感始终未改变，他在 1922 年的日记中写道："研究系近年做的事，着着失败，故要拉我们加入。结果有两条可能，或是我们被拖下水而于事无济，或是我们能使国事起一个变化。若做到第二条，非我们用全副精力去干不可。宗孟终日除了写对联条屏之外，别无一事；而我们

① 赵元任：《从家乡到美国——赵元任早年回忆》，学林出版社，1997。
② 中国革命博物馆编《吴虞日记》（上），四川人民出版社，1984。
③ 陶菊隐：《蒋百里传》，中华书局，1985。
④ 张朋园：《胡适与梁启超——两代知识分子的亲和与排斥》，载李又宁主编《胡适与他的朋友》第一集，纽约：天外出版社，1990。
⑤ 朱洪斌在《梁启超、胡适的初晤与"研究系"的思想转向》中认为，两人的初晤时间应在 1920 年 3 月 21 日，见《南开学报》（哲学社会科学版）2003 年第 5 期。

已忙的连剪发洗浴都没工夫；在此情况之中，谁占上风，已不言而喻了"①。同年，胡适联合十六个人共同发表了《我们的政治主张》，提倡"好政府主义"，正式提出他们自己的政治主张，其中除了丁文江之外，其他人都没有研究系的背景，这也标志着研究系试图联合北大一派建党的彻底失败。其后胡适自己组建自由党的意图并没有实现，而梁启超则因健康问题再无重返政坛的可能，两人虽还曾因各种学术问题频起争端，但这场隐藏在杜威、罗素访华背后以政治诉求为旨归的文化权力之争，基本结束了。

---

① 中国社会科学院近代史研究所中华民国史研究室编《胡适的日记》（下），中华书局，1985。

第三章

辞职风波：报纸副刊与新文化人的聚合分化

第一节　"辞职风波"

1924 年 10 月最后一期的《晨报副刊》上，登出了编辑孙伏园的一则启事："我已辞去《晨报》编辑职务，此后本刊稿件请直寄《晨报》编辑部。我个人信件请改寄南半截胡同绍兴馆。"与孙伏园的启事一同登出来的，还有《晨报》的两则启事：

本报启事一

本报副刊向由编辑处学艺部办理，嗣后所有信件请仍寄学艺部为荷，此启。

本报启事二

本报副刊发行以来备蒙各界奖许，销路日见推广。兹值本报第六周年纪念之际，拟将副刊内容再加改良，除随时订请海内硕学担任撰述外，外间投稿一律欢迎。其愿得报酬者，请于函内注明，一经登出，当酌呈酬金，此启。①

---

① 《晨报副刊》1924 年 10 月 31 日，第四版。

其时《晨报副刊》在孙伏园的主持下已经成为北京文化界最有影响力的报纸副刊，孙伏园也因此成为北京文化界的著名报人，突然在此时辞职且不加任何说明，而《晨报副刊》方面"再加改良"的态度也让人怀疑"辞职"和"改良"两者之间时间上和逻辑上的关系。对于自己的突然辞职，孙伏园在一年之后，做了如下的解释：

> 去年十月的某天，就是发出鲁迅先生《我的失恋》一诗的那天，我照例于八点到馆看大样去了。大样上没有别的特别处所，只少了一篇鲁迅先生的诗，和多了一篇什么人的评论。少登一篇稿子是常事，本已给校对者以范围内的自由，遇稿过多时，有几篇本来不妨不登的。但去年十月某日的事，却不能与平日相提并论，不是因为稿多而被校对抽去的，因为校对报告我：这篇诗稿是被代理总编辑刘勉己先生抽去了。"抽去！"这是何等重大的事！但我究竟已经不是青年了，听完话只是按捺着气，依然伏在案头看大样。我正想看他补进的是一篇什么东西，这时候刘勉己先生来了，慌慌张张的，连说鲁迅的那首诗实在要不得，所以由他代为抽去了。但他只是吞吞吐吐的，也说不出何以"要不得"的缘故来。这时我的少年火气，实在有些按捺不住了，一举手就要打他的嘴巴。（这是我生平未有的耻辱。如果还有一点人气，对于这种耻辱当然非昭雪不可的。）但是那时他不知道怎样一躲闪，便抽身走了。我在后面紧追着，一直追到编辑部。别的同事硬把我拦住，使我不得动手，我遂只得大骂他一顿。同事把我拉出编辑部，劝进我的住室，第二天我便辞去《晨报副刊》的编辑了。①

孙伏园在辞职两个月后就应邵飘萍的邀请去办《京报副刊》了，在回顾《京报副刊》一周年来的成绩时，自然要对自己的加盟做一解释，以上即孙伏园颇具戏剧性的回忆。不过在 30 多年之后，孙伏园对这一事件有一个更具戏剧冲突效果的说明：

> 一九二四年十月，鲁迅先生写了一首诗《我的失恋》，寄给了

---

① 孙伏园：《京副一周年——一九二五年》，《京报副刊》1925 年 12 月 5 日。

《晨报副刊》。稿已经发排，在见报的头天晚上，我到报馆看大样时，鲁迅先生的诗被代理总编辑刘勉己抽掉了。抽去这稿，我已经按捺不住火气，再加上刘勉己又跑来说那首诗实在要不得，但吞吞吐吐地又说不出何以"要不得"的理由来，于是我气极了，就顺手打了他一个嘴巴，还追着大骂他一顿。第二天我气忿忿地跑到鲁迅先生的寓所，告诉他"我辞职了"。鲁迅先生认为这事和他有关，心里有些不安，给了我很大的安慰。……《京报》听说我辞去了《晨报副刊》的职务，总编辑邵飘萍就来找我去办《京报副刊》。我觉得《京报》的发行数少（约三四千份，《晨报》有将近一万份），社会地位也不如《晨报》，很不想去。但鲁迅先生却竭力主张我去《京报》，他说，一定要出这一口气，非把《京报副刊》办好不可。一九二四年十二月五日，《京报副刊》就出版了。

从"一举手就要打他的嘴巴"到"顺手打了他一个嘴巴"，隔了30多年的光阴，孙伏园对当年冲突程度的回忆不仅没有随着时间的消逝而有所淡化，反而更加激烈了，因此有研究者据此认为"事隔一年后的文章比事隔三十二年的文章在细节上更逼近事实"，并以此判定孙伏园的一些文章有"欠准确之处"①。不过事情也许并非是由于时间久远、回忆有误那么简单。如果考虑到孙伏园在1925年和1956年所处的不同时代、文化环境，考虑到新中国成立后对于研究系和后期《晨报副刊》的评价，考虑到孙伏园为人处世的性格特点，我们反而有理由相信事隔32年的回忆也许才说出了实情。毕竟孙伏园在1925年的文章后面还提到"这种事本来没有再讲的必要，但事后想起，大家因为公事而红脸，是并不夹杂一毫私见的，倒觉得可以纪念，对于个人的感情上可以无伤了。自我辞职后三五日，承刘勉己先生过访，问我可否这样就算终了，我说当然的，我们已经不做同事了，当然可以做得朋友了。一直到今天，我与刘勉己先生的感情依然很好"②。当年的《晨报副刊》在孙伏园离去之后依然是有影响力的

① 陈漱渝：《中国副刊的革新者孙伏园——以此纪念他的一百周年诞辰》（代序），载绍兴县政协文史资料工作委员会、绍兴鲁迅纪念馆编《孙伏园怀思录》，浙江省新闻出版局，1994。
② 孙伏园：《京副一周年——一九二五年》，《京报副刊》1925年12月5日。

报纸副刊，孙伏园离开晨副之后也仍然在北京报界继续工作，再加上孙伏园本身常被鲁迅诟病的"似认真非认真，似油滑非油滑"①、"敌我不分"②的性格特征，因此孙伏园当年不愿在文章中直说《晨报》的总编辑被自己打也是情有可原的。总之，不管打人事件是否真实，孙伏园以一种激烈的姿态告别了自己辛勤耕作了四年的《晨报副刊》，不仅使大名鼎鼎的《晨报副刊》由此进入了徐志摩时期，也彰显了当时北京文化界的分歧达到了何种程度。

孙伏园因鲁迅《我的失恋》一诗被抽愤而辞职，鲁迅作为当事人也有一番申说。在《我和〈语丝〉的始终》一文中，鲁迅针对他和孙伏园"在北京被《晨报》馆压迫而创办《语丝》"的说法，对孙伏园辞职一事也有一种解释，揭开了"抽稿"的另一层原因：

> 有一位留学生（不幸我忘掉了他的名姓）新从欧洲回来，和晨报馆有深关系，甚不满意于副刊，决计加以改革，并且为战斗计，已经得了"学者"的指示，在开手看 Anatole France 的小说了。那时的法兰斯，威尔士，萧，在中国是大有威力，足以吓倒文学青年的名字，正如今年的辛克莱儿一般，所以以那时而论，形势实在是已经非常严重。不过我现在无从确说，从那位留学生开手读法兰斯的小说起到伏园气忿忿地跑到我的寓里来为止的时候，其间相距是几月还是几天。"我辞职了。可恶！"这是有一夜，伏园来访，见面后的第一句话。那原是意料中事，不足异的。第二步，我当然要问问辞职的原因，而不料竟和我有了关系。他说，那位留学生乘他外出时，到排字房去将我的稿子抽掉，因此争执起来，弄到非辞职不可了。但我并不气忿，因为那稿子不过是三段打油诗，题作《我的失恋》，是看见当时"阿呀阿唷，我要死了"之类的失恋诗盛行，故意做一首用"由她去罢"收场的东西，开开玩笑的。这诗后来又添了一段，登在《语丝》上，再后来就收在《野草》中。而且所用的又是另一个新鲜的假名，在不肯登载第一次看见姓名的作者的稿子的刊物上，也当然很容易被有权

---

① 《两地书》，1926 年 10 月 23 日致许广平。
② 孙福熙：《孙伏园忆鲁迅》，载章征天等编《孙氏兄弟谈鲁迅》，新星出版社，2006。

者所放逐的。但我很抱歉伏园为了我的稿子而辞职，心上似乎压了一块沉重的石头。几天之后，他提议要自办刊物了，我自然答应愿意竭力"呐喊"……①

按照鲁迅的说法，《我的失恋》一诗被抽掉，自然是使孙伏园辞职的导火索，而背后刘勉己吞吞吐吐，解释不清为何"要不得"的原因，并不在诗本身，而在于《晨报》高层早有改革副刊的打算，因此孙伏园的辞职，在鲁迅那里也只是时间早晚的问题。按照鲁迅的说法，刘勉己"和晨报馆有深关系"，而且早有改革晨副的想法，这也确是实情。刘勉己其时刚从欧洲留学归来，原本由陈博生（陈溥贤）担任的《晨报》总编辑的职务临时由他代理，他和晨报馆的关系主要是由于他的父亲刘崇佑。刘崇佑是当时知名的大律师，曾和林长民一同办过法政学校，是研究系的中坚人物，也是《晨报》的法律顾问，《晨报》的第二版上常年登着"刘崇佑大律师"的广告。由于这样的关系，刘勉己对鲁迅的这首诗自然认为"要不得"，因为这首诗明显是在讽刺当时文化界尽人皆知的一段爱情公案，公案的主角分别是林长民的女儿林徽因和梁启超的得意门生徐志摩。既然是讽刺徐志摩的，现将鲁迅的《我的失恋》一诗和徐志摩 1924 年 6 月 17 日发表在《晨报副刊》上的《去吧》一诗做一比较：

<table>
<tr><td align="center">去吧</td><td align="center">我的失恋</td></tr>
<tr><td>去吧，人间，去吧！</td><td>我的所爱在山腰；</td></tr>
<tr><td>我独立在高山的峰上；</td><td>想去寻她山太高，</td></tr>
<tr><td>去吧，人间，去吧！</td><td>低头无法泪沾袍。</td></tr>
<tr><td>我面对着无极的苍穹。</td><td>爱人赠我百蝶巾；</td></tr>
<tr><td></td><td>回她什么：猫头鹰。</td></tr>
<tr><td>去吧，青年，去吧！</td><td>从此翻脸不理我，</td></tr>
<tr><td>与幽谷的香草同埋；</td><td>不知何故今使我心惊。</td></tr>
</table>

---

① 鲁迅：《我和〈语丝〉的始终》，载《鲁迅全集》第四卷，人民文学出版社，1995。

去吧，青年，去吧！　　　　　　我的所爱在闹市；
悲哀付与暮天之鸦。　　　　　　想去寻她人拥挤，
　　　　　　　　　　　　　　　仰头无法泪沾耳。

去吧，梦乡，去吧！　　　　　　爱人赠我双燕图；
我把幻景的玉杯摔破；　　　　　回她什么：冰糖葫芦。
去吧，梦乡，去吧！　　　　　　从此翻脸不理我，
我笑受山风与海涛之贺。　　　　不知何故兮使我糊涂。

去吧，种种，去吧！　　　　　　我的所爱在河滨；
当前有插天的高峰；　　　　　　想去寻她河水深，
去吧，一切，去吧！　　　　　　歪头无法泪沾襟。
当前有无穷的无穷！　　　　　　爱人赠我金表索；
　　　　　　　　　　　　　　　回她什么：发汗药。
　　　　　　　　　　　　　　　从此翻脸不理我，
　　　　　　　　　　　　　　　不知何故兮使我神经衰弱。

　　当初孙伏园要发表的《我的失恋》只有以上这三段，在后来拿到《语丝》上发表时，鲁迅又添了一段："我的所爱在豪宅；/想去寻她兮没有汽车，/摇头无法泪如麻。/爱人赠我玫瑰花；/回她什么：赤练蛇。/从此翻脸不理我，/不知何故兮——由她去罢。"[1] 比较两诗，除了"高山"、"去吧"等个别语词有类似之处，总体来说《去吧》一诗虽然是写于林徽因与梁思成相携赴美留学，使徐志摩的追求终以失恋告终之后，但语言风格并不符合鲁迅所要讽刺的那种"阿呀阿唷，我要死了"一类的失恋诗的标准，对此，当时在《晨报副刊》担任校对一职的孙席珍有自己的解读：

　　"爱人"既是豪门巨室的"千金小姐"，所赠当然都是华美精巧的礼品，如百蝶巾、双燕图、金表索、玫瑰花之类。"诗哲"比较寒酸，献不出奇珍异宝，只能羞答答地报之以自作的诗文：一曰猫头鹰，暗指所作散文《济慈的〈夜莺歌〉》；二曰冰糖葫芦，暗指所作

———————————
[1] 鲁迅：《我的失恋》，《语丝》1924年第4期。

一首题为《冰糖葫芦》的二联诗；三曰发汗药，是从"诗哲"与人论争理屈词穷时的詈人之语中抽绎出来的，说是"你头脑发热，给你两粒阿司匹灵清醒清醒吧！"四曰赤练蛇，是从"诗哲"的某篇文章中提到希腊神话中人首蛇身的女妖引伸出来，这点我一时不大记得清楚了。总之，四个"回她什么"，个个都是有来历的，决非向壁虚造，弄得"诗哲"窘迫万状，足有好几天为之寝食俱废。①

其实，刘勉己之所以如此紧张这首讽刺徐志摩的诗，除了徐志摩的研究系背景之外，恐怕更重要的一个原因，即《晨报》早就有意让徐志摩来主编《晨报副刊》。徐志摩在就任《晨报副刊》编辑的第一天发表在晨副上的开场白中，曾详细讲述了自己的上任过程：

> 我认识陈博生，因此时常替《晨报》写些杂格的东西。去年黄子美随便说起要我去办副刊，我听都没有听……三月间我要到欧洲去，一班朋友都不肯放我走，内中顶蛮横不讲理的是陈博生与黄子美，我急了只得行贿，我说你们放我走我回来时替你们办副刊……七月间我回来了，他们逼着我要履行前约，比上次更蛮横了，真像是讨债。有一天陈博生约了几个朋友谈，有人完全反对我办副刊，说我不配，像我这类人只配东飘西荡的偶尔挤出几首小诗来给他们解解闷也就完事一宗；有人进一步说不仅反对我办副刊并且副刊这办法根本就要不得，早几年许是一种投机，现在可早该取消了。那晚陈通伯也在座，他坐着不出声，听到副刊早该死的话他倒说话了，他说得俏皮，他说他本来也不赞成我办副刊的，他也是最厌恶副刊的一个；但为要处死副刊，趁早扑灭这流行病，他倒换了意见，反而赞成我来办《晨报副刊》，第一步逼死别家的副刊，第二步掐死自己的副刊，从此人类可永免副刊的灾殃……后来陈博生再拿实际的利害来引诱我，他说你还不是成天想办报，但假如你另起炉灶的话，管你《理想》不《理想》，《新月》不《新月》。第一件事你就得准备点钱，对不对？反过

---

① 孙席珍：《鲁迅诗歌杂谈——读鲁迅先生几首诗的一些感想和体会》，《文史哲》1978 年第 2 期。

来说，副刊是现成的，你来我们有薪水给你，可以免得做游民，岂不是一举两得！这利害的确是很分明，我不能不打算了……这一来我可被他抓住了，他立即说好，那我们就为你特别想法，你就管三天的副刊那总合式了。我再不好意思拒绝，他们这样的恳切……本来这思想的事业是少数人的特权与天职；报纸是为一班人设的，这就根本不能与思想做紧邻。但这番话读者你也许说对。我们那位大主笔先生还是不信，他最后一句话是"你来办就得了"！①

孙伏园是 1924 年 10 月辞职的，徐志摩接管晨副是在 1925 年 10 月，而文中提到"去年"黄子美就曾邀请徐志摩办晨副，不知道是在孙伏园辞职前，还是辞职后，不过徐志摩和《晨报副刊》高层的关系非同一般则是显而易见的。文中提到的黄子美是当时有名的银行家，也是《晨报》的股东之一，他和徐志摩的父亲徐申如既是同行也是朋友，两人曾共同出资赞助徐志摩开办新月俱乐部；陈博生是《晨报》的主笔，本书第一章中曾对此人有专门的论述。1922 年 12 月徐志摩初到北京，先是住在瞿菊农家中，后因瞿家不够大，于是几天后便搬到了陈博生的家里，因此与《晨报》建立起联系。而主张撤稿的刘勉己，因同为欧洲回来的留学生，和徐志摩创建的新月社也是气味相投，在他取代蒲伯英成为《晨报》的代总编辑之后，自然会对孙伏园的办刊风格有所不满，因此换下孙伏园换上徐志摩，也就是早晚的事了。

关于孙伏园的卸任，除了鲁迅的诗作成了导火索，周作人在讲到《语丝》的诞生时另有一种说法：

你当然还记得《语丝》诞生的历史。当初你在编辑《晨报副刊》，登载我的《徐文长故事》，不知怎地触犯了《晨报》主人的忌讳，命令禁止续载，其后不久你的瓷饭碗也敲破了事，大家感到自由发表文字的机关之不可少，在开成茶馆集议，举定发行这个连名字也是莫名其妙的周刊。②

---

① 徐志摩：《我为什么来办我想怎么办》，《晨报副刊》1925 年 10 月 1 日。
② 岂明：《答伏园论〈语丝的文体〉》，《语丝》1925 年第 54 期。

周作人的那篇《徐文长的故事》，记录的是他小时候在绍兴老家听到的关于徐文长的各种传说故事，其中不乏粗俗不雅的情节，为此，周作人专门在文后解释自己记录这些故事的用意，是"正经的"介绍老百姓的笑话，并表示"他们的粗俗不雅至少还是壮健的，与早熟或老衰的那种病的佻荡不同"。可见，周作人对这些故事看重的是它们的民俗学价值和趣味，不过他也颇有先见之明地提前为自己辩护，指出"'天下之人'太容易向文字上边看出教训，虽然他们实际上并不曾遵行任何教训，然而天下总已自此多事，鼓吹或禁止一样地都是这些庸人闹出来的了"①。《徐文长的故事》刊登出来之后，颇有读者响应，陆续将自己家乡关于徐文长的传说也记录下来，发表在《晨报副刊》上。但是好景不长，关于徐文长的传说登了几篇就不再登载了，周作人尚且隐晦地说是"触犯了《晨报》主人的忌讳"，而孙伏园则直截了当地点出"讨厌《徐文长故事》的是刘崧生先生"②。刘崧生就是前文提到的大律师刘崇佑，也就是刘勉己的父亲。对于徐文长的故事如何触犯了刘崇佑的忌讳，孙伏园没有多说，不过《徐文长的故事》中断之后周作人发表在《晨报副刊》上的一篇文章，或许多少能够给我们一些解释。在这篇名为《沉默》的文章中，周作人感慨"我觉得人之互相理解是至难——即使不是不可能的事，而表现自己之真实的感情思想也是同样地难。我们说话作文，听别人的话，读别人的文，以为互相理解了，这是一个聊以自娱的如意的好梦，好到连自己觉到了的时候也还不肯立即承认"，因为想当然地认为自己所写的文字是可以被正确理解的，可"在许多知识阶级的道学家看来"却是不道德的，"不是这种姿势足以坏乱风俗，便是这个主意近于妨害治安"③，周作人只好在文章中提倡"沉默"，用以对付现在的中国。可以想见，刘崇佑的忌讳大概多半是无法理解周作人记录民间故事的民俗学角度和民间趣味，而用一种道德化的标准来看待民间故事中粗鄙的一面，因此才下令中断连载的。

先是发表周作人的文章挑战刘崇佑的道德感，接着又用一个巴掌打掉

---

① 朴念仁：（周作人）《徐文长的故事》，《晨报副刊》1924 年 7 月 10 日。
② 孙伏园：《京副一周年——一九二五年》，《京报副刊》1925 年 12 月 5 日。
③ 朴念仁：《沉默》，《晨报副刊》1924 年 7 月 23 日。

了刘勉己代理总编辑的光环,孙伏园的辞职也就是不可避免的了。如果说
《徐文长的故事》引来的非议还可以看成是个别学者之间正常的学术趣味、
理念冲突的话,那么由《我的失恋》所引发的一连串后果,则充分证明了
20 年代中期北京文化界的分化与斗争开始由潜流转为公开,并标志着 20
年代前期孙伏园及其主持的《晨报副刊》聚合北京文化界的繁荣局面终于
告一段落。

第二节 《晨报副刊》的改革与新文化人的聚合

孙伏园①早年在浙江山会师范学堂读书的时候,就是鲁迅的学生,他
的文章曾得到鲁迅"嬉笑怒骂皆文章的"的评价,同时,由于孙伏园跟随
周作人补习英文,因此与周氏兄弟都建立了密切的联系。1917 年 9 月,孙
伏园经由周作人的推荐并经北大文科学长陈独秀的同意,成为北大国文系
的旁听生,第二年即转为正式生。在 1919 年五四运动中,孙伏园不仅参
加了天安门大会,也加入了示威游行的队伍②。五四运动后,孙伏园参加
了由傅斯年、罗家伦等人成立的"新潮社",工作十分卖力,"后来因为
报纸拥有广大读者,他们便决定从报纸中发展"③,因此孙伏园"因罗家
伦关系进了《国民公报》"④,担任助理编辑一职,从此开始他漫长而又卓
有成就的副刊编辑生涯。《国民公报》的副刊本由蓝公武主持,他在革新
副刊的同时积极配合新文化运动,与傅斯年、胡适、周作人等人就旧剧改
革、妇女解放与贞操问题、"问题与主义"等展开了深入讨论,将《国民
公报》副刊建设成为新文学运动的"一个有力的机关报"⑤。后因蓝公武
的身体等问题,孙伏园接手《国民公报》副刊,进一步锐意改革,增加

---

① 孙伏园 (1894~1966),浙江绍兴人,原名福源,字养泉,笔名伏庐、柏生等,民国著
名学者、作家、散文家、副刊编辑。孙伏园是中国新闻史上主编报纸副刊种数最多、历
史最长的少数几个人之一,有"副刊大王"之称。
② 参见孙伏园《五四运动中的鲁迅先生》,载章征天等编《孙氏兄弟谈鲁迅》,新星出版
社,2006。
③ 《孙伏园其人》,载绍兴鲁迅纪念馆和绍兴县政协文史资料工作委员会合编《孙伏园怀思
录》,浙江省新闻出版局,1994。
④ 周作人:《〈语丝〉的回忆》,载《木片集》,河北教育出版社,2002。
⑤ 《胡适之先生来信》,《国民公报》1919 年 2 月 7 日,第五版。

"学说"、"思潮"、"匈牙利革命研究"、"演坛"、"名著"等栏目，继续介绍新思潮，关注女子解放等议题，同时开辟"寸铁"栏，发表鲁迅、周作人、钱玄同、陈达材、胡霖等人的时评杂感，在新旧思潮对峙的过程中给敌人以有力的回击。而在"新文艺"一栏中，孙伏园则凭借与新文化人的密切关系，刊登了鲁迅的散文诗《自言自语》和译文《一个青年的梦》，周作人的随笔《游日本杂感》和新诗《东京炮兵工厂同盟罢工》、《迷路的小孩》，叶圣陶的新诗《我的伴侣！》等新文学作品，不仅将《国民公报》副刊办得有声有色，也初步展示了孙伏园自身的编辑思想和能力，为他日后接掌《晨报副刊》、改革现代副刊打下了良好的基础。

1919 年 10 月，《国民公报》因刊登了揭露段祺瑞政府的文字而遭到封禁，孙伏园于次年 7 月开始接管《晨报副刊》的工作。经过一年多的实践和酝酿，《晨报副刊》于 1921 年 10 月 12 日由原来的第七版改为四版单张独立出版并随报附送，报眉印有鲁迅拟就的"晨报附刊"字样，孙伏园并请《晨报》主编蒲伯英撰写了报头"晨报副镌"，正式开始了他对《晨报副刊》的改革。以下是 1921 年 10 月开始在《晨报》上刊登出来的《晨报副镌》的出刊启事：

我们报告你一件可以高兴的事，本报从十月十二日起，第七版要宣告独立了。我们看着本报的销路逐月逐日增加，知道海内外和本报表同情的人已经不少；但是我们对于社会的贡献，断不敢以这千数万人的供给量为满足。本报的篇幅原是两大张，现在因为论说、新闻、海内外通信、各种调查、各种专件以及各种广告，很形拥挤，几乎要全占两大张的篇幅；而七版关于学术文艺的译著，不但读者不许删节，而且常有要求增加的表示，所以现在决定于原有的两大张之外，每日加出半张，作为"晨报附刊"；原来第七版的材料，都能划归附刊另成篇幅，并且改成横幅以做摺钉成册，除附刊之内，又把星期日的半张特别编辑，专取有趣味可以导娱乐也可以餍智欲的材料，以供各界君子休假脑筋的滋养。至原有两大张的内容，不但论说、新闻、通信、调查……添了数量；而且组织也更加完美，准比从前越觉得爽心醒目。十月十二日快到了，爱读本报诸君等着看罢。

革新后的《晨报副刊》与之前相比，除了形式全面更新之外，栏目设置上只在星期日的副刊中增加了"星期讲坛"、"开心话"和"电影"三个栏目，以实现"取有趣味可以导娱乐又可以餍智欲的材料，以供各界君子休假脑筋的滋养"的设想。但从1921年10月到1924年10月这三年间，《晨报副刊》确实因为这次革新而有了一个全新的面貌，并因此成为20年代前半期北京文化界宣传新思潮、发表新文学的大本营，这其中《晨报副刊》在聚合新文化人方面的成绩特别显著。

五四运动后，《新青年》杂志南迁，《新潮》杂志的主将纷纷出国，原来积极配合新文化运动的《国民公报》也被查封，虽然一些小的社团刊物纷纷涌现，但大多像胡适创办的《努力周报》一样昙花一现，整个北京文化界缺少一个公共、自由的舆论空间确是不争的事实。按照鲁迅的描述，面对新文化阵营"有的高升，有的退隐，有的前进"①的局面，整个新文化运动应该如何向前推进，确实是一个亟待解决的问题，而此时革新的《晨报副刊》恰逢其时，在孙伏园的主持下发挥了在20年代前半期团结新文化人、培养新生力量、继续完成新文化运动使命的重要作用。

《晨报》是研究系的报纸，虽然孙伏园本身不属于研究系阵营，但由于这样的背景，《晨报副刊》上还是刊登了大量研究系成员的文章，如梁启超的《辛亥革命之意义与十年双十节之乐观》、《评胡适之中国哲学史大纲》、《评非宗教同盟》、《国学入门书要目及其读法》等文章和他的一系列演讲，张君劢的《人生观》、《非老》等论文，蒲伯英的大量小说、剧评和杂文，蓝公武的诗歌、随笔，等等。虽然研究系成员的文章屡见报端，但孙伏园主持的《晨报副刊》研究系色彩相对较淡，这是由于他与北大方面以及周氏兄弟等新文化人有着更为密切的联系，因此为新文化运动提供了发展空间。鲁迅在晨副上共计发表了50余篇作品，包括《阿Q正传》、《狂人日记》、《故乡》等小说及大量的杂文、译文；周作人则在晨副开辟《自己的园地》一栏，写出了一批文艺评论文章；钱玄同在晨副上发起了一系列讨论语言学的话题；胡适的新诗、学术论文、演讲稿也常见诸报端；其他如林语堂、江绍原、叶圣陶、郁达夫、川岛、杨鸿烈、顾颉刚、吴稚晖、甘蛰仙、徐志摩、张申府、费觉天、孙福熙、赵景深、夏元

---

① 《〈自选集〉自序》，载《鲁迅全集》第4卷，人民文学出版社，1995。

璩、魏建功、张耀翔、缪金源、蔡元培、谭熙鸿、金岳霖、蔡子民、周建侯、李大钊等作家学者纷纷在晨副上一展才华，构成了一个自由、开放的言说空间。

新文学方面，孙伏园特别重视对青年作家的发掘和培养，为文学新人的成长提供了良好的发展空间，如冰心的小诗就是在《晨报副刊》上最先发表出来的，并由此开启了一个重要的诗歌流派，而汪静之、冯雪峰、应修人也是因发表在《晨报副刊》上的湖畔诗而崭露头角的；小说方面，孙伏园大量刊登了冰心、叶圣陶、徐玉诺、陈大悲、庐隐等反映青年人的思想、情感的作品，直接促成了"问题小说"的创作热潮，而许钦文、蹇先艾、黎锦明、王统照等人的出现则表明"乡土小说"流派的逐渐形成；戏剧方面，陈大悲翻译、撰写的大量戏剧方面的论文发表在晨副上，有力地推动了爱美剧的发展，陈大悲、熊佛西、蒲伯英的剧本，以及余上沅积极的理论输入，戏剧人关于男女合演等问题的讨论，都显示了戏剧革新的实绩；散文方面，则有瞿秋白的《旅俄通讯》、孙氏兄弟的游记、冰心的"寄小读者"系列等诸多成果。可以说，正是孙伏园发掘、培养新人的努力和他慧眼识珠的准确判断，使得《晨报副刊》成为展示新文学成绩的大本营，并为新文学的发展提供了充足的后备力量。

除了聚合新老作者、全面展示新文化运动的成绩之外，孙伏园还以巧妙独特的编辑技巧和敏锐的眼光发起并组织了一系列话题讨论，承担起新文化运动的启蒙任务，在"众声喧哗"的思想交锋中推动思想、道德、文化等方面的除旧迎新。在短短四年的时间里，发生在《晨报副刊》上或有《晨报副刊》参与的讨论就有"丑的字句"问题、"南开读经运动"问题、"爱情定则"问题、"科学与玄学"问题、"新某生体"问题、吴虞"赠娇寓"诗问题等，涉及语言、文体、思想、教育等诸多层面，这些问题讨论的参与者既有当时的知名学者如鲁迅、周作人、孙伏园、梁启超、丁文江、胡适、朱经农、梁实秋、钱玄同、赵景深、蹇先艾等，也有因报纸的广泛传播而带来的大量普通读者，这些讨论在把问题引向深入的同时，也促进了新文化人与普通民众的直接交流与沟通，在呈现学者们不同的背景、立场和角度的同时，实现了精英与大众的对话和自上而下进行启蒙的可能。

《晨报副刊》之所以能够聚合 20 年代前期北京不同阶级、立场、派别、年龄的新文化人，除了编辑孙伏园的个人因素之外，报纸以及报纸副刊本身的特点也在其中发挥了重要作用。与期刊相比，报纸由于出版周期短，时效性强，可以迅速对社会热点和问题进行反应，能够有效推动话题的展开和深入；报纸传播的地域更加广泛，面对更多层次的读者，并由于商业运作而要充分考虑读者的需求和阅读能力，因此更倾向于吸纳众多读者参与副刊的创作和讨论，并采取多种方式吸引读者的目光；与各种社团流派的刊物相比，报纸副刊的政治背景与倾向相对淡化，主办者的个人色彩不浓，而且齐全的栏目设置使得不同文体、不同学科、不同领域的内容能够在同一空间中得到充分展示，彼此对话，因此有可能集合从知名学者到文坛新秀的多元群体，构建开放、共生的文化空间和舆论空间。正是孙伏园个人的主观努力再加上报纸副刊的独特性质，促成了《晨报副刊》对20 年代前期北京新文化人的聚合。

第三节　报纸副刊与文人团体的分化

20 年代前期因孙伏园的努力和《晨报副刊》的成绩而异常活跃、进步的北京文化界，因孙伏园的辞职而显示了繁荣表面下暗藏的矛盾与分裂，不仅"北大的教授当时分为两派，一派是英、美、德留学生，以胡适为首；另一派是日、法留学生，领头的是李石曾，这两派明争暗斗，互不相容"①，事实上整个北京的文化界在 1924~1925 年，都日趋明显地分成了"英美派"和"法日派"互相对立抗衡的局面。而孙伏园离开《晨报》明显就是英美派驱逐法日派，占领舆论阵地的结果。随着孙伏园接受邵飘萍的邀请，接手《京报副刊》，并与一干新潮社的朋友创办《语丝》周刊，以胡适、陈源为首的英美派也很快筹建了《现代评论》周刊，并在一年后由徐志摩接管《晨报副刊》，客观上形成了两派各有一报一刊的局面。由于女师大风潮和三一八惨案，英美派和法日派因立场、意见分歧大打笔墨官司，两派的对立也被后人总结为"现代评论派"和"语丝派"的交锋，就连身处其中的鲁迅也承认那"一两年的北京文艺界，便是现代派和

---

① 陈翰笙：《四个时代的我》，中国文史出版社，1988。

语丝派交战的场所"①。

但如果我们仔细考察 20 年代后期的《晨报副刊》和《京报副刊》就会发现，两派交战的阵地除了《现代评论》和《语丝》两个周刊之外，还有很大数量的论战文字是发表在两种报纸的副刊上的，就连"现代评论派"的主将陈西滢也承认"此时我也在《晨报副刊》写过些文章，都没有收集，例如我与周启明、鲁迅等的攻击文章是在《晨报副刊》刊出发表的"②。而另一阵营里《语丝》的主编周作人也曾回忆说在女师大风潮已经成为舆论界关注话题之后，《语丝》也曾一度反应淡漠，这使它在相当长的时间内远离了事端的中心，直到"陈源等以'正人君子'的资格出现，在《现代评论》上大说其'闲话'，引起了鲁迅的反击，《语丝》上这才真正生了气"③。在《语丝》一度反应淡漠的时间里，一直坚持与"现代评论派"针锋相对的正是孙伏园主持的《京报副刊》。因此，要想考察 20 年代后期北京文化界的分化和论争，要想全面梳理"现代评论派"和"语丝派"的立场和观点，不能不将《晨报副刊》和《京报副刊》纳入研究视野，这不仅能使我们对 20 年代后期北京文化界有更为立体、全面的认识，而且在将两种报纸副刊与两种周刊的比较对读中，还能够展示报纸副刊在文人集团分化的过程中所扮演的独特角色，凸显报纸副刊与杂志的不同之处。

《京报》是邵飘萍主办的具有进步倾向的日报，1918 年 10 月 5 日创立于北京，社址位于北京琉璃厂小沙土园。1919 年 8 月 21 日，《京报》因为得罪了段祺瑞政府被迫关门，邵飘萍也不得不出逃。1920 年 9 月 17 日，《京报》复刊。《京报》在创建之时就有副刊名为《小京报》，内容主要以文学艺术评论为主，开设了"剧评"、"文苑"、"诗画"、"书法"、"小说"、"游记"、"菊话"等栏，风格与早期副刊类似，以消闲娱乐为主。1922 年 9 月 15 日，《京报》第 1000 期的第五版上出现了另一种副刊，占一整版，无刊头，栏目有"美学"、"研究"、"小说评"、"剧评"、"选录"、"歌谣"和"诗"等，内容开始趋向新文艺。后《京报》还曾办过

① 鲁迅：《革"首领"》，《语丝》1927 年第 153 期。
② 陈西滢：《关于"新月社"——复董保中先生的一封信》，《传记文学》1971 年第 4 期。
③ 岂明：《〈语丝〉的回忆》，《羊城晚报》1957 年 10 月 3 日。

《青年之友》等副刊，影响力都不大，直到1924年孙伏园加盟，《京报副刊》才成为日后著名的"四大副刊"之一。《京报副刊》创刊于1924年12月5日，每日一期，每期八版，独立装订，有自己独立的报头，并单独订购，并不随报附送①。除了《京报副刊》之外，《京报》还陆续出有《民众文艺周刊》、《妇女周刊》、《儿童周刊》、《文学周刊》、《西北周刊》、《戏剧周刊》、《莽原》等多种副刊。对于《京报》的各种副刊，邵飘萍只负责确定总的方针，至于具体的方向、内容、形式等则由各刊的主办人自行决定。孙伏园在《京报副刊》的创刊号上发表了名为《理想中的日报附张》一文，系统地阐述了自己对报纸副刊的理解，并宣布自己对《京报副刊》的办刊方针：

一，对于讨论宗教、哲学、文学、美术、科学等学术性的文章，"一面要兼收并蓄，一面却要避去教科书或讲义式的艰深沉闷的弊病，所以此后我们对于各项学术，除了与日常生活有关、引人研究之兴趣的或至少艰深的学术而能用平易有趣之笔表达的一概从少登载"；

二，"日报附张的正当作用就是供给人以娱乐，所以文学艺术这一类的作品，我以为是日报附张的主要部分，比学术思想的作品尤为重要"；

三，关于短篇的批评，也是日报附张的主要部分，"无论对于社会，对于学术，对于思想，对于文学艺术，对于出版书籍，日报附张本就负有批评的责任，这类文字最易引起人的兴味，但也最容易引起人的恶感，人们不善于做文章，每易说出露筋露骨的言语，多少无谓的争端都是从此引起的，这类争端，本刊虽然不能完全避免，也不求完全避免，但今天创刊日记者不妨先在这里声明一句，凡属可以避免的争端我们总是希望避免的"；

四，"除了批评以外，还有如不成形的小说，伸长了的短诗，不能演的短剧，描写风景人情的游记，和饶有文艺趣味的散文，这一类文字在作家或嫌其尽属断片而任其散失，而在日报则取其所含思想认为有登载的可能。我们此后要多多征求并登载此类文字"②。

由此可见，《京报副刊》的内容大致可分为学术文章、文艺作品、短

---

① 见吴联栋《关于〈京副〉的几句话》，《京报副刊》1924年12月21日第17号。

② 记者：《理想中的日报附张》，《京报副刊》1924年12月9日第1号。

篇评论和片段性无法归类的文字四种，这既继承了孙伏园在《晨报副刊》几年形成的副刊风格与传统，同时也体现出孙伏园本人对报纸副刊的思考，用平易的学术文章和新文学作品来承担娱乐的功能，用短小精悍的批评文章来承担社会责任，用报纸副刊灵活机动的版面安排来吸纳文体感不强却独具思想性的文字，这确是孙伏园的经验之谈。正是因为孙伏园一向重视批评性文章在报纸副刊上的重要位置和作用，《京报副刊》才在女师大风潮中一直冲在论争的最前方，虽然孙伏园也强调希望尽力避免争端，但20年代后期的客观文化环境，决定了争端的无处藏身。如果跟《语丝》创刊时周作人在《发刊辞》中提出的"提倡自由思想，独立判断，和美的生活"的主张，以及"和我们辩驳的文字，倘若关于学理方面的，我们也愿揭载，至于主张上相反的议论则只好请其在别处发表"① 的态度相比，《京报副刊》也显得更具有公共舆论空间的包容性和责任感，《语丝》的这种颇具同人刊物性质的倾向也能解释其在女师大事件初起时一直表现淡漠的原因。

1925年5月，当女师大发生了杨荫榆开除许广平、刘和珍等六名学生自治会成员，而女师大学生因此召开紧急大会决定驱逐杨荫榆事件之后，一直对女师大事件颇为沉默的鲁迅突然在《京报副刊》上发言，首次谈到对这一事件的观感：

> 我还记得中国的女人是怎样被压制，有时简直并羊而不如。现在托了洋鬼子学说的福，似乎有些解放了。但她一得到可以逞威的地位如校长之类，不就雇用了"掠袖擦掌"的打手似的男人，来威吓毫无武力的同性的学生们么？不是利用了外面正有别的学潮的时候，和一些狐群狗党趁势来开除她私意所不喜的学生们么？而几个在"男尊女卑"的社会生长的男人们，此时却在异性的饭碗化身的面前摇尾，简直并羊而不如，羊，诚然的弱的，但还不至于如此，我敢给我所敬爱的羊们保证！②

---

① 《发刊辞》，《语丝》1924年第1期。
② 鲁迅：《忽然想到（七）》，《京报副刊》1925年5月12日。

十天后，周作人也开始表态，他的文章没有发表在自己主编的《语丝》上，而是也选择了《京报副刊》。他在文章中直接批评女师大校长"只想开除几个学生，或用别的高压手段消除风潮，整顿学风，是所谓南辕北辙，适得其反"，并明确要求杨荫榆"能够因教育前途之棘而引咎辞职"①。周氏兄弟此时选择在《京报副刊》上表明自己对女师大风潮的态度，明显是因为《京报副刊》的社会批判色彩更浓，更适合他们对社会现实发言，同时期周作人在《语丝》上刊登的则是讨论江南风物的通信以及介绍朝鲜传说的译文。到了 5 月底，陈西滢在《现代评论》的"闲话栏"上发表文章，提出了著名的"粉刷茅厕"主义和"某籍某系"②论，指出女师大风潮背后有校外人士的暗中指使，并暗示政府用武力来镇压学生运动，周氏兄弟的回应文章也在第一时间发表于《京报副刊》上，这显然是看重了日报出版周期短、更具时效性的特点。鲁迅的回应充分体现了其杂文笔法的嬉笑怒骂，在将陈西滢文章中提到的"流言"和"听说"斥为"只配当作狗屁"的同时，将《闲话》中的"粉刷茅厕"论大大嘲弄了一番：

　　但是学校的变成"臭毛厕"，却究竟在"饭店招集教员"之后，酒醉饭饱，毛厕当然合用了。西滢先生希望"教育当局"打扫，我以为在打扫之前，还须先封饭店，否则醉饱之后，总要拉矢，毛厕即永远需用，怎么打扫得干净？而且，还未打扫之前，不是已经有了"流言"了么？流言之力，是能使粪便增光，蛆虫成圣的，打扫夫又怎么动手？姑无论现在有无打扫夫。

　　至于"万不可再敷衍下去"，那可实在是斩钉截铁的办法。正应该这样办。但是，世上虽然有斩钉截铁的办法，却很少见有敢负责任的宣言。所多的是自在黑幕中，偏说不知道；替暴君奔走，却以局外人自居；满肚子怀着鬼胎，而装出公允的笑脸；有谁明说出自己所观察的是非来的，他便用了"流言"来作不负责任的武器：这种蛆虫充满的"臭毛厕"，是难于打扫干净的。丢尽"教育界的面目"的丑

① 岂明：《女师大的学风》，《京报副刊》1925 年 5 月 22 日。
② 西滢：《闲话》，《现代评论》1925 年第 1 卷第 25 期。

态，现在和将来还多着哩！①

事实上鲁迅在文章发表的四天后又在《莽原》周刊上刊有另一篇回应文章《我的"籍"和"系"》将两篇文章对读，更能见出笔端的放肆与收敛，和语气中的讽刺与正告：

因为应付某国某君的嘱托，我正写了一点自己的履历，第一句是"我于一八八一年生在浙江省绍兴府城里一家姓周的家里"，这里就说明了我的"籍"。但自从到了"可惜"的地位之后，我便又在末尾添上一句道，"近几年我又兼做北京大学，师范大学，女子师范大学的国文系讲师"，这大概就是我的"系"了。我真不料我竟成了这样的一个"系"。

我常常要"挑剔"文字是确的，至于"挑剔风潮"这一种连字面都不通的阴谋，我至今还不知道是怎样的做法。何以一有流言，我就得沉默，否则立刻犯了嫌疑，至于使和我毫不相干的人如西滢先生者也来代为"可惜"呢？……

人类是进化的，现在的人心，当然比古人的高洁；但是"尊敬"的流毒，却还不下于流言，尤其是有谁装腔作势，要来将这撒去时，更足使乏人和白痴惶恐。我本来也无可尊敬；也不愿受人尊敬，免得不如人意的时候，又被人摔下来。更明白地说罢：我所憎恶的太多了，应该自己也得到憎恶，这才还有点像活在人间；如果收得的乃是相反的布施，于我倒是一个冷嘲，使我对于自己也要大加侮蔑；如果收得的是吞吞吐吐的不知道算什么，则使我感到将要呕哕似的恶心。然而无论如何，"流言"总不能吓哑我的嘴……②

相隔几天的文章，回应的又是同一问题，之所以会出现两种明显不同的风格和笔调，除了要考虑前一篇作于"闲话"刚刚刊载之初，回应时不免受情感驱使的因素外，似乎也能看出鲁迅对报纸副刊和周刊两种

① 鲁迅：《并非闲话》，《京报副刊》1925 年 6 月 1 日。
② 鲁迅：《我的"籍"和"系"》，《莽原》1925 年 6 月 5 日。

载体的不同态度。日报由于时效性强，同时也决定了它"一日读物"的性质，当第二天的报纸出版之后，之前的旧报就几乎没有人会去再读，再加上报纸副刊的娱乐功能，因此发在副刊上的文章不妨放肆自由"开开玩笑"，不必正襟危坐地板着面孔讲道理，而周刊因为流通的时间更久，更具保存价值，而且行文要顾及刊物的整体风格和性质，常常不能放手写来，因此两种传播载体的不同功能和特点，造成了鲁迅文风的变化。

同样的情况也出现在周作人身上。造成《语丝》加入论战的一个重要原因是周作人颇愤怒于陈西滢关于"女学生可以叫局"的说法，因此周作人发表在报纸副刊上的文章中提及此事时常常"愤怒之情溢于言表"，如在《京报副刊》的文章中提到自己最不能容忍的就是"喜以逾闲污蔑女生的杨荫榆章士钊，以轻薄言动侮辱女生的刘伯昭，以及宣传女学生可以叫局的那些下流东西"①。大概半年后，周作人在报纸上提到此事时甚至出言不避粗俗：

> 我虽不是绅士，却觉得多讲他们的龌龊的言行也有污纸笔，不想说出来了。总之许多所谓绅士，压根就没有一点人气，还亏他们恬然自居于正人之列，容我讲一句粗野的话，即使这些东西是我的娘舅，我也不说他是一个人。②

不过，在陈西滢屡次因为"叫局"的说法被周作人明嘲暗讽而专门写信给周作人质问这一说法的来源时，周作人不仅将相关的文章刊登在《语丝》上，而且遣词造句也颇为谨慎克制：

> 我当初听人家传说过叫局的话，都是绅士与学者，现经陈先生来查问，我便再去调查，得到结果如左。一个 A 君，我们间接从 B 君听来的，但 B 君现在往欧洲去了，无从再去问他。一个 X 君，C 君听D 君转述他的话，但可惜 X 君的真姓名 C 君说已经记不起了。A 君与

---

① 周作人：《答张崧年先生书》，《京报副刊》1925 年 8 月 21 日。
② 岂明：《闲话的闲话的之闲话》，《晨报副刊》1926 年 1 月 20 日。

陈源先生是别一个人，X 君的姓名虽然忘记，惟据 C 君说也不是陈先生。所以我就于二十二日写一封信给陈先生，告诉他在所说的两个人里面查得并没有他。至于他别的话我觉得无反唇相稽之必要。①

就在双方论战得不可开交之际，接手《晨报副刊》的徐志摩突然在自己的副刊上刊登了一篇几可称为"陈源颂"的文章，因此将两派的激战推向了白热化。徐志摩的文章写明是因看了陈西滢写法郎士的一篇闲话而作的，但他在文章的开头就遮遮掩掩地表明了自己对于"闲话事件"的态度：

> 西滢是个傻子；他妄想在不经心的闲话里主持事理的公道，人情的准则。他想用讥讽的冰屑刺灭时代的狂热。那是不可能的。他那武器的分量太小，火烧的力量太大。那还不是危险，就他自己说，单这白费劲。危险是在他自己，看来是一堆冰屑，在不知不觉间，也会叫火焰给灼热了。最近他讨论时事的冰块已经关不住它那内蕴或外染的热气——至少我有这样感觉。冰水化成了沸液，可不是玩，我暗暗的着急。

之后徐志摩在文章中盛赞了陈西滢对法郎士的解读，而且认为陈西滢对法郎士的学习也能得其精髓，文中还顺便赞扬了陈西滢对女性的态度"太忠贞"②，也正是这一说法，引来了周作人的不满，使得周作人写信给徐志摩忍不住说出了上文的"粗野"言论。徐志摩在将周作人的文章发表的同时，自己又专门撰写了一篇长文附于其后，企图息事宁人，劝两边就此罢手，没想到徐志摩的介入不仅不能入周作人的法眼，连陈西滢一方也终于忍耐不住了。也许是看到语丝派一方除了在《语丝》上严正讨伐之外，还利用《京报副刊》随时嬉笑怒骂的双重效果，陈西滢也终于板不住《现代评论》中正人君子的闲适面孔了，要求徐志摩将双方论战的来往信函通通刊登在《晨报副刊》上。徐志摩碍于情面，也只得拿出了整整一期

---

① 岂明：《陈源先生的来信》，《语丝》1926 年第 64 期。
② 志摩：《〈闲话〉引出来的闲话》，《晨报副刊》1926 年 1 月 13 日。

《晨报副刊》的版面刊登了这一组陈西滢与周作人、张凤举、徐志摩之间的往来信函。陈西滢因为从周作人处找不到传播"叫局"说法的证人，转而找到张凤举，因为"一次 B 君说时，在西山卧佛寺，在场的人有先生（指张凤举——笔者案）和西林和我。所以要是周先生没有自己捏造，那么他所指的想来是这一次了。要是这样，先生当然是所说的见证"①，陈西滢从逻辑上推理张凤举就是转述"叫局"说法给周作人的人，并希望张凤举给他一个明白的回应。张凤举在回信中承认此事确系自己误传，说明自己已向周作人解释清楚，并向陈西滢道歉。因为张凤举并没有提及从周作人处得到如何的回应，因此陈西滢分析周作人并不肯接受张凤举的解释，于是再次致信周作人，将"捏造事实，传布流言"、"放冷箭"等罪名安在周氏兄弟的头上，同时将"娘舅"等周作人的骂人话悉数奉还。周作人因为已经在给陈西滢的信件中明确表示过所指并非陈本人，因此并不公开回应陈西滢的纠缠，而是通过张凤举传达自己的态度。陈西滢无可奈何，只好转而致信徐志摩，一边重申自己对女师大事件的态度："利用学生做工具，把她们的学业做牺牲品，去达到有些人的特殊的目的，才'可以叫卑劣'"，一边痛斥周作人捏造谣言，属于自己打脸，顺带着又把鲁迅在教育部做官、抄袭日本学者等事情搬出来嘲讽一番，并给鲁迅封上"土匪"、"青年叛徒领袖"②等头衔。"闲话"事件最后以徐志摩在《晨报副刊》上宣布"本刊此后再不登载对人攻击的文字"③而暂告一段落，但这场论争从最开始对女师大风潮的不同态度到最后沦为文人间的意气之争和人身攻击，正如一位读者的观感："伶巧机警轻薄的态度，都活现在纸上，并且丑的很！"④在这一过程中，《晨报副刊》、《京报副刊》不仅参与了20 年代后期北京文化界文人集团的分化过程，并且由于报纸副刊自身的特性，在某种程度上为事件的激化和事态的恶化提供了空间和土壤，这也使我们对报纸副刊在文人群体的作用和它相对于杂志的特点有了更进一步的认识，并为后面的研究提供了新的思路和角度。

---

① 《西滢致凤举》，《晨报副刊》1926 年 1 月 30 日。

② 《西滢致志摩》，《晨报副刊》1926 年 1 月 30 日。

③ 志摩：《结束闲话，结束废话！》，《晨报副刊》1926 年 2 月 1 日。

④ 张克昌：《读了〈闲话的闲话之闲话引出来的几封信〉的三言五语》，《晨报副刊》1926 年 2 月 1 日。

第四章

"老英雄"的"赠娇寓"诗：副刊功能的
转变与文化人的转向

第一节　"赠娇寓"诗事件之始末

　　1924 年 4 月 9 日，孙伏园主持的《晨报副刊》上发表了一篇名为《介绍"只手打孔家店的老英雄"底近著》的文章，文章写于 3 月 31 日。作者"又辰"在文章的开头提到自己在一个同乡处"发现一张绿色的印得极精致的诗笺"，经过打听才得知这些诗作的作者是被胡适赞为"只手打孔家店的老英雄"①吴虞②，又辰将这些诗作称为"'黄绢少妇'的艺术"，并将 27 首以《赠娇寓》为总题的七言诗全部抄录在文后，"给朋友们一个尽量地愉快"③：

赠娇寓④

吴吾

　　一角红楼倚暮霞。绛纱深处护名花。芳阑竟体娇宜笑。细柳弯眉

---

① 胡适：《〈吴虞文录〉序》，《晨报副刊》1921 年 6 月 20 日。

② 吴虞（1872～1949），原名永宽，字姬传，后改名为虞，字又陵，亦署幼陵，号虞山、爱智、师今、宜隐、黎明老人、更生老人等，原籍四川新繁县。

③ 又辰：《介绍"只手打孔家店的老英雄"底近著》，《晨报副刊》1924 年 4 月 9 日。

④ 此诗又见于《赠花鸿班娇寓》，署名"吴侬"，载于《顺天时报》1923 年 8 月 15 日第五版"章台絮语"栏。

画不差。貌比杨妃还略瘦。白如甘后定无暇。王敦后阁开多久。怕听鹍弦热泪斜。

新年赠娇寓十二首①

吴吾

娇声才叫果盘开。红烛双烧照玉台。入手三盘梳掠好。盈盈含笑拜年来。

碧玉回身怯抱郎。戏抛毛毽粉流光。久知性爱甜甜味。织手亲分蜜枣尝。

偶学文园赋美人。肌肤冰雪玉精神。乍探私处如坟起。杂事还应续秘辛。

镜里春容斗小乔。闲舒皓腕卷轻绡。最怜新剥鸡头肉。肯给书生艳福消。

试摩素足惹娇嗔。若使凌波胜洛神。低语阿侬生怕痒。叫郎规矩莫撩人。

何必车前拥八驹。才人止合老温柔。画眉好倩生花笔。但画春山不写愁。(娇寓常欢喜也。)

入月恹恹倚绣床。细摩罗袜暗生香。闲来低唱新翻曲。不是伤春杜丽娘。

亲解罗衣见玉肌。如云香发枕边垂。问郎每日相思否。一日思卿十二时。(娇寓问予每日思之否。)

长向妆台伺眼波。天花还着病维摩。分明白玉观音像。止恨杨枝露不多。

天生丽质不须夸。贫贱西施忆浣纱。难得蛾眉知节俭。米盐他日惯常家。(娇寓平时最俭。)

一种柔情百样痴。风怀端为李师师。也知解渴新橙好。却感霜华点鬓丝。(娇寓常特为予购之。)

---

① 以下十二首诗中有十一首又见于《新年赠花鸿班娇寓八首》和《续赠花鸿班娇寓四首》,《顺天时报》1924 年 2 月 23 日、24 日、29 日第五版 "章台絮语" 栏,《亲解罗衣》一首又见于《续赠花鸿班娇寓三首》,《顺天时报》1924 年 3 月 27 日第五版 "章台絮语" 栏。

吹断人间紫玉箫。年华春恨总如潮。英雄若是无儿女。青史河山
尽寂寥。

二月十四日夜赠娇寓十四首①

吴吾

笑语温磨玉漏残。鱼松焦粥劝加餐。为言佳句流传易。多少春情
要隐瞒。

碧天明月照良宵。玉洞桃花路转遥。罗带轻松穷袴解。叫郎亲看
涨红潮。

罗襦襟解肯留髡。枕臂还沾褪粉痕。好色却能哀窈窕。不曾真个
也消魂。（余与娇寓往来十阅月。乃心理上之赏爱。非生理上之要求。
故末句云云。②）

画屏斜展背银缸。唱得词仙自度腔。羞写鸳鸯三十六。摆来瓜子
尽成双。（娇寓摆瓜子作十余对。笑视予曰成双矣。）

长觉罗帏不耐寒。今宵春暖绣衾宽。买来金缕鞋新样。提向灯前
子细看。

屡见金盘荐橘柑。还将比翼学鹣鹣。自来香睡胜甘露。和舌初
尝③分外甜。

惹得狂奴欲放颠。黄金甘买美人怜。梦中好事猜难透。只见双涡
带笑圆。（娇寓睡中。尝作笑容。④）

剪水双眸笑里逢。灵犀一点倍玲珑。年来懒着荆轲论。好手摩挲
玉笋红。（娇寓手红润如玉。所谓美人手也。⑤）

玉体横陈看却羞。被翻红浪想娇柔。锦衾角枕诗人笔。不道花开
是并头。

酥胸全露使人怜。睡眼惺忪⑥态更妍。香汗微微娇不起。手巾亲

---

① 以下十四首诗曾以《甲子二月十四日夜赠娇寓诗八首》、《续赠花鸿班娇寓三首》（其中
　两首）和《续赠娇寓四首》为题分别刊登于《顺天时报》1924年3月25日、3月27日
　和4月3日第五版"章台絮语"栏中，字句略有出入。
② 发表于《顺天时报》时无括号中文字。
③ 发表于《顺天时报》时作"赏"。
④ 发表于《顺天时报》时无括号中文字。
⑤ 发表于《顺天时报》时无括号中文字。
⑥ 发表于《顺天时报》时作"朦胧"。

为送床前。

瑶琴一曲奏求凤①。忽见朝霞映洞房。欲起送郎郎不许。将身还卧②合欢床。

锦障春深敞玳筵。③ 闲挥彩笔赋婵娟。相怜一夜情颠倒。绮语零星记不全。

上林红紫斗妖娆。止有佳人慰寂寥。烟水千年香不断。怪来名士爱南朝。（昔人谓南朝卖菜佣，皆有烟水气，斯语良然，予性喜南花，于北花无一当意者。）

月旦由来费总持。牡丹黑白忆当时。（唐妓端端事。④）诊痴符被黄门笑。不是匡衡漫说诗。（予前赠诗用杂事秘辛梁后事。或谓予为骂娇寓者。其浅妄可笑也。⑤）

吴虞早年在成都尊经学院随蜀中学者吴之英学习诗文，受的是传统教育，自戊戌变法开始关注新学，被称为"成都言新学之最先者"⑥。1905年，33 岁的吴虞入日本法政大学速成科四班，学习宪法、民法、刑法、政治学、经济学等课程。两年后吴虞回川任教，在报刊上发表反孔非儒的文章，并与父亲发生冲突，将父亲告上官府，因此曾数次被逐出教育界。辛亥革命后，他曾任《政进报》主笔，并参与编辑《女界报》、《公论报》、《四川政报》等，这期间吴虞撰写了大量诗文拥护四川保路运动，抨击四川军阀和北洋军政府。由于他的文章常常不能在成都发表，因此其《辛亥杂诗九十六首》曾被陈独秀刊登于在日本出版的《甲寅》杂志上，因非孔反儒而在家乡屡遭排挤的吴虞也就此与新文化运动的主将建立起了直接的联系。1916 年，吴虞看到了《新青年》杂志上的《孔子平议》一文，因此写信给陈独秀说："读贵报大论，为之欣然"⑦，将《新青年》引

---

① 发表于《顺天时报》时作"凰"。
② 发表于《顺天时报》时作"困"。
③ 发表于《顺天时报》时后有"（十七日为置酒，）"数字。
④ 发表于《顺天时报》时作"唐人事"。
⑤ 发表于《顺天时报》时作"予与娇寓往还十余月矣，或谓予诗为骂娇寓者，其陋可笑也"。
⑥ 廖季平：《骈文读本序》，《蜀报》1910 年第二期。
⑦ 吴虞：《致陈独秀》，《新青年》1917 年第 2 卷第 5 号。

为同道。随后，陈独秀将吴虞的反孔文章《家族制度为专制主义之根据论》、《礼论》、《儒家主张阶级制度之害》、《儒家大同主义本于老子说》、《读荀子书后》、《消极革命之老庄》、《吃人与礼教》等悉数刊登在《新青年》杂志上，这些文章配合了新文化运动对旧礼教、旧道德的抨击，也使偏居西南的吴虞名声大震。1921 年，在成都教育界饱受"围剿"之苦的吴虞，在他的堂弟——在北京法政专门学校任教授，并在北京大学兼职做讲师的吴君毅——的引荐下①，受聘北京大学国文系教授一职，开始了在北京的四年教书生涯。同年，上海亚东图书馆出版了《吴虞文录》一书，胡适在序言中将吴虞称为"四川省只手打孔家店的老英雄"，更是使得吴虞成为京城颇有影响力的文化学者。然而，三年之后，同样是这位"老英雄"，却因为上面这一系列"赠娇寓"诗作，重新成为北京文化界的焦点人物，并引发了一场轩然大波。

所谓"赠娇寓"是吴虞写给一位名叫娇玉的青楼女子的一系列旧体诗作，因娇玉在青楼中学了一些说唱伎艺，会吟一些唐诗宋词，而"吴虞认为此非凡品，应举于妓女中等级最高的'书寓'之列，遂为她取名娇寓"②。在来京讲学之前，吴虞在四川本有一原配夫人曾香祖，其人不仅主张女权，而且写得一手好书法，曾被聘为四川《女界报》的主笔，写过大量提倡女权、抨击礼教的小说和文章，《新青年》杂志上也曾刊登过她的《女权平议》一文。曾香祖后因病去世，为吴虞留下了一子九女。除了正室之外，吴虞还纳有两房妾室，名刘道秀、李道华，其中刘道秀也因病早逝。1920 年 4 月，吴虞又娶了常道玄为妻。因此可以说在来京之前，吴虞过的是一妻一妾的家庭生活。到了北京之后，吴虞的观念似有改变，因道玄夫人来信，说李道华在家不守规矩，因此吴虞回信说"道华可令其改适，以符合予一夫一妻之主张"③。两个多月后，道玄夫人再次来信说"李妾已于腊月初四日遣嫁"，吴虞则再次重申"此后我们守一夫一妻主

① 具体经过详见冉云飞《吴虞与北京大学》，载冉云飞《吴虞与他生活的民国时代》，山东人民出版社，2009。
② 庄增述：《吴虞传》，中国文化出版社，2007。
③ 中国革命博物馆整理《吴虞日记》1921 年 11 月 5 日，四川人民出版社，1984（以下仅注《吴虞日记》）。

义最好"①。如此看来，吴虞在北京仿佛受了新文化运动的影响，准备恪守一夫一妻制的原则。不仅如此，对当时青年学生常常出入八大胡同、狎妓冶游的现象，吴虞也有批评。吴虞曾在日记中提到他的一个学生唐术伯"近又作消摇游，可谓了不长进，其气味尤不可向迩。现世青年，堕落如此，何以立国乎"②。但仅仅三个月后，吴虞的日记中就开始频频出现他出入青楼妓馆的记录，如 1923 年 6 月 26 日 "晚饭后同少荆游公园。吴且雄来，约同往百顺胡同潇湘馆，则无小怡琴，而有雪琴。适应条子外出，乃在其妹素琴处小坐。旋往长林班楚娟处……又至韩家潭双泉班美弟处，亦小姑娘……予所取之雪琴未得见，误选其妹，去银贰元，殊不满意也"。一晚上换了三个地方犹不满意的吴虞，在三天后跟随被他批评的唐术伯，"同少荆过西大森十号，询红翠玉，已于三日前从良，住北京旅馆。乃往含笑春处，一凡艳耳，坐久之。过雪琴，招待颇不周，予赏银贰元而出"③。7 月 24 日，吴虞的日记中又出现了他一晚上 "访娇玉"、"过婵娟"、"访新茶花"的记录，虽然他在当天的日记中也曾反省"予之游玩，至此当作一收束。旷时废日，有荒正课一也。劳民伤财，有关经济二也。因此而衣服交游皆格外增费，而取乐之时少，吃苦之时多三也"，但显然种种的害处并没能使吴虞真正收束自己的行为，不到一个月后，吴虞写给娇玉的诗就在《顺天时报》上刊登出来，也就是刊登在《晨报副刊》上一系列"赠娇寓"诗作的第一首。

从 1923 年 8 月第一首《赠娇寓》诗刊出，到 1924 年 2 月开始"赠娇寓"系列诗作层出不穷，这期间吴虞一直在"收束"和"冶游"之间摇摆不定，一边抱怨孙少荆"导人冶游，劝人住夜，于道德、学问、经济、皆无补益"④，因此毅然决然下定决心再不出游，对道玄夫人来信劝他纳妾的提议也断然拒绝；一边又早晚服用壮阳丸，并总结出不少逛班的心得："小班中人多而生意少，熟客久不去，彼不能不注意周旋，去密反觉冷淡，客人当从此着眼操纵之"⑤；一边在日记中记录他人的言论来告诫

---

① 《吴虞日记》1922 年 1 月 24 日。
② 《吴虞日记》1923 年 3 月 26 日。
③ 《吴虞日记》1923 年 6 月 30 日。
④ 《吴虞日记》1923 年 9 月 2 日。
⑤ 《吴虞日记》1923 年 11 月 29 日。

自己："北大学生，七年前二百人中死一人，现每年二百人中，死三人。从前全校学生，有花柳病者一、二人，现则十分之三有花柳病。从前休学者少，现在休学者多。其休学之原因，则家款作冶游之用，而无钱再缴学费也"①；一边又洋洋自得地在日记中算计着"予自今年夏历五月，认识娇玉，截至今日，仅用银八十元耳"②。

到了1924年2月，吴虞开始频繁写作"赠娇寓"诗作，并抄寄给《小民声》、《顺天时报》等报纸，每有诗作刊登出来，就封寄给娇玉，或亲自拿到娇玉处邀功。3月23日，吴虞托术白联系了前门外西河沿的撷华书局，用绿色毛边纸、三号字，将"赠娇寓"诗作付印五百张，以广为散布。诗单印好后，吴虞给娇玉也送去了一百张，并嘱咐她"择送议员、官僚、政客之通文墨者，勿送学生，勿乱送人"③，而吴虞也将自己的诗单广寄他人，日记中常有请假不去北大上课而在家封寄诗单的记载。经过吴虞这样的卖力捧场，娇玉在花界的名头日响，吴虞曾在日记中得意地转述娇玉跟妈的话说"自诗单引出，客人见者皆以为好，连日以来，盘子大增，一日至十余邦客人，娇玉同跟妈，楼上楼下，忙得不了。掌班特为娇玉置银盘四个捧之。娇玉颇高兴，向跟妈说：'现有吴老爷捧我，我要红了。'盖诗单收效也"④。

吴虞广发的诗单，应该就是《介绍"只手打孔家店的老英雄"底近著》一文的作者又辰在同乡处发现的诗单，又辰并没有对这些诗作做过多评价，只是将所有的"赠娇寓"诗作全文抄录，以反观"只手打孔家店的老英雄"的言行。不过吴虞却并没看出这其中的讽刺意味，反而在日记中兴奋地写道："自此予赠娇玉诗，学界尽知之矣，其名将益大，其客将益多，真要红矣"⑤，并将自己的诗单又加印了二百张。无独有偶，一些《晨报副刊》的读者也给编辑孙伏园写信，指责晨副"不应该提倡此类淫靡的旧诗"，这令一向好脾气的孙伏园"气又不好，笑又不好"，愤而写下《浅陋的读者》一文，直言作者又辰的写法明明是再明显不过的含讥带

---

① 《吴虞日记》1923年12月29日。
② 《吴虞日记》1924年1月24日。
③ 《吴虞日记》1924年3月26日。
④ 《吴虞日记》1924年3月31日。
⑤ 《吴虞日记》1924年4月9日。

讽的冷嘲，可是碰到"神经麻木"的读者，实在"令从事著作事业的人心寒胆怯了"，因此只好向"浅陋的读者"画蛇添足地声明：吴吾赠娇寓式的淫靡古诗，本刊是绝对"不以为然"，"放在必攻之列"的①。孙伏园的文章见报后，吴虞才明白了晨副的立场，他写了一封书函想质问孙伏园，后到北大上课时将书函拿给同事单不厂看。单不厂的意思是"可置之不理，以免纷扰"，吴虞"思之亦大有见"②，于是决定不复过问此事，并于次日又写了"赠娇寓"诗四首，寄到《顺天时报》，只不过署名从原来的"吴吾"改成了"又玄"：

赠娇寓四首
又玄

妇人醇酒英雄老。燕市高歌合有诗。今日风流见娇寓。果然花貌胜琼枝。

竹垞风怀不用删。（朱竹垞云宁不食两无肉，不能删风怀诗二百韵，）梨洲艳体胜香□（黄梨洲艳体诗二册，见日本东京文求堂书目）。红颜绝代谁知己。我是前朝龚定庵。

题遍簪花旧日图。（张怀娘簪花图题咏一卷，在灵鹣阁丛书中，）乾嘉风味只今无。高文草檄由来异。却怪稹元识砆碔。（吴吾是赠花鸿班娇寓诗，故华靡顽艳，若赠晨报馆记者诗，必又清雅庄严，因晨报馆记者，与花鸿班娇寓，截然不同也。）

莽莽神州付战尘。江关萧瑟欲沾巾。自甘乞食歌姬院。不斗蛾眉向世人。（予不喜白话诗）③

在这四首诗中，吴虞显然对晨副的批评不以为然，将自己的诗作与黄梨洲的艳体诗相提并论，还自称是"前朝龚定庵"，不管是诗作的风格（华靡顽艳）还是旧诗的形式，吴虞都不觉得有什么问题，反而以一句不起眼的"不喜白话诗"对晨副的批评者进行了小小的反击。虽然吴虞如此

---

① 记者（孙伏园）：《浅陋的读者》，《晨报副刊》1924年4月12日。
② 《吴虞日记》1924年4月12日。
③ 见《顺天时报》1924年4月20日第五版"章台絮语"栏。

公开表态，但私下里对晨副的批评并非没有顾忌。他在 4 月 15 日的日记中写道"作赠娇玉诗一首，此后有赠娇玉诗，不再登报，留待重版时印之可也"，后来在与他人的讨论中进一步定下了应对的原则："但言不知，不必多辨别，亦不必承认，吴吾自吴吾，与我无关系也"①。显然，吴虞想用一种概不承认的态度息事宁人，不愿将此事闹大，惹出更多风波。但事情此时已不由他控制。

4 月 29 日，钱玄同以笔名"XY"在《晨报副刊》上发表名为《孔家店里的老伙计》的文章，对吴虞进行了公开批判。钱玄同不仅将吴虞的"赠娇寓"诗称作"臭肉麻的歪诗"，更将批评的锋芒直指吴虞的《吴虞文录》，认为其中所谓"打孔家店"的话，"汗漫支离，极无条理"，根本不能同陈独秀、胡适等人的议论相提并论，并将吴虞反孔的方式总结为"用孔丘杀少正卯的手段来杀孔丘"。在钱玄同看来，真正老牌的孔家店里的货物，"无论在当时是否精致、坚固、美观、适用，到了现在，早已虫蛀、鼠伤、发霉了，而且那种野蛮笨拙的古老式样，也断不能适用于现代"，因此要把它调查清楚之后，"拿它来摔破、捣烂，好叫大家不能再去用它"，而胡适、顾颉刚等人做的正是这样的工作。至于吴虞，本身就是"孔家店里的老伙计"，卖的更是冒牌孔家店的货物，"例如古文、骈文、八股、试帖、扶乩、求仙、狎优、狎娼"，这种冒牌的孔家店，近来也有陈独秀、易白沙、吴敬恒、鲁迅、周作人等"打手"来打，而孔家店里的伙计则只配挨打，决不配来打孔家店。钱玄同不仅将"赠娇寓"诗称为"童叟无欺"的孔家店中的货色，连带着将《吴虞文录》中收录的旧体诗也一并大加痛斥，并盛赞又辰的行为是拆穿"老英雄"欺世盗名的西洋镜，深以其"摘奸发伏"的行为为然。

吴虞于当日见到这篇文章后，在日记中直斥为"语多诬诋轻薄，而实不学无术之狂吠也"，立即写了八条答复意见，并"示周作人、马夷初、沈士远，作人、士远言可答复一次，以后即当置之不理，不然终无说清之一日，夷初则以为此等少年，可以不理"②。吴虞采用了周作人和沈士远的做法，将答复的八条意见寄给孙伏园，并声称不再答复。孙伏园很快便将吴虞

① 《吴虞日记》1924 年 4 月 17 日。
② 《吴虞日记》1924 年 4 月 29 日。

的来信刊登出来，其所谓八条，其实也很简单总结起来主要包括四个方面。

第一，吴虞虽然也自谦他的《吴虞文录》浅陋昏乱，但更强调受到过蔡子民、陈独秀、胡适之、吴稚晖等人的称许。

第二，钱玄同所说的冒牌孔家店的货色，如古文、骈文、扶乩、求仙、八股、试帖，吴虞通通认为与己无干。

第三，"至于吴吾之诗，自有吴吾负责，不必牵扯吴虞。犹之西滢之文，自有西滢负责，不必牵扯陈源也。若定指吴吾即吴虞，我也不推辞。"

第四，狎妓之举，远有梁○○之王凌波，蔡松坡之小凤仙，近有陈独秀黄季刚诸先生的遗韵。

总之，吴虞的做法无非是以各种名人的称赞来证明自己文录的价值，以各种名人的相似行为来证明自己行为的无大碍，就连信末，吴虞也要加上一句"此启曾示周作人马叙伦诸先生思想清楚者"[①] 来替自己撑腰，其实映衬出的反而是吴虞骨子里的不自信。吴虞虽然声称不再回应，但在将八条意见寄出之后，又忍不住写了《致晨报副镌书》"凡十三纸"，后在公园游玩的时候，碰到他的堂弟吴君毅、朋友郁达夫等人。郁达夫告诉吴虞"XY"即为钱玄同，而吴君毅则劝吴虞别再写回应文章，他会替吴虞另写文章投到报馆，吴虞因此便将自己的稿子毁去，而郁达夫也向吴虞承诺"如有内幕，达夫当为探察，或再有文字，达夫当站出来骂之"。因此吴虞打定主意"对于北大诸人，当不动声色。胡适之为人，极圆滑而假，不可信。此后凡对人皆宜圆滑慎防，勿说落边际之语。对于娇玉处亦须收敛，勿再动笔墨辩论"[②]。吴虞私下里对这场由于游戏笔墨带来的麻烦深为后悔，甚至不惜以最大的恶意来揣测身边的朋友和同事，不仅对一直帮助他的胡适下了"极圆滑而假"的评语，就连他自己的弟弟吴君毅，他也自觉"君毅对我亦持圆滑态度，其责我者多不合情理，而恒自夸其能以相当的虚伪处此社会焉"[③]。其后在日记中，他又记录下了别人对钱玄同的负面评价"公铎骂其卑鄙，陈介石骂其曲学阿世，孟寿椿言其出身微贱，傅斯年言其音韵学最使人头痛，潘力山言其前谄事黄侃，后痛诋黄侃，又

---

① 《吴虞先生的来信》，《晨报副刊》1924 年 5 月 2 日。
② 《吴虞日记》1924 年 5 月 1 日。
③ 《吴虞日记》1924 年 5 月 3 日。

诣事陈独秀、胡适之"，就连帮他印制诗单的术白，他也要在日记里加上一句"予觉其人虚假得很"①。

这边厢吴虞在暗自懊恼，另一边的钱玄同却并未就此罢休。吴虞的八条答复刚刚登出，"XY"的读后感也来了。钱玄同对吴虞搬出一干名人替自己撑腰的行为并不买账，因为"新思想的先觉"也未必就全无谬论，吴虞的议论是否"浅陋昏乱"要靠它自身来定，与名人的称许并无关系。同样，搬出其他人的"遗韵"也不能证明吴虞自己就有"遗韵"的资格，周作人、马叙伦等人的思想是否清楚，跟吴虞的来信更是半点关系没有。钱玄同的文章通篇抓住吴虞笔墨中的一些语法不通之处做文章，将"孔家店里的老伙计"着实奚落了一番②。而钱玄同对吴虞的这种"痛打落水狗"的做法也引来了其他人的关注，《晨报副刊》上随即登出了更多的评论文章，有的断言吴虞是好拿大人物吓人的人，并反问他"吴先生！是否你以为'古人有行之者'你就去做？杀人放火，奸淫掳掠……历史上，有底是。先生何不一一去做？"，"是否这班大人物所做底都对？都可以做人底师表？抑或你一个人挨骂不好，要多拉几个下水？"③；有的抓住吴虞文章中"汗牛之充栋"的语法错误，大做文章，嘲笑"老伙计"的用典水平④；也有人觉得钱玄同将孔子的思想直斥为"中国昏乱思想的大本营，它若不被打倒则中国人的思想永无清明之一日"这样的断语过于绝对，而是"应当重新估价"，因为"沙内未常不可炼出金子来"，"而迷信'全盘受西方化'的也未必是聪明人"⑤。

由于吴虞一方打定主意不再回应，因此报端的嬉笑怒骂也就暂告一段落，不过吴虞显然一直并未弄清钱玄同及晨副批评他的原因，也从未反思过自己嫖妓及写艳体诗的行为到底和自己"打孔家店的老英雄"的身份有何冲突之处，因为虽然"赠娇寓"的诗暂时不写了，吴虞却开始考虑要为娇玉赎身将其纳为小妾了。从6月开始，吴虞的日记中频繁出现为纳娇玉而筹款、与娇玉细谈身世、彼此剖白心迹、给道玄夫人写信请她筹款、请

---

① 《吴虞日记》1924年5月5日。
② XY：《〈吴虞先生的来信〉的"读后感"》，《晨报副刊》1924年5月6日。
③ 薛玲：《吴虞先生休矣！》，《晨报副刊》1924年5月10日。
④ CJ：《我也谈谈"汗牛充栋"》，《晨报副刊》1924年5月13日。
⑤ 浭生：《浅陋的话》，《晨报副刊》1924年5月20日。

顾巨六于两边交涉等记载，后因娇玉态度渐趋冷淡、前后言行不符，吴虞渐渐心灰意冷，终于放弃了纳妾之想，甚至连放在娇玉处的八百余张诗单，也"尽行携回"①。不过几个月后，早就决定不再将"赠娇寓"诗登诸报端的吴虞又一次向《顺天时报》投稿，为我们留下了最后数首"赠娇寓"诗：

戏集吴梅村句赠娇寓六首②

庾郎

石州螺黛点新妆。做个生疏故试郎。豆蔻梢头春十二。众中推让杜兰香。

青丝濯濯额黄悬。细骨轻匀二八年。红豆花开声宛转。认君真已作神仙。

依然绰约掌中轻。肯解罗襦避月明。管是夜深娇不起。可知花亦是多情。

四肢红玉软无言。头上花枝斗合欢。最是楚腰娇绝处。后人油作画图看。

仍璧迎来是旧游。知心侍女下帘钩。画栏深锁鸳鸯暖。忆得郎来系紫骝。

一叶芳心任卷舒。艳情还作过江书。一时纷黛无人顾。消息声华满帝都。

志娇寓③

痴公

作官何必执金吾。自有狂诗满帝都。但得常将红袖拂。应同魏野访□苏。

未须惆怅在天涯。舞罢霓裳月渐斜。我比香山老居士。携尊还对木兰花。

---

① 《吴虞日记》1924 年 7 月 15 日。
② 《顺天时报》1924 年 11 月 7 日第五版 "章台絮语" 栏。
③ 《顺天时报》1924 年 11 月 11 日第五版 "章台絮语" 栏。

　　绿嫩红娇奈尔何。春羞入眼艳横波。弹筝空寄伤春意。辜负王山
一曲歌。

　　脸际芙蓉入画图。妖娆曾说比杨珠。他时匆逐阿怜去。更枉同寻
海畔夫。

　　双鬟窈窕得春多。浅画胭脂艳绮罗。何似钱塘杨爱爱。千秋传诵
仲车歌。

　　1925 年 1 月，娇玉终于嫁人，去了天津。1925 年 6 月，吴虞再次将
"赠娇寓"诗托宣外西砖胡同法源寺后门文楷斋印制成红印夹连纸五十本，
磁青色皮，装订成册。同月，吴虞结束在京四年的讲学生涯，启程回川。

第二节　清官难断的三代恩怨

钱玄同在批评吴虞的文章中曾经提到这样一种人：

　　他们从前因为自己受父母的管束，便气得不得了，痛骂礼教之害
人。现在他们看了自己生的儿女（我那文中所谓儿子，本是兼包男女
而言；不过这种讲法，又必非孔家店里的伙计所许可耳）不受管束，
便觉得这都是中了外国的新学说的毒，同时又觉得"中国自有特别国
情"，如汉宣帝所云"汉家自有制度"，这些"国情"与"制度"，实
非保存不可；但自己仍不得不借口破坏礼教以便私图：这便叫做"阴
护礼教"。①

这段话看似与主题无关，但其实句句有所本，点出了吴虞一家三代的
恩怨纠葛。

吴虞的父亲叫吴兴杰，曾中过副榜贡生，能写诗作文，后不求进取，
靠家产为生。1893 年，吴兴杰丧妻之后纳妾另娶，与儿子分家，将 20 岁
的吴虞和夫人曾香祖赶回乡下老家，吴虞只好靠收取田租、教授私塾为
生。1910 年，吴兴杰因为连续纳妾而将所有财产挥霍干净，反过来将儿

---

① 　XY：《〈吴虞先生的来信〉的"读后感"》，《晨报副刊》1924 年 5 月 6 日。

子告上公堂，要与儿子争夺祖产。这件事成为当时轰动成都"上等社会"的"家庭革命"的大事，吴虞也被斥为"非礼非法"的"忤逆子"。吴虞为了给自己辩白，写了一篇名为《家庭苦趣》的文章，油印后四处散发，并登载在当时的《蜀报》上。文章最后写道：

> 孔子曰：己不能事其亲，而欲责其子之孝，是不恕也。又曰：父子主恩。又曰：所求乎子以事父，未能也。颜子推曰：假继之惨虐遗孤，离间骨肉，伤心断肠者，何可胜数！悲后娶之祸也。在外国有法律为持平以补伦理之不足，如财产问题是已。滥用财产，即无异侵其子一份子之权利也。中国偏于伦理一方，而法律亦根据一方之伦理以为规定，于是为人子者，无权利之可言，惟负无穷之义务。而家庭之沉郁黑暗，十室而九，人民之精神志趣，半皆消磨沦落极严酷深刻习惯之中，无复有激昂发越之概。其社会安能发达，其国家安能强盛乎？是则重可哀者……①

此时的吴虞一方面以孔子的古训来证明父亲的行为并不符合纲常伦理，一方面又利用他在日本学习的法政知识，来批评中国的伦理道德因为缺乏法律的公正和有效补充而使子女的权利受到侵害，并指出家庭的黑暗将进一步影响到社会、国家的发展壮大。其时的吴虞只是由于自身的家庭遭遇而质疑中国的伦理道德，这成为他反对中国的家族制度进而反对孔教的开始，但就因为此文吴虞被驱逐出成都教育界。与此同时，吴虞的日记中屡见他对父亲的仇恨之语。1911 年 11 月 25 日，他在日记中将父亲称为"鬣鬼"，说他"心术之坏如此，亦孔教之力也"。辛亥革命后，吴虞终于在父子官司中胜诉，法官判他每月支付十二元的赡养费，而他父亲则要迁出另住，吴虞在日记中写道："大吉大利，老魔迁出，月给十二元交刘意如经手。"②

民国成立后，全国各地的反孔运动如火如荼，但袁世凯上台后，复辟的呼声又甚嚣尘上，吴虞在《醒群报》上接连发表主张家庭革命的文章，

---

① 见 1910 年《蜀报》第八期。
② 《吴虞日记》1911 年 12 月 1 日。

并反对立孔教为国教，直接导致《醒群报》被封禁。吴虞反孔的文字在四川一直无法发表，直到他在《新青年》上看到了易白沙的《孔子平议》，才兴奋地给陈独秀写信："不佞常谓孔子自是当时之伟人，然欲坚执其学以笼罩天下后世，阻碍文化之发展，以扬专制之余焰，则不得不攻之者，势也。"陈独秀在回信中肯定了吴虞的看法，他认为"无论何种学派，均不能定为一尊，以阻碍思想文化之自由发展。况儒术孔道，非无优点，而缺点则正多。尤以近世文明社会绝不相容者，其一贯伦理政治之纲常阶级说也。此不攻破，吾国之政治法律、社会道德，俱无由出黑暗而入光明"①。至此，吴虞的反孔文章《家族制度为专制主义之根据论》、《礼论》、《儒家主张阶级制度之害》、《儒家大同主义本于老子说》、《读荀子书后》、《消极革命之老庄》、《吃人与礼教》等悉数在《新青年》上发表。这一时期是吴虞一生著作的黄金时期，也是他本人一生中最重要的时期。吴虞连续在六期《新青年》上发表批判儒家和孔教的文章，不仅声名大振，成为与陈独秀齐名的"老英雄"，而且他根据《狂人日记》所提出的"吃人的礼教"这一概念，有力地推动了新文化运动的发展，产生了积极的社会意义。客观来讲，吴虞的反儒反孔当然有其自身家庭遭遇的原因，比如吴虞在《家族制度为专制主义之根据》、《说孝》、《礼论》等文章中，敏锐地抓住"孝"这一根本问题，有学者因此将吴虞"把孝和家族制度和君主政体连在一起"，"以儒家伦理学说、社会组织上的家族制度、政治上的君主专制制度三位合为一体而攻之"的批判称作"直戳腹心的进攻"②，这当然与吴虞早年屡次被四川教育界斥为"忤逆子"、"不贤不孝"的经历及其反思有关；但如果将吴虞与同时代其他反孔反儒的学者相比较的话，他对中国古代典籍的深刻体悟和其引入西方法政思想来制约儒教的观点，显然受益于早年良好的传统私塾教育以及后来留学日本的知识背景，正如青木正儿在比较陈独秀和吴虞的理论差异时所说的："两氏底论调底立脚点，都由政治学上出发，而归着于孔子之道不合于现代底结论。但是，陈氏底议论，由政治学的见解之上，加以根据西洋底伦理及宗教之

---

① 见《新青年》1917年第2卷第5号。
② 唐振常：《章太炎吴虞论集》，四川人民出版社，1981。

说；吴氏是征于中国古来底文献，而由法制上去论儒教底不适用于新社会。"① 虽然这也同时成为吴虞的致命弱点，因为"他打孔家店、批判儒家所用的思想武器主要是西方资产阶级革命时代的观念，并且将其与中国古代的道家、墨家、法家各家学说相附会杂糅而成，因而，'批判的武器'本身就是有缺陷的，由此决定吴虞的批判决不可能完成对孔家店、儒教的科学清理"②，但像钱玄同这样简单地以吴虞批评孔教的个人动机来评价吴虞反孔反儒的价值和成就，显然有失偏颇。不过如果考虑到吴虞五四后在家族中所扮演的角色的话，吴虞作为一个学者在知行合一方面的表现倒确实会让人产生怀疑。

1922 年 6 月 8 日，来京一年多的吴虞趁暑假回川探亲，经过火车、轮船加步行的长途跋涉，终于在 7 月 3 日回到成都家中，但返家才十日，吴虞就在日记中抱怨"从前香祖夫人时，皆整齐清洁，井井有条，今则缺略破烂，随处皆呈破落户之景象……诸女皆庸愚陋劣，予家实无能治理家政之人……家人如此，不能不令我生远去之心也……此次归来一视，亦足破予向来顾爱家庭之迷梦也"③。过了一个月后，吴虞的这种失望之感不仅没有缓解，反而变得更为严重，在抱怨了常道玄的种种缺陷之后，吴虞"念香祖、道秀待予之恩义，感垂老而无相知之人，挥泪不已，夜半不能寐，独起视一室，尤怆痛之至"④。这一年已到知天命年纪的吴虞对自己的家庭生活充满了一种伤感失望之情。回到北京没多久，他的女儿吴恒、女婿潘力山及外孙从海外留学归来。9 月 25 日，吴虞租下后门板桥大街织染局 10 号公馆与女儿、女婿住在一起。其后，他的日记中多次出现和吴恒、潘力山逛中央公园和公府、观游艺会、国会开会的记载，还为在法国勤工俭学的女儿吴楷筹款兑换法郎，一直到 11 月 23 日他的女儿吴棱进京求学为止，他在北京与女儿、女婿颇过了一段安稳的家庭生活。但吴棱的出现很快再次让吴虞陷入一种烦闷的情绪。吴棱到京没多久，吴虞即写信给道玄夫人抱怨"棱女于我，诸事不过问，我此后对于棱女，亦诸事不过问"，甚至扬言如吴棱不愿与老父居住，"便当移居，不必与之同住"，还

---

① 青木正儿：《吴虞底儒教破坏论》，载《吴虞文续录》，成都美信印书局，1933。
② 邓星盈等：《吴虞思想研究》，四川教育出版社，1996。
③ 《吴虞日记》1922 年 7 月 13 日。
④ 《吴虞日记》1922 年 8 月 19 日。

发感慨说"女子不能如男子真正求学成学者，与其新旧皆无所成，不如在家读书，尚可少闹笑话"①。此后，吴虞多次在日记中批评吴棱"头脑单简，心计粗疏，于处事对人，全不了解人意"②，对不惜金钱将吴棱送入圣心女学校上课一事也颇为后悔，认为"今之女子，全无外人之学问能力，而妄效无其质之文明，故羊质虎皮，极多笑话"③。到了 1923 年 1 月 11 日，因吴恒和女婿打算搬往西城参议院附近居住，而吴棱又"万里远来，对于予毫无相关之意，但求自便"，吴虞因此发下狠话"宁我负人，毋人负我，不仅曹孟德为然，恐世上骨肉亦多不免"④。这种思想的生发直接造成了几天后吴虞与吴棱的当面冲突。1 月 14 日，女婿潘力山约吴虞和吴棱一同观剧，吴虞不仅以"予盖来对于无实学，而假文明，假开通之事，皆不赞成"为由加以拒绝，甚至对吴棱也因"陈莘农不许其夫人观中国剧，以其烦猥，无益有损也。妇人且不许，况于女子，况于夜间哉"⑤的理由而不许她前往，遭到吴棱对他的公然质问。半个月后，吴棱在未经吴虞同意的情况下同潘力山等人去看电影，"夜半始归"，促使吴虞下定决心"此后玉方事，予亦可勿过问矣"⑥。隔了一天，吴虞在日记中将吴棱"半夜始归"的行为和自己的学生唐术伯相比较，反觉得"术伯男子，偶同友人有打茶围之举，而绝无堕落之事"，也正是在这一天，吴虞在感慨自己以五十二岁的年纪却"家事既落，学无所成，不免堕落"的情况下第一次去了"百顺胡同妃香处小坐"⑦。

紧接着，吴家父女的冲突升级。吴棱与吴虞发生了激烈争吵，并当众宣布断绝与父亲的父女关系。随后，吴恒将吴棱带离家中，并将吴棱的被褥等物也一并取走。吴虞虽然仍故作强硬地宣称"没好大事"，却也不免觉得"五十之年，孤身万里，所得于诸女者，如是而已，真如大梦初觉也"⑧。吴家姐妹与父亲的冲突难以解决，遂请来吴虞的同事胡适、陈莘

---

① 《吴虞日记》1922 年 12 月 4 日。
② 《吴虞日记》1923 年 1 月 2 日。
③ 《吴虞日记》1923 年 1 月 5 日。
④ 《吴虞日记》1923 年 1 月 11 日。
⑤ 《吴虞日记》1923 年 1 月 14 日。
⑥ 《吴虞日记》1923 年 1 月 31 日。
⑦ 《吴虞日记》1923 年 2 月 2 日。
⑧ 《吴虞日记》1923 年 2 月 3 日。

农从中调解，希望吴虞能够承担吴棱每月的学费。早在吴虞居川期间，因吴恒要到美国留学，就曾通过吴君毅找到胡适为她写介绍信并做担保，因此与胡适建立起直接的联系。可吴虞方面觉得自己的家事被同事知悉并不是一件光彩的事，对解决矛盾也并无益处，因为吴家姐妹向陈莘农夫妇、胡适之、马幼渔等人宣布了吴虞的罪状，而吴棱又坚持不肯当面向父亲认错，于是吴家父女的矛盾终于以无解告终，而吴虞的胡同冶游自此而一发不可收拾。

以吴虞和他上下两代人的关系来看，他始终走不出一个父子/女关系的怪圈：当他做儿子的时候，激烈地反对自己的父亲，不惜对簿公堂，并由于闹家庭革命而走上了反孔反儒的道路；等他自己做了父亲之后，对自己的女儿反而摆出家长的权威与架子，在用中国的礼法和规矩无法束缚自己的女儿之后，又决绝地斩断了维系亲情的纽带。吴虞的一生境遇使我们有机会反观处于过渡时期的中国家族制度的变迁和身处其中的知识分子的复杂矛盾心态。吴虞以知天命的年纪赶上了新文化运动的末班车，但他赖以批孔的深厚旧学底子加上个人家庭的不幸境遇，使他从"打孔家店的老英雄"吴虞一步步走向"赠娇寓"诗的作者"吴吾"。

第三节　客居京城的北大教授

吴虞曾经在日记中记录过自己根据《北大教职员录》对北大教师的籍贯分布情况的统计：

> 浙江六十七人。直隶五十五人。江苏四十八人。广东二十七人。安徽二十人。湖北十八人。江西十一人。福建九人。湖南九人。四川五人。山东五人。河南四人。广西二人。山西二人。陕西一人。贵州一人。甘肃一人，奉天一人。计二百六十八人。据十二年教职员录。[①]

吴虞在当天的日记中并没有对这种统计进行评论，但显然浙江籍教职员约占北大教职员总人数四分之一的局面，不能不给吴虞以某种触动。同

[①] 《吴虞日记》1924年1月2日。其中"二百六十八人"应为计算错误。

月，吴虞的日记中另一条记录可以看出吴虞对北大的某种判断："蒋梦麟诸人运动汤尔和复职，竟未成功，然浙派之植党揽权，固可见也。"① 浙江籍人士在北大的做派被吴虞归结为"植党揽权"，可见吴虞对于"浙派"印象不佳。在同年 8 月 10 日的日记里，吴虞特地写下一条："今日《顺天时报》，曰北大更换校长之先声一则，若成事实，必有大风潮，而浙派将有变更矣"，验证了其时普遍存在的浙江籍人士执掌北大及北京教育界的说法。不过浙派在打压其他人士的同时其内部也并非铁板一块，在吴虞的日记中曾记录下这样一条传闻："据云，适之休倦，乃蒋梦麟之要求，盖畏之也。汤尔和、蒋梦麟、马夷初现排斥尹默，非严之不可，暗柿焚烈。"② 根据上下文，这一说法似乎来源于吴虞的同事马幼渔。马幼渔也是浙江籍人士，对浙派内部的争斗想有更多的了解。在这样复杂的环境下，作为新文化运动后期才进入北大的川籍人士，吴虞不免会有隔膜之感。更何况，即使是在吴虞所在的国文系，派系斗争的情况也丝毫不少。后来在女师大风潮中，陈西滢暗示背后有"某籍某系"的人煽风点火，说的就是浙江人云集的国文系。关于北大和国文系内部的地缘党争，桑兵在《近代中国学术的地缘与流派》一文中有详细分析③，笔者在此不再详述，提出这一话题，不过是想借此贴近"老英雄"当时在北大的客观境遇。

也许正是因为这种复杂人际环境的存在，以五十高龄客居京城的川籍人士吴虞无法在北大教员的群体中找到一种认同感和归宿感。他在京城的四年中，交往的对象以亲戚、同乡和一小部分学生为主，和北大的同事陈独秀、胡适、周作人、马幼渔等人也有过交往，但多是工作上的往来，私交却都谈不上深厚。也许也正是由于始终与北大的"浙派"格格不入，吴虞在因"赠娇寓"诗而被攻击的时候，怀疑自己成为派系斗争的对象。在钱玄同的文章刊出之后，他在日记中写道："谢绍敏又来，言内幕有暗潮，闪烁其词，予甚恶之。达夫将予八条看过，言不糟，此后勿自答。如有内幕，达夫当为探察。"④ 毕竟攻击他的钱玄同就是浙派人士，而主持《晨报副刊》的孙伏园也算周氏兄弟的心腹，一向以恶意

---

① 《吴虞日记》1924 年 1 月 22 日。
② 《吴虞日记》1924 年 8 月 13 日。
③ 桑兵：《近代中国学术的地缘与流派》，《历史研究》1999 年第 3 期。
④ 《吴虞日记》1924 年 5 月 3 日。

来揣测他人的吴虞怀疑此事背后有"内幕",也就不足为怪了。但吴虞没有料到的其实是当时社会舆论对新文化人纳妾嫖妓行为的容忍度。蔡元培执掌的北京大学号称兼容并包,对于北大的教员,蔡元培本人也在文章中公开说过:

> 对于教员,以学诣为主,以无背于第一种之主张为界限,其在校外之言动,悉听自由,本校从不过问,亦不能代负责任,例如复辟主义,民国所排斥也,本校教员中有拖长辫而持复辟论者,以其所授为英国文学,与政治无涉,则听之。筹安会之发起人,清议所指罪人者也,本校教员中有其人,以其所授为古代文学,与政治无涉,则听之。嫖赌娶妾等事,本校进德会所戒也,教员中间有喜作侧艳之诗词,以纳妾挟妓为韵事,以赌为消遣者,苟其功课不荒,并不诱使学生而与之堕落,则姑听之。夫人才至为难得,若求全责备,则学校殆难成立。且公私之间,自有天然界限。

这种言论表面上看来自由,但这种对教员"纳妾挟妓"等行为的姑妄听之,其实是偏重于对旧式文人而言的,对于进入新文化阵营内部的文人来说,原是有一种严格的约束和要求在的。最好的一个例子就是蔡元培上文中提到的进德会。进德会为蔡元培于 1918 年在北京大学创立的一个组织,其目的即为规范教员和学生的道德行为以净化社会风气。进德会的会员分为三种:"甲等会员不嫖、不赌、不娶妾。乙种会员于前三戒外,加不作官吏、不作议员二戒。丙种会员,于前五戒外,又加不吸烟、不饮酒、不食肉三戒"[1]。进德会成立之时,北大教员中入会的有 70 多人,职员中有 90 余人,学生 300 余人,包括李大钊等甲种会员332 人,蔡元培等乙种会员 105 人,李石曾等丙种会员 24 人。北大的进德会还曾有会刊,名为《北京大学进德会杂志》,其编辑四人中就有后来批判吴虞的钱玄同。进德会在后来并没有产生过重大影响,却在陈独秀离开北大一事上发挥过重要影响。1919 年初,北京的守旧派报纸上经常攻击陈独秀作狎邪之游,甚至登出他在八大胡同因争风而抓伤某妓下

---

[1] 《北京大学进德会旨趣书》,《北京大学日刊》1918 年 1 月 19 日。

体的新闻。由于陈独秀也是进德会的成员，面对巨大的舆论压力，蔡元培不得不与沈尹默、马叙伦两位北大教员在汤尔和家中开会，讨论陈独秀去留的问题。后来蔡元培以教务长代替学长的方式，变相取消了陈独秀北大文科学长的职务，直接造成了陈独秀的南下。直到十多年后，胡适还曾致信当年的当事人之一汤尔和，认为"以后中国共产党的创立及后来国中思想的左倾，《新青年》的分化，北大自由主义者的变弱"①，皆源于当时陈独秀的离开。虽然陈独秀离开北大，其嫖妓行为只是一个导火索，背后有新旧思潮论战、新青年阵营内部分化等复杂背景，但有陈独秀的例子在前，吴虞身为"只手打孔家店的老英雄"的北大教授，却流连于勾栏妓院，还到处印发自己的艳体诗笺，不能不说反映出吴虞对自身定位的偏狭和舆论判断力的缺失。

新文化阵营方面，钱玄同、孙伏园等人批判吴虞的"赠娇寓"，除了有维护新文化运动队伍的纯洁性的考虑之外，也可能与现代报纸副刊功能的转变有关。其时，《晨报副刊》在孙伏园的主持下已经成为北京最具影响力的报纸副刊，孙伏园对副刊的最大贡献也在于其改变了副刊原本消闲娱乐的性质，而将其建设成传播新文学、新文化的大本营。吴虞本身订有《晨报》，对《晨报》的影响力也颇有了解，但他为宣传娇玉而写作的"赠娇寓"诗作并没有投到《晨报》，而选择了当时影响面相对较小的《顺天时报》，这其实也有吴虞自己的考虑。《顺天时报》是北京地区一份有日本背景的日报，在新文化运动后报馆纷纷改弦更张，转向新文化、新思潮的潮流中，《顺天时报》的第四版"说丛"栏也开始刊登一些宣传新思潮的文章，如《共和德国之运命》、《佛化与新文化之关系》、《欧战后英法之抗争》、《海外文学者略传》、《教育是解决妇女问题唯一的钥匙》等，但它的第五版一直还保留着旧式副刊的特点，其中的栏目如"小说"、"檀板绮闻"、"剧界消息"、"艺林"、"章台絮语"等主要刊登的还是文言体式的小说、诗文，并常常刊登旧剧演员和青楼女子的相片，以及妓女和嫖客的往来唱和等，这也就难怪吴虞会将自己的"赠娇寓"诗作通通寄到《顺天时报》上发表。《顺天时报》第四、五版并存的局面，其实正反映了现代报纸副刊功能转变的一种过渡状态，即从消闲娱乐向社会启蒙、

① 中国社会科学院近代史研究所中华民国史组编《胡适来往书信选》，中华书局，1979。

社会批判的转变，充分利用现代传媒的传播能力，来达到启迪民智、宣传新知的目的。然而作为反孔批儒代表的北大教授吴虞，却将报纸副刊用做自己捧妓女、晒肉麻的工具，在吴虞看来可能觉得无伤大雅，可作为副刊改革倡导者和先锋的孙伏园则不免要气急败坏地宣称：吴吾赠娇寓式的淫靡古诗，本刊是绝对"不以为然"，"放在必攻之列"的①。

---

① 记者（孙伏园）：《浅陋的读者》，《晨报副刊》1924 年 4 月 12 日。

第五章

"苏谢事件"："正刊"与"副刊"间的
青年作家之争

第一节　"苏谢事件"

1921年春天，北京文化界因为一起"苏谢事件"，一时间闹得沸沸扬扬。这一事件不仅涉及当时风头正劲的青年男女学生，也让许多新文化人参与其中，而京城各大报纸的参与，则使我们对报纸"正刊"和"副刊"的复杂关系有了进一步的了解和认识。

事件的起因是一部《白话诗研究集》，作者谢楚桢是当时北京大学的学生，他本是湖南的一位老名士，与胡适曾是中国公学时的同学。他醉心于新文化运动，虽然年纪很大，却在名片上自称是"中华民国一个青年"，还在名片上印上自己要"觉悟、改造、奋斗"① 等语。他平日里穷困潦倒，住在前门外的湖南会馆中，每日只与当时小有名气的罗敦伟②、易家钺③等青年学生在一起，做白话诗、研究白话诗。因罗敦伟、易家钺等人

---

① 《题新式名片》，载谢楚桢《白话诗研究集》，1921。
② 罗敦伟，字志青、蛰庵，湖南长沙人。早年就读于北京大学、日本早稻田大学学习政治学。曾任北平大学、中国大学、朝阳大学教授，国民政府实业部秘书。著有《中国家庭问题》、《中国之婚姻问题》、《现代国家学》、《国家论》等书。其时参与编辑《京报》之《青年之友》副刊，是新知书社、家庭研究会、青年自立会成员。
③ 易家钺（1989~1972），字君左，湖南汉寿人。曾任国民党中央宣传部专员，《国民时报》社长等职。1949年冬去香港，1967年去台湾，任台湾中华诗学社社长。其时为家庭研究会、青年自立会、少年中国学会成员。

都在北大的新知书社里担任职务，谢楚桢想将自己平日里的诗作汇集出书，托新知书社出版，并希望青年朋友替他多多宣传。罗敦伟当时又在《京报》的《青年之友》副刊任编辑一职，因此不免拉些当时的知名好友，替这位同乡老表大做广告。1921 年新年前后，《晨报》、《京报》等报纸就登出了这本书的广告：

介绍新出版的白话诗研究集

是书系谢楚桢先生苦心孤诣之作，全书约十万言，内容：上半卷列诗录五十余条，研究新诗作法，无美不备；并列诗谈选一门，都系时下一般名人所作，下半卷列诗一百二十首，思净笔美；并列诗选一门（共三十余首，内有女子诗十首），都系男女青年的杰作。讨论批评，创造采集，无所不有，诚为新文艺中别开生面之书。至如生活类中描写社会各种妇女生活状况（共三十三首，庄谐杂出，形容尽致），使人可怨可歌可笑，尤为此书之一大特色。同人等因其于新诗界大有贡献，特为郑重介绍，想凡有志研究新诗的人，无当不先睹为快哩。

介绍人：沈兼士、李□瀛、孟寿椿、易家钺、孙几伊、陈大悲、罗敦伟、瞿世英、杨树达、郭梦良、陈顾远、徐六几　同启。①

这则广告不仅对这部书大加赞美，其另外一个引人瞩目的地方是最后的十二位介绍人。这些介绍人中，除了与谢楚桢一向交好的罗敦伟、易家钺外，孙几伊是当时著名的报界主笔；沈兼士是北大的教授，本身也是新诗的创造者；孟寿椿是五四运动后出国留学的北大"六大臣"之一；陈大悲是提倡"爱美剧"的青年才俊；瞿世英是燕京大学在五四运动中的著名领袖，同时也和易家钺共同参与了文学研究会的创建；杨树达也是湖南人，在北京高校教书，并参加了罗、易两人创办的家庭研究会；郭梦良、陈顾远两人均为易家钺的同学，不仅创办了社会主义刊物《评论之评论》，还与易家钺共同成立了奋斗社，并出版《奋斗》旬刊，郭、陈二人还和罗、易同为北京大学新知书社的成员；徐六几和郭梦良是福建同乡，曾一起创办过《闽潮》杂志，并共同协助张东荪在《时事新报》上编辑《基

---

① 《京报》1921 年 4 月 20 日。

尔特社会主义》专刊。这些人在当时都是活跃在思想界和文化界的积极分子，彼此之间因成长、求学经历和社会交往建立起复杂的联系，因此他们共同联名介绍这部书，确实可谓阵容强大。

《白话诗研究集》大概是在 1921 年 3 月底 4 月初正式出版的，在这段时间里，白话诗除了胡适的一部《尝试集》之外，还没有专门的著作，再加上此书受到众多名人的推荐，因此很快在青年读者中产生了反响，这一反响就来自当时正在女高师读书的苏梅，也就是日后以散文创作和对鲁迅的批评而闻名的女作家苏雪林。

苏梅在她参与编辑的《益世报·女子周刊》上发表了一篇长文，对谢楚桢的白话诗创作和研究进行了批评。由于对此书极为不满，因此她下笔也毫不留情，在文章开头就质问作者："第一要问谢君饱饭熟睡之余，为什么竟发了做这书的冲动？第二要问谢君为什么竟公开他的著作与世人，不怕发泄尽了天地间的精灵之气？第三要问谢君为什么不怕'暴殄天物'竟将雪白的纸，漆黑的笔，来印刷他的著作？"在苏梅看来，这部书立意悖谬、遣词不通，议论更是浮薄荒唐。首先，苏雪林不同意谢楚桢古风格律束缚思想的说法，因为诗虽然需要借助于格律来表达，却不靠格律来安身立命，"诗人不动诗兴，自不去做诗，要做诗，各体诗俱在，随便他的选用（他要觉得诗兴勃郁，便选七古长歌的体，觉得诗兴清严，便选绝律的体。）他自然会叫他的诗，达于至善之境，万不至于叫他的思想不自由"。其次，谢楚桢对古诗用典的批评也引来苏梅的不同意见。她认为诗人在创作时并没有故意去用典，反是读者"没分晓"，偏要去注释杜诗、韩诗，不看诗，只看典，才引出对"古典主义"的反对来。另外，对于谢楚桢要求解放"回文诗"、"步韵诗"等诗体，在苏梅看来也只是新旧诗人早就达成一致的观点，根本算不得谢楚桢的创见①。苏雪林在批评中不断引用书中的原文来显示作者的不通，同时还挑了行文中的许多语法错误，总之是对此书和谢楚桢本人着实奚落了一番。

苏梅的文章是分三次在《女子周刊》上连载的，可是文章刚刚登出第一部分，苏梅辛辣的文风就引来了罗敦伟、易家钺的不满，文章见报三天

---

① 苏梅：《对于谢君楚桢白话诗研究集的批评》，《益世报·女子周刊》1921 年 4 月 25 日、5 月 2 日、5 月 9 日。

后，他们的反驳文章也在罗敦伟编辑的《京报·青年之友》上登出来了。易家钺以 AD 为笔名写了《同情与批评》一文，为谢楚桢鸣不平。易家钺在文章开头写道：

> 假使现在有一位青年，受着环境的压迫，乃至于不能谋极低度的衣食以自活；这个青年如果是能弄笔墨的，他的"向生活之道"，不外以下三种：
>
> （一）求爹爹拜奶奶地寻一个小差事；
>
> （二）靠卖点零碎文字；
>
> （三）堕落成一个市井无赖汉。
>
> 平心而论，我们愿意他做哪种生活？第一项是丧失人格的；第三项是堕落人格的；比较我们可以赞成的，不用说是第二项了。我们的赞成，是基于一种潜在的心的根本要求；拿普通名词说，就是同情作用。

在易家钺看来，万恶的社会和环境使一般青年几无以自活，因此对于别人应表一种患难的同情；而另一方面对于不甘堕落的青年，也应表达极崇高的尊敬。苏梅的问题在于，她在批评这本书的同时不应涉及作者本身，而且她本身也没有批评的能力，竟将"古典主义"理解为"古典"的主义，因此不过是"牺牲他人的人格，以为自己虚荣的代价"，是"批评人本身的缺德"。易家钺虽然如此愤怒于苏梅并没有详细调查谢楚桢的真实生活状况，就信口用"饱饭熟睡"之类的讥讽之词来侮辱作者的人格，可易家钺自己在文章中也以牙还牙地称《女子周刊》是"主张贤妻良母主义的"，"是将女子参政和炒虾仁混为一谈的"，"又是大登其花柳病广告的"，与他自己所提倡的富同情心的批评也并不一致，因为他是"主张对于信口骂人的人，应该有一种相当的恶意报答他"① 的，也正是文章中充斥的这种"恶意报答"，激怒了女学生苏梅。

苏梅的文章见报不久，谢楚桢就给苏梅写信，痛斥苏梅"败坏他的名

---

① AD：《同情与批评》，《京报·青年之友》1921 年 4 月 28 日。

誉，损伤他的人格"①，并要求女高师的校长下命令让苏梅向他道歉，否则要向法院起诉云云。而此时《京报》上又登了易家钺的"恶意"文章，苏梅当然要大加申说，可是她写就的文章投到《青年之友》，编辑竟然扣住不登，只在"编辑室"一栏中解释说"记者极盼各方都不必再行辩论，以免一误会而再误会，而忘记我们所应该做的正当文章。所以以后如有以关于此事争辩之文字见投，概不登载了"②。《青年之友》拒绝刊登苏梅的稿子，可能有息事宁人的考虑，可在苏梅一方，却大感"言论不自由之苦"，因此将稿子转投《晨报》，并亲自跑到晨报馆去申说。《晨报》方面于是就将苏梅的稿子登载在"来件"栏中，并加记者按，表示《晨报》并非多事，因为《青年之友》也曾说过苏梅的这篇文章"心平气和，大有学者态度"③。

在这篇应答文章中，苏梅不承认自己败坏了谢楚桢的文名，因为如果《白话诗研究集》真的有不可磨灭的价值，绝不会因为一篇批评文章而有任何损失；至于损伤人格的罪名，苏梅也并不承担，因为她的原文之意"无非说像谢君空费脑力，作此无价值的文字，不如去抹抹牌喝喝酒，还可消遣藏掘。这原是'博弈犹贤'的意思，何曾确确实实的指定说'谢楚桢是个爱喝酒抹牌的浪子，是个饱饭熟睡的蠢汉'？"因此苏梅只承认自己的文章损失了谢楚桢著作的人格，而非他私人的人格。对于易家钺，苏梅则为他自己要求将作者和作品分开批评，而他本人的文章却将苏梅"骂得体无完肤"这一点大加讽刺，而且从根本上也并不赞同将同情和批评混为一谈的说法，在她看来，"因同情于'人'之故，而牺牲了我批评的正直精神，更是党私之见"。她同时希望大家都来讨论一下："环境困难的青年，拿无价值的文字，欺骗社会，是否合理？"，"用文字来欺骗社会，一面贻害许多无辜的青年，一面养成许多文明骗子、风雅窃贼，这是 AD 君所愿意提倡的吗？"④

---

① 苏梅：《答谢楚桢君的信和 AD 君的同情与批评》，《晨报》1921 年 5 月 6 日第六版"来件"栏。

② 《京报·青年之友》1921 年 5 月 5 日。

③ 《京报·青年之友》1921 年 5 月 5 日。

④ 苏梅：《答谢楚桢君的信和 AD 君的同情与批评》，《晨报》1921 年 5 月 6 日第六版"来件"栏。

对于苏梅的申说，虽然《青年之友》一方已经表示过不愿再战，但此时事情已经闹到了别家报馆，也不得不出来回应了。在苏梅文章见报的第二天，《青年之友》编辑罗敦伟发表文章，做《不得已的答辩》。罗敦伟在文章的最后，发表了苏梅给他的两封信，信中苏梅对罗敦伟不发她的文章一事大为不满，坚持说"我的文字可以让大家批论，不能让你们私下遏制"，并称京报馆"无知识而不能负责"。对于苏梅的愤怒质问，罗敦伟的答复相对理性得多。罗敦伟表示他不发苏文的本意是希望双方冷静一下，在《京报》的调停之下能够偃旗息鼓，以免"把意气来牺牲'友情'"，岂料苏梅"反而把调停人也大骂起来"。罗敦伟更进一步说到苏梅登在《晨报》上的文章本有将 AD 君和"蚁"、"狗"等字样联系在一起的文字，虽后来删去，但文章中仍有许多无谓的奚落语和俏皮话，本也没有发表的价值。在罗看来，苏梅的根本错误在于"高抬自己骂人的文章为理论的批评，欲利用'言论自由'来骂人"[1]，并认为只有看清这点，才能对事情有公正的判断。不过让罗敦伟更无奈的是，他的种种和平努力，苏梅都不接受。她在接下来出版的《女子周刊》中称罗敦伟文中所说的"著者是个男子与批评者一个女子，试问有何冤仇？"这句话，是"轻薄无赖的少年"[2] 口吻，并暗示 AD 君即为易家钺，他和罗敦伟作为家庭研究社的成员、作为主张妇女解放提倡男女平权的学者，绝不应该在这场论战中言及男女身份的问题。气愤之余，苏梅将罗敦伟文中提及的、后来删去的关于 AD 和蚁、狗等相联系的带有人身攻击的文字发表了出来。后来苏梅又有一篇长文刊登在《晨报》上，宣言要跟罗敦伟战斗到底，坚决维护自己发表言论的权利[3]。

事情发展到此，在双方的意气文字之下，其实都引出了许多可供讨论的问题，如果在学理的范围内进一步深入，未使不能生发出一些深刻的观点和意见来；或者双方各退一步，就此罢手，这场小风波也就过去了。可是这场讨论并未就此结束，也没有继续向学理的层面发展，反而由于青年的意气和感情的冲动，惹出了更大的误解和麻烦，将事情推向了不可收拾

---

① 韶卿：《不得已的答辩》，《京报·青年之友》1921 年 5 月 7 日。
② 苏梅：《最近的感触》，《益世报·女子周刊》1921 年 5 月 9 日。
③ 苏梅：《答罗敦伟君〈不得已的答辩〉》，《晨报》1921 年 5 月 12 日，第七~八版。

的结局,而这一切,都是由于之后发表于《青年之友》的这篇《呜呼苏梅》。历来的研究者说到这篇文章时,都语焉不详,只说它有许多"歧视妇女"的怪论,或言辞多么污秽。为还原历史起见,特将这篇研究者念兹在兹却从未被正面阐述过的文章全文抄录于下,以期对事件做最完整的重现:

呜呼苏梅!

右

环球第一超等骂人名角苏小梅女士,近来假借北京各家报纸的大舞台,唱了许多套《凤阳花鼓》、《十八扯》、《辛安驿带洞房》,不禁令一般观者"奉听令怪声叫好"!最近又发现她与某君的一封密书,文气是仿轶昌黎,字体则仿康南海。可惜她说的话,有点不像人味。现在节录她信中的三大段次,逐段评论。

她说:

"(1)他们的重要角色 AD 君,经见机而作,别人也不犯着再寻闲气,像罗先生一样无辜被人'狗血淋头'的骂。(罗君是 AD 害的,算上了 AD 的当。)"

她这种挑拨恶感的毒妇手段,你看多们利害!她明知道罗君是 AD 君的好朋友,偏说上了 AD 君的当;明知 AD 君未必见机而作,故用暗渡陈仓的妙法,使旁边主张公论的人不加入战团。其实都是白费心思的。因为任凭你怎样挑拨,他们终是好朋友,你终是一个泼妇;旁的人纵然不加入战团,乃是因为不屑与你这个泼妇斗嘴。常人说得好:"好汉不和狗斗",就是这个意思。聪明的小梅!你懂不懂?

"(2)罗君那篇大作,多少有 AD 君和 SY 君的成分。我的嗅觉极锐敏早已闻出来了。使是 SY 君明目张胆的加入战团,也未必胜利。"

哈哈!她在《女子周刊》(五月七日)上骂 AD 君是狗,现在她,明明白白地宣言自己是狗了。为什么呢?据动物学家说,狗的嗅觉,极其锐敏,故遇人屙尿,趋之惟恐不及。佳哉苏梅!乃自比于狗!"出乎尔,反乎尔",真聪明呀!至于说罗君的大作,有 AD 君和 SY 君的成分,你又不是罗君肚里的蛔虫,怎样知道?假如现在说,苏女士的大作里,(或者身体里)有某君、某君的成分,(传闻小梅做那篇文章曾请教女高师教员陈某），你答应不答应？即使你答应，我们也无法闻得出来；又使你不答应，我们更无法证明确实，因为我们人类的嗅觉，没有狗那样的敏锐，没有像苏女士那样的敏锐。

"（3）许多人攻击我一个，我便是只 Tiger（虎），被无数 Bisons（野牛）蹄角交来，四面围住，也要筋疲力尽，何况我还只算一个荏弱的 Lamb（羔羊）呢？无论战争事如何，我是'虽败犹荣'，他们是'胜之不武！'"

苏女士！你既宣言自己是狗于前，又承认自己是雌老虎、小羔羊于后，总算发挥哺乳动物的特性。可是 Bison 这个资格，还请你自己收用吧！因为你才配有这个资格，旁人是决不配的。将来尊明片上，也可以有一大贯头衔！并且当春光明媚之时，何妨一游万牲园，访访你的伴侣？

她接着说：

"我这三个理由，他们如果明白，便从此罢休，大家和平了结；否则我的骰子要掷了！（一注意）挑战的角声又呜呜的动了！（二注意）长戟、大枪、轻刀、宝马，大家努力校一场看看！（三注意）我要做张巡的独守孤城！我要做斯巴达三百勇士！结果（大注意）还要效陆秀夫负帝（四注意）投海的壮烈等举！抱着公理一齐战死！"

这一段话，何等壮烈！大有"饿死事小，失节事大"的神色。可惜白璧不免有一点微瑕，玷污了她自己的清白，她打了人家一耳巴，还用命令式的口吻，挟制人家的反动。哼！小梅你是一个什么东西？配挟制他人的言论吗！你知道"从前中国有一位专制魔头的秦始帝，因为……所以……还下……使我们……使中国……"吗？（原文见《女子周刊》，五月九日，苏梅的《最近的感触》）算了吧！不要再丢丑了！

最可笑的，她除开承认自己是野牛等以外，还嫌不足，尽情宣布她的罪状。第一，承认自己是赌棍，所以掷骰子；第二，承认自己是丘八，所以要和人挑战。挑什么战？第三，承认自己是野蛮种族，所以在这二十世纪，还用长戟、大枪等。但是我们这些猎者要预先声明的，像你这种雌老虎、野牛、小羔羊，我们是断不容情呀！至于你要做张巡，恐怕你那个小模样子，只配给张巡去牺牲吧！我听见人说，你每天早晨，练习弓箭，确有斯巴达三百勇士之风。可是你要知道，据李克尔甲斯的传记："在斯巴达，女子与男子受同等的教育，即处女也练习赛跑、打拳、投枪等武技（正如你今日练习的一样）。为使女子对于男子不知着耻起见，特教女子和男子一样，裸体在大街上散步"。你能够办到吗？"还有一层，处女的裸体跳舞，对于青年可以刺激结婚的欲望"，这事柏拉图曾赞成过，你能够办到吗？如果你能够，那吗听随尊便，否则何必自匹于斯巴达勇士之流。

至于第四，简直承认自己是帝制余孽了。如果你甘冒大韪，也可以跑到神武门，督着宣统，爬上金鳌玉蝀桥，投身北海；其结果，不过引我们仿宋玉抬魂的成例，大呼一声："呜呼苏梅"！

记者按：本栏早已申明对于"苏梅女士"这些东西不登了，不过因为苏女士近来反大做文章，多方附会，若不略为辩致，必致惹人误会。今天治"右"君投来一稿，特为登载，以后关于这类的稿子，我们为应付环境起见，势不能不登相应申明。记者。①

从文章中所引的苏梅原话来看，苏梅写此信，分明有不愿纠缠、就此休战之意，只不过措辞强硬，毫无示弱的意思，而这也就成了作者百般笑骂的资料。作者这一方面，首先错在不该擅自拿苏梅给他人的私信作为文章的材料予以公开；其次文章由始至终不过是拐弯抹角地报复苏梅将易家钺和狗相提并论这一行为，其行为和泼妇骂街也无甚区别；最后，文中最为恶劣的言辞，也就是后来最为人所诟病的是"假如现在说，苏女士的大作里，（或者身体里）有某君、某君的成分，（传闻小梅做那篇文章曾请教女高师教员陈某），你答应不答应？"这一句带有极端侮辱和无端诽谤的话语，包括"处女裸体跳舞"这样的说法都是直接利用苏梅的性别身份进行攻击，毫无根据地向全北京城暗示这个尚在女高师就读的女学生该有何种不堪的品德和行为，也就无怪乎此篇文章会引来轩然大波，造成不可收拾的后果。

第二节　为名誉而战——青年作者的对立

《呜呼苏梅》一出，苏梅也被彻底激怒了，她随即在《晨报》、《京

---

① 《京报·青年之友》1921 年 5 月 13 日。

报》、《益世报》等各大媒体上登出特别启事：

> 前日偶因批详《白话诗研究集》致惹起无数风波，梅初尚以公理
> 所在，不敢不辨。乃本月十三日《京报》忽揭载右君《呜呼苏梅》
> 一文，种种秽恶之言，难以尽述，将梅之人格无端大肆污蔑。此数下
> 流无耻之言，稍有理性者皆不忍出诸口，而该右君居然出之，其品格
> 亦复可知，梅尚何屑与之辨剖。况此事之是非曲直，社会自有公论，
> 亦正无庸鄙人之置辨也。特此登报声明，敬请公鉴。①

苏梅的愤怒是不无道理的。一方面，她自少年时期就一心向学，为了
能够接受新式教育屡次跟家庭发生冲突，并拒绝和家庭的包办婚姻妥协。
来到北京求学之后，五四运动虽然已经结束，但新文化运动已经深深影响
了新一代的青年学生，苏雪林和她的同学时常阅读各种报刊，并四处去听
演讲、看新剧，从中吸取新鲜的养分。另一方面，苏梅就读的女高师国文
系在系主任陈钟凡②的主持下，聘请胡适、李大钊、周作人、鲁迅、陈衡
哲等新文化运动的中坚人物来校代课和讲演，胡适的"中国哲学史"、李
大钊的"社会学"、"女权运动史"、"马列主义理论"等课程极大地开阔
了苏梅的眼界，将新文化的思想逐渐带入青年学生中间。苏梅在这样的文
化氛围中，也慢慢对新文学有了进一步的体认和理解，并开始尝试文艺创
作。因周作人提倡"平民文学"和"人的文学"，苏梅也尝试以下层人民
的生活为题材，抨击"吃人的礼教"，她将以前模仿杜甫所写的一首三百
字的《姑恶行》用文言改编成小说，极力描写童养媳的悲惨命运，曾受到
当时在美国求学的冯友兰的大加赞赏。诗词一直是她的长项，她在女高师
期间创作了不少古体诗，在古文课上所作的诗文也时常得到老师的夸奖，
这也能解释苏梅为什么会对谢楚桢的白话诗研究有种种不满，并能够在评
论中频频用古诗作为反例加以批评。
但是和苏梅创作上的旧学功底相伴随的是她由新文化运动中得来的新

---

① 《晨报》1921年5月17日。
② 陈钟凡，江苏盐城人，家学渊源深厚，是黄侃的学生。1919年在北京大学毕业后到女高
师任教，对苏雪林十分器重，他也就是《呜呼苏梅》一文中提到的"陈某"。

式观念。她曾经说"五四影响我最大的便是'理性主义'"①,在众多知名教授的启蒙和身边庐隐、石评梅、冯沅君等进步同学的影响下,她"全盘接受了这个新文化,而变成一个新人了"②,并开始尝试白话文写作。她除了在自己编辑的《女子周刊》上发表白话小说、杂文等之外,也向《民铎》、《民国日报·觉悟》、《时事新报·学灯》、《国民日报·学汇》等报刊投稿,其中她最关注的一个问题就是当时备受瞩目,也是和自己密切相关的女性解放问题。她所发表的《新生活里的妇女生活》、《沉沦中的妇女》、《自由恋爱论》、《男盗女娼的世界》、《家庭》等文章,内容涉及女性生活的各个层面,在谴责社会对女性压迫的同时,也为女性建构了多种多样的生活方式。对女性的身份和生活有着深刻思考的苏雪林,对易家钺以性别作为人身攻击的武器自然气愤无比。

虽然苏雪林自称接受了五四理性的启蒙,但在这次论战中,她的表现却更接近于恃才傲物。凭借她的旧学功底和写白话议论文练就的辛辣文风,她对谢楚桢的批评虽然不无道理,但确实有讥讽挖苦的现象存在,再加上年轻气盛、性格急躁,在与罗敦伟、易家钺的论战中逐渐脱离了学理讨论的轨道,其自作聪明地俏皮骂人,在某种程度上加速了事件的恶化。不过在这一事件中,更应该承担主要责任的,当然是罗敦伟和易家钺。

罗敦伟和易家钺在此事件中最令人诟病的是他们对苏梅这位女学生的言论与他们自身学说主张之间的巨大反差。罗、易两人均为家庭研究会的骨干成员,在 20 年代初期的北京文化界,他们主要因对家庭制度的研究和批判而被关注。1920 年 8 月出版的《家庭研究》第一期就刊登了易家钺的《陶履添与家庭问题》和罗敦伟的《家庭生活的"民主化"》、《一个婚姻问题——黄女士的痛语》等文章,从理论和现实层面对中国传统的家庭制度进行了全面批判。除了办杂志、写文章之外,罗、易两人还组织成立了青年自立会,专门"救济受家庭痛苦之男女青年,至对于精神上受家庭痛苦之人亦当尽力援助"③。在他们对家庭的研究中,婚姻和女性解放也是其中的一个议题。对此易家钺有更多的论述。《何谓"妇女问题"》

① 苏雪林:《浮生九四——雪林回忆录》,台湾三民书局,1991。
② 苏雪林:《己酉自述——从儿时到现在》,《国语日报》1969 年 4 月 15 日。
③ 《青年自立会简章及缘起》,《家庭研究》1921 年第 1 卷第 3 号。

是《晨报副刊》"妇女问题"栏设立后的第一篇文章，在这篇文章中，易家钺将劳动问题和女子问题并称为 20 世纪尚未解决的两大问题。在他看来，男女除了生理上之外，在本质上是没有什么差别的，因此"女子问题的本质，就在撤废男女两性间的差别观念"，简言之，就是"男女同等问题"。在此基础上，易家钺将女子问题分为四大类：一，女子人格问题，"男子的大罪，就在侵犯女子的人格。反而观之，女子受男子的侵犯，而莫敢反抗，也不可不谓女子自丧其人格"；二，女子教育问题，"二十世纪的女子，既要与男子平等，就不可不受新式的教育"，包括人格教育和职业教育；三，女子职业问题；四，女子能力问题，"社会学者，主张女子若同男子执行同一职务时，货银具为平等，这是狠公道"。易家钺认为，在中国之今日，人格问题当居首位，其次才是职业、能力等问题。另外对于女子，易家钺也希望她们能够自己解决自己的问题，以"坚断心"和"奋斗心"[1] 来增进她们的幸福。

在另一篇文章中，易家钺更是对苏梅所在的女高师提出了自己的希望。在他看来，女高师是全国最高的女子教育机关，可是"在这个世界改造和解放的时代"，女高师却还是一成不变，未免有变成"时代的落伍者"之嫌。为此，易家钺在文章中对女高师提出以下几个应该从速解放和改良的地方：一，学生书信不可检查，要求恢复女学生的"书信秘密自由"[2]；二，允许学生使用电话；三，迟到不应罚假。在他看来，这三点都是女高师的恶制度，应该尽早废除。

易家钺的家庭研究源于自身颇受家庭压迫之苦。易家钺的父亲叫易顺鼎，字实甫，号哭庵，曾纳粟捐官得二品顶戴按察使衔河南候补道，生平以风流名士自居，买过一个上海名妓，并娶过多房姨太太。易家钺从小与生母一起生活，曾亲见父亲如何虐待自己的母亲，因此心中一直为母亲抱不平。后来易家钺的弟弟在京感染时症，直到病危时其父也置之不理，因此易家钺拒绝父亲的津贴补助，只能靠译书卖文谋生[3]。1920 年他的父亲去世，他作为孝子不肯在葬礼上向每一位来宾磕头，因此遭到许多守旧人

---

① 君左投稿《何谓"女子问题"？》，《晨报副刊》1919 年 5 月 18、19 日。
② 易家钺投稿《我对于北京女子高等师范学校的希望》，《晨报副刊》1920 年 2 月 15 日。
③ 见谢楚桢《一个黑暗家庭的略史》，《家庭研究》1921 年第 1 卷第 3 期。

士的攻击谩骂，并曾引发过一场小小的讨论①。正是这样的家庭环境和成长经历，使得易家钺开始了对家庭制度的研究和批判。在他所撰写的一系列文章中，他对传统的家庭制度进行了猛烈攻击。他称"中国的家庭制度，父母是一家之长，为人子的，都受他两亲的支配，简直与美洲黑奴一样"②。不仅如此，"中国人的伦理、风俗、习惯，又由这些伦理、风俗、习惯影响到政治、经济、宗教、教育上面的势力，都是左祖大家族制度的"③，由此带来了祖先崇拜、婚姻包办等问题。易家钺希望不仅能够打破传统的家庭制度、丧礼制度，同时能够在当时的中国实现通婚自由、离婚自由等主张。除此之外，易家钺还大量翻译了《近代底家庭问题》、《家长》、《杂婚问题》等国外讨论家族制度的文章，为中国的思想界提供可供借鉴的理论和经验。纵观易家钺对于家庭制度和女子解放的种种主张，虽有偏激之处，却对当时的解放运动做出过独特贡献。可是就是这样一位致力于解放事业的青年作家，却对一位尚在求学的女学生写出了种种性别攻击、人身攻击的言辞，不仅和他一贯的尊重女性人格、女性要为自己的人格尊严而战的主张相背离，也暴露出他自身人格上的缺陷。

"苏谢事件"的起因就是苏梅的评论让谢楚桢觉得名誉受到了损害，后来苏梅将战火进一步烧到罗敦伟、易家钺两人身上，在报刊上痛斥两人的言论，等于是让刚刚在社会上小有名气的两位青年人在名誉上也蒙上了阴影，这成为《呜呼苏梅》这篇文章出炉的重要动因。青年们在其后事态的发展中，为了保全名誉的种种作为，让我们对当时文化界新晋才俊的社交状况、人际关系和面对社会舆论的姿态等方面的情况有了更清楚的体认。

《呜呼苏梅》一出，舆论的矛头立即指向作者"右"君。《晨报》的主笔蒲伯英虽然认为这一事件由学理讨论变为个人攻击，已经不再有继续刊载的必要，不过气愤之余，他还是登出了一些读者来信，表达他的态度。其中一位读者痛斥《呜呼苏梅》一文"简直不成话了，轻薄、暴殄、

---

① 见易家钺《一件不可怪的事——磕头问题与挨打问题》，《晨报副刊》1920 年 11 月 11 日；易家钺：《同情的感谢——答"不须"和"适之"两先生》，《晨报副刊》1920 年 11 月 30 日。

② 易家钺：《我对于孝的观念》，《少年中国》1920 年第 1 卷第 10 期。

③ 易家钺：《中国的家庭问题》，《晨报副刊》1920 年 8 月 18 日。

儿戏、尖刻……利用恶社会对于一般娇羞不过的女子，将最不堪入耳的话，使她听到心中难受，精神上受无形的痛苦……我以为此君用心太毒，不仅是我们有希望的青年所不应出此，即毫无知识的人也不应该出此。……这种口吻，简直是同时对于他人或自己的人格宣告破产"①。另一边，《女子周刊》的记者则直接将这篇文章称为"文化界之自杀"行为，"使吾人同时对于男学生界之人格，及文化运动之前途，以至一般主义学说之自命信仰者，均起绝大之怀疑与悲观"。《女子周刊》的记者并在文章中称据说此文出自易某所作，"易某为自号努力妇女解放之人，此种传说，颇不近于事实，然言者凿凿，似若有据，吾人姑援忠告之义，甚愿易君诉诸理性，深自忏悔，勿以一时快感，而自杀其人格之前途"②。由于文章的社会影响太坏，苏梅的启事也频频载于报端，始作俑者《青年之友》方面不得不出面道歉。先是《京报》的东家邵飘萍出面平息事端，认为"右"君的议论极为不当，但邵飘萍同时表明不知"右"君何许人也，只希望他能够对苏梅"有所申明"③。后来随着舆论对《青年之友》的谴责日多，邵飘萍再次出面承担罪责，称因自己"司本报总编辑人之职务，咎无可辞，应负完全责任。除亲向苏梅女士面达诚意外，并在本栏详细声明，免社会对于苏女士有所误会"④。当期《青年之友》还有编辑部的声明一篇，称刊载《鸣呼苏梅》一文，"实因一时仓促，未及审查，以致草率登出，失察之咎，记者对于苏女士实感抱歉"。文中同时提到，"得右君来函，自承此文系感情过盛时，发此狂嚼，事后非常后悔"，《青年之友》的编辑因此希望苏梅能够"一笑置之而不再多费笔墨，深为根究也"⑤。可是文章已经发出，恶果已经酿成，社会上对罗、易二君的批评接踵而至，已经不是邵飘萍等人可以左右的了。

5 月 18 日，《益世报》的主笔，同时也是北大新知书社的经理成舍我以新知书社的名义在《晨报》上发表了特别声明：

① 止水：《我们自己要爱惜新鞋了》，《晨报》1921 年 5 月 14 日。
② 记者：《文化界之自杀》，《益世报·女子周刊》1921 年 5 月 16 日。
③ 飘萍：《应为社会爱惜》，《京报·青年之友》1921 年 5 月 15 日。
④ 《绍振青特别声明》，《京报·青年之友》1921 年 5 月 17 日。
⑤ 《编辑室》，《京报·青年之友》1921 年 5 月 17 日。

北京大学新知书社特别启事

本社编辑主任易君家钺、编辑罗敦伟现因某项问题受有重大嫌疑，纷受股东及关心本社者之诘责。本社为维持二君及本社名誉起见，已函致二君一面请其设法洗刷，一面先请其停止职务。其编辑主任一席，暂由本社经理成舍我君兼代。特此声明。①

声明中虽说是为维护罗、易二君的名誉起见，但停止职务的行为，很难不让人怀疑他们与此事的直接联系。一方面，成舍我其时也不过 20 岁出头，还在北京大学中文系读书，《女子周刊》就是他邀请苏梅和她的同学来参与编辑的；而另一方面，他又是罗、易两人所在的新知书社的董事长兼总经理，因此他的身份在这一事件中成为联系双方的重要节点，事实上，《呜呼苏梅》一文中苏梅的信就是写给成舍我的。他在次日另有一篇以个人名义的启事，详细讲述事件的经过：

所谓密书，即系苏女士致鄙人之一明信片。原文系表明一己息事宁人之态度，嘱转告罗敦伟易家钺二君不必再肆攻击，否则一己亦难退让等语，事极公开，无密可言。当该明信片递到时，适同寓之罗敦伟君在侧，当即取去，云暂假阅，逾一时许，鄙人至易家钺君住室，郭梦良君告鄙人谓君左（即易君）有一骂苏梅过分之文，送至《京报》，劝其修改未许云云，翌日即发现《呜呼苏梅》一文，鄙人当即严诘罗君，何以将苏君明信片作易君骂人资料，罗君百词抵赖，鄙人即将此项情形，拟一广告，又经罗君劝阻，而郭梦良又否认前词，谓送往《京报》系《晨报》之误，并以友谊相劝，十五日罗易二君托鄙人及郭梦良至女子高师敦劝苏梅女士不必宣布"作《呜呼苏梅》者即易家钺"之广告，并允向苏女士极端道歉，以上均为此事之经过情形，鄙人因据外间投函询问此事真相，故据实揭布如左，即希公鉴是幸。②

根据成舍我的说法，一般人几乎都可以推断出易家钺即是《呜呼苏

① 《北京大学新知书社特别启事》，《晨报》1921 年 5 月 18 日。
② 《成舍我特别启事》，《晨报》1921 年 5 月 19 日。

梅》的作者，但罗敦伟、郭梦良既然劝阻了成舍我刊登广告的行为，并去
苏梅处道歉斡旋，成舍我的这篇启事为什么又会登出，原因不得而知，但
至少可以看出罗、郭等人的斡旋并不成功，而成舍我在这次事件中，坚定
地站在了苏梅一边。

面对新知书社的停职决定，当事人罗敦伟和易家钺出面回应。在他们
的启事中，他们将自己参加新知书社说成是"因新知书社一再敦请"而担
任了编辑员的名誉职，一向并未就职，"并再三向该社经理成舍我君口头
力辞"，却一直未获批准。对于如今新知书社这种"未得编辑主任及董事
会之同意"① 就出面予以停职的声明，罗、易两人都表示了颇为不屑的态
度，并称要就声明中"某项问题重大嫌疑"的说法，向成舍我严重交涉。
同时，同属新知书社的瞿世英、周长宪、徐其湘、杨树达、郭梦良、黎锦
辉等人也共同刊登启事，用共同退社的方式，以显示对易家钺的支持。同
日刊登在《晨报》上的众多启事中，还有另外一则：

紧要启事

　　近来外间有人误认《呜呼苏梅》一文系易君家钺所作，想因易君
曾作《同情与批评》一文辗转误会所致。同人对于易君，相知有素，
恐社会不明真相，特为郑重证明。

　　彭一湖、杨树达、熊崇熙、黎锦熙、李石曾、戴修瓒、蒋方震、
孙几伊。②

这些启事和成舍我的说明刊登在一起，相互照应，颇为热闹。一面说
易家钺有重大嫌疑，一面多位青年才俊出面证明易家钺的清白，因此要争
取社会舆论的信任，必须要拿出更多的证据来。针对罗、易等人称停止决
定不具合法性的说法，成舍我再登长篇启事，称共有四十七位社中股东，
如杨钟健、王品青、白子玉、章廷谦、殷烈文等来信、来社谓"《京报》
所载《呜呼苏梅》一文，措词鄙恶，人格荡然"，因此请求将罗、易两人
予以停职。成舍我因"忸于私交"，曾建议二人自动停职，而易家钺不仅

① 《罗敦伟紧要启事》、《易家钺紧要启事》，《晨报》1921 年 5 月 19 日。
② 《紧要启事》，《晨报》1921 年 5 月 19 日。

不答应，更说如果要他离职，将率编辑同人，"相率引退"。成舍我于是召开临时董事会，得到自由处置此事的权力，因此在《晨报》登出了启事，并将与苏梅斡旋的内幕也一并托出。成舍我在声明的最后，深感"处置此事，极感困苦，既不愿使书社宗旨，根本破产，亦不忍私人友谊，完全牺牲"①，对书社的前途，也表示了极大的担忧。

对此，阵营的另一方由另一个关键的证人郭梦良出面应战。郭梦良坚持说易家钺做的与苏梅辩论的文章，是投到《晨报》的，而且"原文至今尚存晨报馆，一按即知，无劳多辩"。另外对于他和成舍我一起去向苏梅斡旋一事，郭梦良也称是由于编辑罗敦伟"自以一时失察，登载该文，事后已觉不安，若又污及良友易君身上，更难为情，故有极端抱歉均无不可之语，其意非成君所言也"②。总之，郭梦良将成舍我所说的"事实"一一推翻，"右"君即为易君的结论也就不成立了。郭梦良一向与罗、易二人交好，他同时也在和苏梅在女高师的同学庐隐谈恋爱，《呜呼苏梅》一文中很多关于苏梅的生活细节应该都是从他这里来的，由于庐隐在这一事件中也帮着郭梦良袒护罗、易二人，因此和苏梅"颇生了一些意见"③。

面对郭梦良的说法，成舍我最后一次出面回应。在启事的一开头，成舍我就表达了自己的痛心和遗憾："我们前几天，受罗易委托，去调解苏梅时，我们不曾说过，就良心论，就事实论，这篇文章，都不能说不是易君所作，不过大家碍着友谊，不能不替他遮饰么？这种态度，在当时我们相差还不甚远，只因为彼此天性和环境的关系，不幸遂使我向良心和事实方面，愈趋愈近，你却专向友谊方面去了，我真替你可惜得很。"在将郭梦良的文章所说的两点疑问进行进一步的澄清之后，成舍我诚恳地说出了自己对于整个事件的态度：

> 我和易家钺、罗敦伟二君，感情很好，想也不在你下。这次的风潮，我才和他两位稍有不合。第一，我不赞成他们因私交的关系，拥护最无聊的谢楚桢《白话诗研究集》，把批评的人，骂的狗血淋头。

① 《北京大学新知书社股东公鉴》，《晨报》1921年5月20日。
② 《郭梦良特别启事》，《晨报》1921年5月20日。
③ 苏雪林：《关于庐隐的回忆》，载沈晖编《苏雪林文集》，安徽文艺出版社，1996。

第二，我不赞成他们把苏梅答辩的文，屏置不登，大有只许我骂人，
不许人骂我的态度。到《呜呼苏梅》一文发表以后，我更大为不满。
但是我还想，只要他们能稍受一点社会制裁，使他们有所儆戒，更能
向横被侮蔑的苏女士切实道歉，我也就可以把一腔义愤，稍为平息。
不料他们始终没有丝毫的觉悟，反处处和我为难，并拿出介绍谢楚桢
诗集的惯技，那许多大帽子，替他们作不负责任的护法。我为形势所
迫，只得和他们断绝友谊了，这是我很痛心的一件事。

有人说，易君现在，虽还没受法律的制裁，但社会上的制裁，已
经使他受了许多痛苦。假使当他做那篇文章时，你和一般朋友，能够
破除情面，力为劝阻，罗君更能不予登载，则天大风潮，自无所起。
你们计不出此，这实在是你们的罪过。现在纵极力替他辩护，可以算
一个忠心朋友，但是忠心的方法错了。我们现在援助易君，最好的方
法，只有请他一方面极力忏悔，一方面赶快跑到外国去，多读几年
书，多一番修养，那时或能得社会谅解，使已失之名誉，仍克恢复。
不然，你们越替他辩护，社会的反感越利害，恐怕不是为朋友，反是
害了朋友了。这个意思，我觉得很有道理。①

成舍我的这番言辞不可谓不恳切，对于其中的大节所在也讲得十分清
楚。成舍我在这一事件中之所以会选择这样的立场，这和他作为一个报
人，对言论者的态度和立场的思考不无关系。他曾经在一篇文章中专门谈
到过作为"社会底向导"的舆论家，所应该具有的态度和修养：

舆论家是要往前进的，不可以随后走的。他是要秉公理的，不可
以存党见的。他是要顾道德的，不可以攻阴私的。他是要据事实的，
不可以凭臆想的。他是要主知识的，不可以尚意气的。②

这段成舍我写于事件发生一年前的文字，成为成舍我在"苏谢事件"
中的表现的最好解释。而此时争论的焦点人物易家钺，也终于出来正面回

---

① 《成舍我敬答郭梦良先生》，《晨报》1921 年 5 月 21 日。
② 舍我：《舆论家底态度》，《时事新报》1920 年 4 月 15 日。

应这一场风波了:

易家铖不得已的最后启事

此次风潮与鄙人丝毫无涉,原无自辩之必要。但此中内幕,有为外间所不知者,或初知之,而又被一二人之偏见所隐蔽者。故不得已登此最后之启事,敬求社会公鉴。

成舍我与鄙人何所仇恨,竟公然捏造许多似是而非之事实,(不屑辩亦不必辩),淆惑听闻。其意无非如外间所传排除异己,勾引私人以为一手包办书社之计,殊不知鄙人早悔无知人之明,急欲摆脱,相逼出社,实获我心,安有诉诸法律,如市侩所测者。但成君初出办事,即视此公共之书社,为一己之私有机关。凡我股东,应早激发天良,急谋解决。在成君亦可借此少息,勿使肝肠毕露,庶经理之地位,亦可保全,在鄙人更不愿从事此种极无谓之争端,虚耗时间精神与劳力。故自此启事登出后,又有捏造事实,如成君所为者,一概置之不理,特此声明。

其后事件的当事人均不再对"苏谢事件"做更一步的申说,但碍于社会舆论的压力,罗敦伟辞去了《青年之友》的编辑一职,易家铖也结束了在北京的文字生涯,南下上海,去中国公学中谋了一个教师的职位。30年代,因文章中有"澡堂子中擦背的和修脚的,大都是扬州人"、"扬州出妓女"[1] 等语,易家铖再次犯了众怒,甚至被扬州市民告上法院,最后只好登报道歉。罗敦伟在晚年的回忆中承认,苏梅在文章中将易家铖类比为狗,易家铖对于这样的辱骂完全不能忍受,因此"一气之下,《呜呼苏梅》那篇名作,在十多分钟之内就脱稿了"[2],只不过文章发出来之后,当时的影响太过恶劣,为避免进一步的名誉损失,两人只好结成攻守同盟,誓死不承认"右"君即为易家铖。

纵观事件的全过程,"苏谢事件"因谢楚桢受到批评名誉受损而起,苏梅人格被辱为名誉力战而升级,罗、易两人因维护名誉起见与身边众青年朋友结成同盟,以种种言辞百般抵赖,而成舍我一方又何尝不是为了维

---

[1] 易家铖:《闲话扬州》,上海中华书局,1934。
[2] 罗敦伟:《五十年回忆录》,中国文化供应社,1952。

护新知书社这一青年团体的声誉，才不惜断绝友谊，揭露真相。这场围绕着名誉展开的论战，虽然就此结束，却让我们看到了当时北京文坛新兴的青年作家之间的种种复杂关系和交往方式，以及面对社会舆论时各自不同的选择和立场；女作家在声势浩大的女性解放浪潮中，因性别身份而被主张两性平等的男性作家攻击，不仅显示出中国现代女性解放运动的艰难与困境，更让我们看到当时青年男女作家之间横亘着的、难以轻易逾越的性别鸿沟。

第三节　"正刊"与"副刊"之间

"苏谢事件"发生之后，社会舆论之所以呈现一边倒之势，除了成舍我的仗义执言，还有两个关键人物在其中起了作用，那就是这些青年们的老师辈人物——胡适和高一涵。

1921 年 5 月 19 日，胡适在日记中详细叙述了自己参与"苏谢事件"的过程：

　　今天我做了一件略动感情的事。有中国公学旧同学谢楚桢君做了一部《白话诗研究集》，里面的诗都是极不堪的诗。他曾拿来给我看，我说这里面差不多没有一首可算是诗，我又说单有白话算不得诗。他后来结交了易家钺、罗敦伟等一班新名士，他们把它捧作一个大诗人，他这部诗居然出版了！出版后，他来缠着我，要我替他在报上介绍，我完全拒绝了他。他后来竟在报上登出这样一个大广告……我看了很不满意于这几位滥借名字的"名人"。后来有女高师大的学生苏梅女士在《女子周刊》上很严厉的批评这本诗集，不料因此触怒了那几位护法小名士，他们在《京报》上大骂苏梅。这场笔战闹的很不名誉，我也不详叙了。后来五月十三日《京报》上又登出一篇《呜呼苏梅》来，署名"右"，用极丑的话骂苏梅。外间人都猜这篇文章是易家钺君做的。因此，易君颇受人攻击，昨日《晨报》上发生一个新知书社的启事，取消易、罗两君的编辑职务。今天《晨报》上登出许多启事，内中我最不满意的是彭一湖等八人的启事。我生平对于社会上滥用名字的行为，最为痛恨。社会既肯信任我们的话，我们应该因此更尊重社会的信任，决不该滥用我们的名字替滑头医生上匾，替烂污书籍作序题签，替无赖少年作辩护。此八人中，熊崇熙先生是女高师的校长，更不应该作这事。一涵也很生气，我与他两人也就做了一则启事，送登《晨报》：

胡适高一涵启事

一湖，遇夫，知白，劭西，石曾，君亮，百里，几伊诸位先生：

今天在《晨报》上看见诸位先生的紧要启事，替易家钺君郑重证明《呜呼苏梅》一文非易君所作。我们对于诸位先生郑重署名负责的启事，自然应该信任。但诸位先生的启事并不曾郑重举出证据，也不曾郑重说明你们何以能知道这篇文章不是易君所作的理由。我们觉得诸位先生既肯郑重作此种仗义之举，应该进一步，把您们所根据的证据一一列举出来，并应该郑重证明那篇《呜呼苏梅》的文章究竟是何人所作。诸位先生若没有切实证据，就应该否认这种启事；熊先生是女高师的校长，他若没有切实证据，尤不应该登这种启事。我们为尊重诸位先生以后的署名启事起见，为公道起见，要求诸位先生亲笔署名的郑重答复。十，五，十九。

……

今晚朱谦之君来，问我能否不登那个启事，我把我的理由告诉他，他就不劝我了。他又说："我是快要出家的人了，我后天临走时登一广告，说《呜呼苏梅》是我做的。"我劝他不要如此，因此这虽是仗义，其实是虚伪。他合十赞成，就去了。

《京报》主笔邵飘萍君打电话来，说他可以完全负责说那篇文章不是易家钺做的，问我可否取消那个启事。我问他，那篇文章究竟是谁做的？他说不知道。我说，那末你不能完全负责。

《晨报》主笔蒲伯英君与那八人中的彭一湖君都打电话来，说易家钺明天可以举出一个定使大家满意的证据来，问我可否把那个启事迟登一天。我说，我的质问是对那八位先生而发的，并不为易君本人。那八位先生还须等到明天方才有证据，这就是我不能不质问的理由。我这个广告是不能延缓的，他们明天有证据尽管举出来。[①]

---

① 曹伯言整理《胡适日记全编》，安徽教育出版社，2001。

胡适在这件事情上之所以"略动感情",着眼点并非在争论本身,而是青年们从宣传《白话诗研究集》到后来的证明启事中,一直"滥用名字"为他人捧场,为"无赖少年"辩护,这一行为直接导致受到广告吸引的苏梅在看过"烂污书籍"后大失所望,进而著文发出批评,才引出这一场大战;也正是这样毫无证据地凭借个人声望替他人担保,用名头来压制普通学生的行为,使胡适对这类历来痛恨的事情再也忍耐不下,参与到论战当中,用行动来维护社会对于名人的信任。胡适对苏谢事件的表态,在很大程度上影响着事态的发展,从他日记所记载的朱谦之、邵飘萍、蒲伯英等人对他的劝说来看,也明显可以看出以胡适当时的社会影响力,公开对八人的证明表示怀疑,将会直接左右社会舆论的方向。

果然,胡适、高一涵的启事一登出来,被质询的八人纷纷感到了舆论的压力。首先是黎劭西致信胡适,声称自己对列于八人之中的事情事先毫不知情,他的名字是被杨遇夫临时加上去的,而"细看所登的启事,不过是友谊的对于个人一种人格的证明",因此希望胡适不要继续追究他个人的责任。接着戴修瓒也向高一涵表示他本人并不认识易君,女高师校长也向蒋梦麟直言他无法回答胡适的质问,当然,报纸上也不会出现他们所说的"使大家满意的证据"。在胡适的日记中,杨遇夫本人后来也当面向胡适承认了自己的过失①。不仅如此,另外几人面对胡适的公开质询,也不得不在报纸上发表致易家钺的启事,要求《京报》方面举出反证来,以使他们能够有证据答复胡适、高一涵两人②,从而在事实上宣告了八人出面证明行动的失败。而苏梅对胡适为了她这一无名小卒挺身而出主持公道的行为大为感动,胡适的这一启事成为两人日后数十年交往的开始。

当时对这些"无赖少年"深感愤怒的,除了胡适,还有李大钊。作为少年中国学会北京总会的召集人,李大钊对会员易家钺的行径以及在社会上的恶劣影响也大为震怒,立即召开了在京八校教职员代表临时会议,经过讨论之后,将易家钺从学会中除名。少年中国学会除了在《晨报》上登出除名公告之外,在自办的《少年中国》杂志上也披露了这一决定产生的过程:

---

① 曹伯言整理《胡适日记全编》(1921 年 5 月 21 日),安徽教育出版社,2001。
② 《李石曾、蒋百里、彭一湖、孙几伊致易君左启事》,《晨报》1921 年 5 月 24 日。

"近日《京报》上发现右君辱骂女高师苏梅一文,吐字淫秽,阅者无不骇怪。各方面均认为易君手笔,而彼亦无以自白。此文直不啻宣告青年人格的破产,于社会前途影响实大。舆论哗然,平素与易君有关系的团体先后宣告除名,本学会自更不能置而不问,重以会内外来诘责者纷至叠来,遂于五月二十日晚上八时,在守常家召集临时会议。出席者为陈愚生、雷孝实、李守常、黄日葵、沈君怡、刘养初、高君宇、章一民、苏演存九人……"①

　　和青年知识界的针锋相对相比,老一辈的新文化人对此事件的态度很一致,他们看到的不仅仅是这一事件对三两个当事人的名誉的影响,更重要的是,这样"滥用名字"、公然辱骂的风气如果持续下去,不仅会影响到青年人人格的健全发展,甚至有可能会葬送好不容易取得阶段性胜利的新文化运动,最终影响的是整个社会的前途命运。事实上,伴随着"苏谢事件"的不断发展,思想界的反思一直也没有停止。在各路人马的声明、启事在报纸的正刊显要位置纷纷登载的同时,新文化人的反省也在报纸副刊上慢慢展开。

　　最早苏梅写作批评文章的时候,因为属于单纯的学术批评和讨论的范畴,因此文章是刊登在《女子周刊》这样的副刊版面上的,AD 的回应文章也登在《青年之友》这一以学理讨论为主旨的副刊上。一直到《呜呼苏梅》的文章登出来之后,相关的声明、启事便迅速转移到了报纸的新闻头版——正刊——上。一方面,《女子周刊》七天才能出一期,进行学术讨论暂且还合适,但当激烈的论辩和对质开始后,副刊的时效性远远比不上报纸正张来得快;另一方面,更重要的是,当时《晨报》、《京报》和《益世报》等报纸的副刊,还以学术讨论为主要方向,一旦事件的性质转变为单纯的人身攻击和诽谤之后,由于造成的社会影响和需采取相应的补救措施,报纸副刊显然无力承担这一公共性的功能,因此也必须依靠报纸正张"广而告之"的功能,来表明自家立场,揭露事情真相。当时在报纸的正张上刊登这样的启事、声明,属广告性质,需要向报纸缴纳一定的广告费,可事件的当事人还是毫不吝惜地在正张上刊登长文,也正是看中了报纸正张的严肃性和公共性,因此不惜大笔花费在报纸头条上以各种启事、声明的方式大打笔仗。这其实也显示出 20 年代北京报纸的发展进一

① 《少年中国》1921 年第 3 卷第 1 号。

步成熟，正张和副刊的功能和涉猎范围日益明晰，报纸的发展也开始朝着
"正"、"副"分明的方向前进。所以，在几方当事人在正张上打得火热的
同时，对这一事件的反思和评论也在副刊上渐渐展开。

易家钺的《同情和批评》一文刚刚发表，就有人在《青年之友》上
发表评论，认为当时的出版界中，批评的威权已然很大，足可以影响到相
关书籍的销路，因此做批评"必须要慎重"。公正高明的批评对作者是监
督，对于读者也是一种向导，是很能发挥作用的。可其时却有人误解了批
判的本意，将"批评和废话、谩骂混为一谈"，这不但是"出版界的不
幸"，更是"批评界的堕落"，因此作者对苏、易两方的言论均有不满。
同时，作者也不赞同为了"同情"而放弃批评的责任，因为批评终归是
"有利无害"① 的。无独有偶，陈顾远也随后在《青年之友》上发表评论，
称只有"对象的批评，才能收到批评底利益；而感情底冲动，实足以为批评
底阻挠"，不可不慎重。在他看来，一方面，"批评为的是求真理，求真理
就得有研究"，这就必须严格界定批评的范围，以免流于"人格的争持"；
另一方面，"出于感情底冲动，便失去批评底根据，称他好，并没有指出好
底缘故，称他坏，也没有提出坏底理由"，也就失去了批评的资格。因此陈
顾远主张"对他人底意见、主张、学说，甚或著作，起初只宜抱着怀疑底态
度，平心静气地和人家去讨论，在没有明瞭他那意见、主张、学说，或仔
细看完他那著作以先，不应大胆地去指驳他，谩骂他，推到他"②。

随着《呜呼苏梅》一文的出炉，评论界对于这种谩骂的升级，也及时
进行了严厉谴责。《骂詈》一文开门见山地质问"握有言论界权威的人非
但不负编辑底责任，并且滥用他所凭借的权威来侵犯人们底尊严，这是正
当的吗？发布匿名不负责的文字来任意污蔑他人底人格，也正当吗？作者
虽能以匿名卸一时的责任，编辑者难道不负责任吗？"③《女子周刊》上的
评论也异口同声地质问："一、骂人是不是应该的事？二、骂人的人是不
是因为骂人更能够表现他的高尚的人格？三、被骂的人是不是因这一骂就
害怕，就退让，就丢了人格？四、这样随便的骂人，于革新运动的前途有

---

① 俞锟：《批评…废话…谩骂》，《京报·青年之友》1921 年 5 月 4、5 日。
② 陈顾远：《对象底批评和感动底冲动》，《京报·青年之友》1921 年 5 月 14 日。
③ PP：《骂詈》，《晨报副刊》1921 年 5 月 23 日。

什么影响，自己曾经想过没有？五、因为别的事，也加在这一件事上而来泄愤，这更是新青年应当做的吗？"①

在事件暂告一段落之后，改版后的《青年之友》刊登了一篇名为《言论家应取之态度》的短文，体现了《京报》的自省精神。作者天倪认为，"言论家的职责，在指导社会，所重者在求一个是非的公允，不在乎求一个笔战的胜负"。既然要求是非公允，就得"平心静气，从学理上，事实上，去求个解决；不可存了个你把我骂得狗血淋头我也就把你骂得个一钱不值"，在作者看来这种相骂，不是言论，更不能指导社会。为此，言论家应取的态度是："一应泯除客气，二应容纳异己。"②

思想界由此事而担忧新文化运动的前途，并郑重提出"言论家的职责、态度"这样的主张，不是没有原因的。文学革命的成功在很大程度上要归功于《新青年》杂志上的诸篇正面立论的文章，同时那些从各个角度颠覆旧文学、旧传统的战斗檄文也发挥了不可替代的作用，可以说，新文化运动的成绩，在某种程度上是先进的知识分子通过数次论战扫清障碍而得来的。不过，相应的问题也同时出现。自《新青年》时代始，论战中的文章就在学理讨论中间夹杂着一些讽刺讥笑的言辞，林琴南固然有《荆生》、《妖梦》这样的攻击挖苦之作，就是新文学阵营内部，"绕着弯子骂人"的也屡见不鲜，在"推倒一切"的特殊年代，这种激烈言辞尚不失为一种斗争手段，自有其积极意义在；但在"革命成功"之后，"嬉笑怒骂"的文风和由文及人的战斗方式的延续，给舆论界的秩序建立和学理讨论的深入带来的影响几何，其实是一个需要重新评估的命题。只是这一工作还未来得及深入展开，受五四运动影响而成长起来的一代新人，已经开始活跃在思想界、文化界的前沿。凭着恃才傲物和年轻气盛，青年人对文学革命时代文风的传承和运用，一旦失了分寸而走向另一个极端，不仅将对现有成果的保持发展带来影响，更会给潜在的反对力量以反扑的机会，这绝对是需要新、老两代人共同面对并积极解决的问题，也是"苏谢事件"带给人们的不多的积极意义之一。

---

① 志道：《读了成平易家钺罗敦伟的启事以后》，《益世报·女子周刊》1921年5月23日。
② 天倪：《言论家的态度》，《京报·青年之友》1921年6月3日。

第六章

"子一代"的成长与反抗：副刊青年读者群的形成

报纸副刊的读者向来是被研究者所忽视的一个群体，这一方面是因为受众研究属于后起步的学科，应该采取怎样的方法进行研究才是科学而有效的，是学者还未解决的问题，另一方面史料中也常常缺乏必要的研究资料，使得研究无法展开。20年代发生在报纸副刊上的两场大讨论中尚保存了一些鲜活的资料，也许可以成为我们研究的起点，为我们提供进入历史的途径。

第一节　20年代北京报纸副刊的青年读者

五四运动中，《新青年》和《新潮》等杂志的理论倡导加上《国民公报》等报纸的呐喊助威，是学生运动取得成功的重要因素。进入20年代，北京的报纸副刊继承了五四的传统，以宣传新思想、新文化为己任，赢得了众多读者的青睐。以本书所讨论的几份报纸来说，《晨报》本为研究系的机关报，但是经过李大钊、孙伏园等的努力，成了新文化运动的重要园地，也使得《晨报》成为北京地区的大报之一，发行量"接近一万份"①。《京报》在孙伏园未主持其副刊之前，发行量只有3000份，不及《晨报》的1/3，但是由于《京报副刊》的推出，因其进步的倾向和丰富的内容，

---

① 孙伏园：《鲁迅和当年北京的几个副刊》，《北京日报》1956年10月17日。

获得了读者热烈的支持，因此虽然《京报副刊》是独立出版的，并不随报附送，可也带动了报纸本张的销量，甚至有一天竟增加了 2000 订户[1]。这从京报馆账簿记录也可以得到验证：《京报》的发行量日常为 4000～5000份，多时可达 6000 多份。1926 年 1 月 17 日《京报》的发行总数是 5320份，2 月 23 日为 4390 份，3 月 30 日为 4300 份。《京报》的发行主要是靠报房代销。以 1 月 17 日为例，本京 3280 份，占总发行数的 61.6%，而订阅数（包括本京与外埠）只占 19.3%[2]，可见它在京城读者中受欢迎的程度。而《世界日报》在《晨报》销量衰落、《京报》被封之后，发行量日益增长，从初期的四五千份，增加到两三万份，成为北京发行量最大的日报，其中绝大部分在北京市内发行[3]。

大的发行量意味着庞大的读者群。20 年代北京阅读报纸副刊的人中，除了那些经常在副刊上发表作品的《新青年》时期的新文化人、大学中的学者教授、从事新闻出版的同行之外，还有一个重要的读者群体，那就是在五四运动中及其之后成长起来的青年知识群体。五四运动落潮之后，《新青年》编辑部南迁，《新潮》的几员大将纷纷出国留学，新文化文坛上暂时出现了空白。这一时期，报纸副刊在很大程度上承担起了传播新思潮、发表新文学实绩、启蒙新青年的任务，而这一任务实现的对象正是新一代的知识青年，20 年代的报纸副刊也都自觉地把青年学生当作自己的想象读者。《时事新报》的广告称"凡学生订阅半年以上者，照码七折以示优待"[4]，已显示出明显的倾向性。《京报》在推出《京报副刊》的时候也把满足学生的阅读要求作为创刊的宗旨："近来我国新闻纸之一大缺点，为学艺趣味之益形淡寞，一般学子，颇感痛苦。本报因欲满足此种需求……增加《京报副刊》一张，专载文学艺术及关于思想学术之各种著作，对于新近作家之作品，尤乐为介绍揭布。"[5] 可见，20 年代北京的报纸副刊读者中，以学生为主体的新一代知识青年是其中重要的组成部分，也是在历来的研究中因种种原因未能得到充分关注的群体，了

---

① 见冯并《中国文艺副刊史》，华文出版社，2001。
② 见孙晓阳《邵飘萍》，人民日报出版社，1996。
③ 张友鸾等：《世界日报兴衰史》，重庆出版社，1982。
④ 《少年中国》1920 年第 1 卷第 1 期。
⑤ 《京报》1924 年 12 月 4 日。

解这一群体的构成、知识结构、思想倾向和阅读趣味，对更全面地考察报纸副刊以及由报纸副刊呈现的 20 年代北京的文学空间，都是不可或缺的。

辛亥革命之后，北京的教育事业得到了很大的发展，北京大学、清华大学、女子师范大学、交通大学、艺专、中国大学等高等学府纷纷创建或扩建，使得北京成为全国的教育中心，北京城中云集了来自全国各地的青年学生①。这些学生不仅改变了北京市民的构成，而且为五四运动和新文化运动创造了条件，打下了良好的群众基础，也使得北京成为反帝反封建的政治运动和思想解放运动的中心。1917 年，蔡元培在北大进行改制，建立研究所，设立行政会议，废门改系，聘请新文化运动中的先锋人物来校任教，实行兼容并包的原则，这一举措的实行和带来的良好效果也推动了全国教育改革的进程。1922 年，壬戌学制颁行，放宽了设立大学的规定，使得北京的专门学校纷纷升格为大学，当时的工业、医学、农业、法政专门学校，先后于 1922 年到 1923 年间改为大学，同时私立大学也有所增加。1921~1926 年，北京的公私立大学由原来的 13 所增至 51 所，增加了近 3 倍。随着学校数量的增多，在京求学的人数也大大增加了。以 1925 年为例，北京的大学和专科在校生为 36321 人，与 1916 年的 17241 人相比，增加了 1.1 倍，而大学及专科毕业生也呈上升趋势，1926 年达 2841 人，比 1921 年的 1428 人增加了近一倍②。

除了正式注册的在读学生之外，更为庞大的新知识人群是那些从全国各地涌入的"旁听生"，这些人或从地方的中学毕业，因为准备投考北京的高校或投考落榜而选择了旁听的方式以求进步；还有些人的教育程度不一，在大学旁听继而成为大学生只是他们可能道路中的一条，这些人往往也因五四运动、新文化运动的感召而来到北京。不过，北京这座城市能够给予这些人的更多的是一种改变自身命运的机会。这些旁听生中有的通过

① 以北大学生为例，1923 年的在校生中，直隶省（现河北省）本地出生者 321 人，约占总数的 14%，江苏、浙江、安徽三省学生各有 184、197、102 人，约占总数的 21%，此外，来自广东（包括华侨）的 231 人，四川 139 人，山东 147 人，可见学生的地域分布十分广泛。见《（民国）11 年度在校全体学生分省分系表》，《北京大学日刊》1923 年 4 月 16 日。

② 相关数据参见郑世兴《中国现代教育史》（台北三民书局，1981）及李华兴主编的《民国教育史》（上海教育出版社，1997）。

在高校中的熏陶感染，靠自己的努力成就了一番事业，如 20 年代在文坛崭露头角的沈从文、丁玲、冯雪峰、柔石等都有在北大旁听的经历，而主编报纸副刊的孙伏园、成舍我、刘半农也曾有过"东斋吃饭，西斋洗脸"的旁听生涯。这些显赫个体的背后，就是数量庞大的以在校生和旁听生为主的青年知识群体。这些青年普遍只有十几二十多岁，他们经历了五四运动的洗礼，受益于新思想新观念的输入，与《新青年》同仁那一代在新旧两重观念的夹缝中苦苦挣扎的情况有所不同，他们可以被称为"五四的一代"。舒衡哲这样描述"五四"青年的特质：

> "五四"青年的经历不同于出生在 1860 年代和 1870 年代初的梁启超那一代的早期改良者，也不同于晚梁一辈人十年出生的陈独秀那样的革命者。这一代学生不像那些摆脱不了 1919 年春悲伤情绪的年长师辈，反而能确切地领悟到爱国主义的政治含义。"五四"青年与 1898 年那一代人也有所不同。那一代人试图依靠一个具有维新思想的皇帝从上而下地拯救中国，但他们失败了。"五四"青年学生深信，他们能够通过唤醒同胞们的社会意识，从下层来挽救中国。"五四"青年与 1911 年那一代人也不尽相同，"五四"青年毫不怀疑地相信，平民百姓身上带有一种奴性的特性，然而反封建革命的参与者却是在推翻皇帝后，发现他们的同胞渴望顺从新帝位觊觎者在礼仪上的权威时，才认知到这一现象。基于几代人的经验，学生们能够充分利用 1919 年的历史机会。他们既是 5 月 4 日游行的参与者，也是被这次游行所模塑者，因此，我们可以恰当地把他们称之为 1919 年的一代。①

舒衡哲将这一代人称作"否定的一代"，这种代际划分是根据社会学家卡尔·曼海姆所提出的"世代位置"（generational location）概念而做出的。曼海姆认为每个人都是由家庭环境、教育机会及一系列历史事件所锻造的，这些事件使他和同时代的这一些或那一些人相关联②。在"五四"

---

① 〔美〕舒衡哲：《中国启蒙运动——知识分子与五四遗产》，新星出版社，2007。
② 参见〔美〕卡尔·曼海姆《文化社会学论集》，艾彦、郑也夫、冯克利译，辽宁教育出版社，2003。

运动中及其之后成长起来的这一代人，虽然是在《新青年》同仁那代人的直接启蒙和指导下成长起来的，但由于这种"世代位置"的不同，他们的思想、感觉及他们所采取的行动都和他们的导师有所不同。如果将《新青年》的那一代作为父辈的话，那么这些"五四"青年则可以叫作"子一代"。这一代人在成长过程中已经普遍接受了新式教育，对于传统思想"中毒"不深，也没有过于坎坷的人生经历；这一代人虽然也有旧式婚姻、传统风险习俗所带来的种种困扰，但相对于父辈来说，他们更有勇气大胆进行反抗，在行动中践行他们的新式理念。

需要说明的是，这所谓的"五四"青年或"子一代"并非当时学生群体的总和。曾有人分析当时北京的大学生，并按照他们的特性将其分成三种：一种是纨绔子弟的残余，多少仍然过着有点奢侈腐败的生活；其次是用功的学生，从事学问比对时事更要专心；第三种则是最受新思想影响的学生。属于第三种的分子大概只占了全体学生的20%，却是最活跃的群体。"这些学生紧紧的注意国外国内的事件，而深深的对社会、文化和知识上的问题有兴趣。与他们的同学比较，他们吸收了更多的西方思想，而且读了更多的西方文学——易卜生、托尔斯泰、莫泊桑、克鲁泡特金和萧伯纳。使命感和怀疑的精神在他们中间流行"①。也正是这第三种人才是"子一代"的主体，才是报纸副刊的主要青年读者。

第二节　青年读者的爱情观——由张竞生引发的讨论

1923 年元旦刚过，报纸上还满是恭祝新年的贺词，而对于北大教授谭熙鸿来说，新一年的到来却充满了波折。1 月 17 日，北大校长蔡元培因"罗文干案"再度愤而辞职，并在《北京大学日刊》和《晨报》上发表了70 余字的辞职声明，声称"元培为保持人格起见，不能与主张干涉司法独立、蹂躏人权之教育当局再生关系，业已呈请总统辞去国立北京大学校长之职，自本日起，不再到校办事，特此声明"。身为北大哲学系教授同时代理北大总务长一职并兼校长室行政秘书的谭熙鸿因为校长的辞职，公务愈加繁忙。然而，更令谭教授伤脑筋的是，在蔡校长辞职的同一天，在

① 周策纵：《五四运动史》，岳麓书社，1999。

发表蔡校长辞职声明的《晨报》上，还有一则他妻子陈淑君的答辩状。

事情要从谭熙鸿丧妻说起。1922 年 3 月 18 日，与谭熙鸿结婚六年的陈纬君因患喉疾和猩红热在京病故，留下了一双弱儿幼女。谭熙鸿因这一打击而病倒，以致其代理北大总务长一职不得不由沈士远暂时接替。3 月 24 日，蔡元培、李大钊、李石曾、王世杰、张竞生、李圣章、丁燮林、李四光、肖友梅、沈士远联名撰发《谭陈纬君夫人行状》，共致哀挽。翌日，又在宣武门外江苏会馆举行追悼会，北京学界同人纷纷与会，该日胡适在日记中写道："与任光，瀛章同到谭仲逵夫人的追悼会"①。同年秋，在广州执信学校就读的谭氏妻妹陈淑君，因陈炯明叛乱，粤局不稳，辗转北上，欲投考北大国文系，由于秋季考期已过，因此暂时旁听，寄居在亡姐之家。约两个月后，时年 33 岁的谭熙鸿与 22 岁的陈淑君结婚。不久，自称与陈淑君曾定有婚约的广州法政学校的学生沈厚培来到北京，不满"未婚妻毁约另嫁"，投书于京城各大报馆，披露此事，还四处散发传单痛斥谭氏无行，陈君负义。1923 年 1 月 16 日的《晨报》刊载了沈厚培的来信：

谭仲逵丧妻得妻　沈厚培有妇无妇

北大教授谭仲逵于去夏丧妻之后，其妻妹陈某女士，因粤中事变，所入学校，陷于停顿，不得已来京转学。陈在粤时，与广州公立法政学生沈厚培相爱，缔结婚约。陈到京后，即寄居于谭宅。相处日久，谭竟时有不当之处，陈屡欲迁居，均因强留不果。其后陈获重病，谭服侍异常殷勤。日久，遂得达与陈结婚之目的。沈得此消息后，乃来京访陈。相见之后，陈即恸哭。日昨沈致函本社，述其经过，嘱代发表。本社以其于社会道德颇有关系，特为披露于后。记者。

编辑先生大鉴，素昧平生，未应函牍。然久仰贵报为言论泰斗，为改造社会中心，为文化前驱，且是书又关于社会风化，故敢直述鄙怀，诸希示教。更请登于报端，以待公评，幸甚。雨在粤时，曾与执信学校陈某女史订下婚约，经双方家庭承认。去年夏，粤局突变，该校大受损失，陈女史遂来京，转学北大。同时雨毕业于广东公立法政

---

① 曹伯言整理《胡适日记全编》，安徽教育出版社，2001。

专门学校，亦拟明年升学北大。特以试期已过，以筹备不及，遂待来
年。彼去我留，相差不过数月。且彼此自信，爱情坚定，当无意外事
也。陈女史到京，别无亲故，人地生疏，只得寄居于其姐丈谭仲逵之
家。谭为北大教授，其前亡妻，即陈女史之姊，而以为陈女史转学
事，得其关照，正可自慰。当时书信往还，其爱情浓厚，乃不减于
昔。且往往于书中述谭种种不庄重及种种逾闲举动，久欲避免，特以
其强留，不便遽去，致失亲谊。其后谭竟向之表示婚意，复被陈女史
拒却者数次，且责谭妻死，骨肉未寒，而迁爱曷足以言爱情，直色欲
耳。我今既与沈君有约，汝不应时时离间。且以名分论，汝尤不当以
逾闲待遇待我等语。其后来书便绝，去书质问者数十次，均无一复。
雨知有故，由是来京观察。到港后一日，突由舍弟交来陈女史一书
云，今日不知何故，大病猝发，谭竟不避嫌疑，以手扶吾腰，骂之不
去。其后病益剧，不醒人事，于蒙昧之中，谭竟与吾结了婚。吾今后
已决东流，不作西归水矣。吾今作了负心人矣。然此非出我愿，爱我
如兄，正不必以是伤心。此后为仍可为兄妹，朋友，幸勿以陌路人相
看耳等语。吾阅毕是信，本无前来之必要，特以余爱未阑，来作最后
之话别。迨晤时他已哭不成声矣。嗟夫，道德沦丧人欲如流，吾方期
置身教育界者，有以正之，不谓竟自蹈之也。谭此种结婚，其为任何
主义许可乎。新旧道德许可乎。雨不敏，敢请教于高明者。专此并颂
著安，春雨沈厚培启。

在《晨报》记者看来，此事"于社会道德颇有关系"，然而对于当事
人谭教授夫妇来说，更是有碍于人格名誉的头等大事，因此在沈信见报的
第二天，陈淑君的答辩状也随即在《晨报》上刊出：

谭仲逵与陈淑君结婚之经过

本报昨日登载"谭仲逵丧妻得妻"一段，顷接谭君夫人陈淑君来
函声明与事实不符，本人所述想自较确，兹特得陈君来函披露于后。

编辑先生大鉴，本月十六日贵报载有"谭仲逵丧妻得妻"一节，
阅之深为惊异。盖所载内容与事实不符，且与我等人格名誉有关，容
特声明，请为更正，以明事实为幸。淑去年夏在广州以非宗教学生同

盟问题，故始与沈君相遇。然以校中功课忙迫，绝少相叙，仅时以书信往还，互相砥砺而已。当时沈君曾屡有求婚之表示，而淑则以彼此交识，为日尚浅，终未应允。及粤局突变，淑即避兵香港时，沈君亦在港，虽常与相叙，然实无婚约也。嗣后淑以粤局不宁，学校虽能继续开办，亦无相甚之维持方法，故即来京转学北大，居仲逵家中，仲逵本先姊之夫也。彼此相处，以相敬相爱之程度日增，并志意相投，故遂自主结婚。今贵报所载沈君之函，其所说与原有事实相背之处，显然可见矣。窃以婚姻一事，纯属自由，何能勉强。今淑与沈君既无婚约之预定，与仲逵结婚，又纯出双方之志愿，而沈君竟以要求不遂，捏造事实，并伪作书信，希图破坏他人名誉，此种行为，淑所不取。且贵报竟据一面之辞，不详究事实，为之披露，并加按语，似非忠厚谨慎之道。淑今切实声明淑与仲逵结婚，纯本乎个人自由，双方志愿，第三者实无置喙之余地。此后如再有此类之函件，及关于此事之无理之批评，淑认为侵犯淑个人之自由，自有法律为之维持，淑则一概不屑为之置辩。此颂台安，陈淑君谨白。元月十六日

陈淑君的辩驳颇为强硬，沈厚培方面也再无新的说法，事情看起来似乎就此结束，不过不管事情的真相到底如何，这桩涉及学界名流的花边新闻显然成了舆论界的兴奋点，谭、陈的联姻被冠以"A 先生与 B 女士事件"，引发了众多讨论。就在沈厚培信件见报的第二天，《京报》第五版"小评坛"上就刊登了一篇题为《谭仲逵事件》的文章，称"近来北京忽发现一极大骇人之事件，但所据仅为一方面之言，特为慎重学者之声誉起见，未即立时接载。但昨日各处闻此事者，咸感受一种非常扰攘之刺激。故不能不略举其要点，以尽批评之责任，至虚实为另一问题，在谭氏未即立时自行声名之前，不能预为剖判也"。文章认为此事给大众"一种非常扰攘之刺激"，"人人得而加以公论者也"，报纸同时也有"批评之责任"，不仅把 AB 事件由私人行为上升为公共事件，同时也为个人和舆论的议论、批评赋予了崇高的正当性，理由是要"为学者洗此瘢痕"①！过了一

---

① 梦：《谭仲逵事件》，《京报》1923 年 1 月 17 日第五版"小评坛"栏。

天，陈淑君的声明见报之后，《京报》仍然认为此事有"进一步之考索"①
的必要，终于在 19 日刊登了一篇《与谭仲逵夫人谈话记》的"来函"，
作为对 AB 事件的进一步求证：

> 自报载《谭仲逵丧妻得妻》一节新闻后，一般敬重谭先生之为
> 人，而未能深悉先生者，听一面之言辞，凭一时之客气，均以白璧微
> 瑕疑之。经谭夫人一度辩正，众疑始释。予以事颇重要，尚欠详明，
> 因亲莅谭府，以求真相，时先生介绍其夫人与予相见，谭夫人力疾对
> 答，状若不胜愤慨者，兹将所谈言语，录之如次：
> 　予曰："总括沈厚培致晨报之函，重要之处，不外两点：一为
> '婚约之有无'，一为'书信之真伪'，请先生详言之。"
> 　谭夫人答曰："予自去夏与沈厚培相识后，彼虽屡次向予求婚，
> 然绝未见许，予以为纵使将来订婚，亦在数年后始可成为事实。婚约
> 既无，则彼所谓'经双方家庭承认者'，果何所指！且予早失怙持，
> 惟寄居四姊家中，四姊于予固纯任自由，而予亦无家庭之可言也。至
> 于书信一层，更属荒谬。予与彼通信，均以朋友自居，互相勖勉。入
> 京以后，曾致彼一书，道及予与仲逵订婚事，且劝彼勿存别种希望，
> 勿以家贫而馁志，务须升学，予当尽友之谊而力助之。纯出好意，毫
> 无过分之言，而彼反伪造书信，以来社会之谤，含沙射人，一至于
> 此，良可慨也！予与仲逵，谊属亲戚，相知已深，感情自厚，结婚一
> 事，全出同意，岂彼要求不遂，捏造谣言者所能非议耶！总而言之，
> 倘真有婚约，与彼函中所述之书信，不妨以电版印出，宣诸国人，否
> 则徒毁他人名誉，于天良，于法律，均所不许也。"②

　　沈厚培方面并未如陈淑君所要求的那样拿出书信的原迹对质，事件到
此告一段落，自始至终谭仲逵并没有公开回应此事，但显然事情闹到如此
地步，与谭教授的身份和地位有着密不可分的关系，社会舆论的矛头也多
指向谭教授作为学者的道德品格以及对社会公众的不良影响，无怪乎事情

---

①　隐：《谭仲逵事件》，《京报》1923 年 1 月 18 日第五版"小评坛"栏。
②　张越石：《与谭仲逵夫人谈话记》，《京报》1923 年 1 月 19 日第三版"来函"栏。

过去三个月之后，同为北大哲学系教授的张竞生还要旧事重提撰写长文维护当事人夫妻选择爱情的自由和权利，并因而引发了现代中国历史上的第一次爱情大讨论①。

　　1923 年 4 月 29 日，张竞生在《晨报副刊》上发表了题为《爱情的定则与陈淑君女士事的研究》的文章，发起了这次大讨论。张竞生首先在文章中提出了爱情的四项定则：有条件的、是比较的、可变迁的及夫妻为朋友的一种。所谓爱情是有条件的是指爱情是由感情、人格、状貌、才能、名誉、财产等条件组成，条件愈完全的，爱情愈浓厚，而条件全无的，则不能得多少爱情的发生。爱情既然有条件，那么就可以进行比较，"凡在社交公开及婚姻自由的社会，男女结合，不独以纯粹的爱情为主要，并且以组合这个爱情的条件多少浓厚为标准"。在张竞生看来，这种把爱情条件相比较来作为选择爱情对象的标准，是人类心理中必然的定则；有比较自然有选择，因为善益求善的心理，所以爱情也不是固定的，张竞生以欧美社会为例，认为男女挑选伴侣的时候时常会有改变，"已定婚的则至解约，成夫妻的或至离婚"，都是很正常的事。最后，夫妻之间的关系与朋友的交合有相似的性质，所不同的是夫妻是比密切的朋友更密切，另外夫妻关系在社会上、家庭上、子女及经济方面都有着更多的联系，这也是不能简单视为朋友关系的。不过，在张竞生看来，这些是夫妻结合之后产生

①　这件事的起因，史家还有不同的说法，因陈淑君和陈纬君均为汪精卫的妻子陈璧君的妹妹，因此"此事闹到如此地步，起因与极力反对这桩婚事的陈璧君暗地推波助澜有关。谭与汪精卫作为连襟，一向互敬，抗战以前并无恶感，但与陈璧君关系不和则由来已久。谭、陈二人个性均甚强，一为平民子弟，一乃富商之女，遇事往往各执己见，互不相让。许多革命党人路经南洋，食宿于陈家，陈常对其随意指挥，客人大多敬让三分。然谭对这位妻姐偏不肯买账，甚而当众驳诘，屡生不快。谭妻病逝，陈原以为这门亲戚就此了断，不意淑君婚事自主，谭成为陈家'双料'女婿，陈璧君愤恨之极，力加破坏。直至1924 年初，谭熙鸿偕陈淑君赴穗参加国民党'一大'，还不得不防范陈璧君派人找麻烦，以致陈氏一族兄亦指责'璧君太过分'。当年的《晨报副刊》编辑孙伏园晚年亦忆述：他 20 年代中期游学法国，适汪精卫一家旅居于此，未几成为汪氏子女的家庭教师，一次闲谈中，陈璧君无意间透露了她插手谭陈事件的情节，'提及谭某言之尚有余愤'，从而知悉'汪夫人竟是幕后人'。有一种说法认为，谭作为孙中山指定的北京代表出席国民党'一大'，却在中央执委的选举中落选，系陈璧君阻挠所致。此事确否待证。陈一向骄悍，汪精卫又有'惧内'之名，谭、汪两家关系因之疏远冷淡，近乎断绝，此种状况至 1935 年汪在南京遇刺方略有转圜"（参见《谭熙鸿一生的两个亮点》，《人民政协报》2004 年 7 月 8 日）。不过本书旨在考察由此引发的爱情定则大讨论反映出的文化意义，不关注事件背后的个人恩怨。

的问题，与爱情的定则无关。有以上四条定则，张竞生得出的结论是"凡要讲真正完全爱情的人，不可不对于所欢的——或在初交，或已定约，或经成婚——时时刻刻改善提高彼此相爱的条件。一可得了爱情上时时进化的快感，一可杜绝敌手的竞争"。从这种理论出发，张竞生认为陈淑君是一个新式的、喜欢自由的女子，是一个能了解爱情及实行主义的妇人，她的爱情所以变迁，全在于受条件的支配，亡姊的幼孩需要她抚养，谭熙鸿的性情温和，其学问、才能、地位都要高于沈厚培，这些都是她改旧择新的原因。

张竞生爱情定则的理论一经发表，很快引来了众多的读者来信加以讨论，从 5 月 18 日到 6 月 25 日短短一个多月的时间里，孙伏园在《晨报副刊》上主持了这场爱情定则的大讨论，集中发表了 24 篇文章、11 封信函，还有 30 多篇文章最后没有发表。在这场讨论中，除了组织者孙伏园和鲁迅发表了个人看法外，绝大部分的意见来自青年读者，来稿中除了没有标注具体院校的之外，来自北京大学的有七件（讨论文四、五、十二、十三、十八、二十二，来信一），北京砺群学院两件（讨论文一、二），朝阳大学两件（讨论文九、二十三），北京法政大学两件（讨论文十五、来信八），精神哲学社两件（来信七、十），北京女子高等师范学校（讨论文十，作者维心是许广平的笔名）、中法大学（讨论文十一）、中国大学（讨论文二十四）、平民大学（来信十一）各一件，合起来在数量上已经超过了总量的一半，通过这些青年读者对爱情定则的看法，可以一窥当时副刊读者的思想面貌。

在这些青年人的来稿中，绝大部分人都不完全赞同张竞生的观点，有的更是加以彻底批判。他们的理由基本集中在四个问题上。第一，一些人认为爱情不是有条件的，而是"一件极神秘不可思议的东西"①。在他们看来爱情是"抽象，整个的，不能用科学的方法来分析，也不是直接的去形容"②，所以"爱情就是爱情，恋爱就是恋爱，绝不应渗入旁的一丝条件，不然，便不能算是真正爱情，纯正恋爱"③。第二，一些人虽也同意

---

① 丁文安：《爱情定则的讨论四》，《晨报副刊》1923 年 5 月 20 日。
② 冯士造：《爱情定则的讨论五》，《晨报副刊》1923 年 5 月 21 日。
③ 丁靳生：《爱情定则的讨论六》，《晨报副刊》1923 年 5 月 22 日。

爱情是有条件的，但是这个条件到底是什么，各人的意见也不尽一致。有的人认为只要有感情就可以，有的则认为只有感性、人格、才能这些精神层面的因素才能作为爱情的条件，而名誉、状貌、财产则不能作数①。因为从物质的层面来决定爱情，是把爱情当作了一种交换物，"作为交换的爱情犯了公认的道德律，本身是靠不住的"②。第三点是关于爱情条件比较上的标准问题。有些人主张比较爱情，只应该以感情为标准，而不应该被物质条件所诱惑③，否则的话"我们的爱情，若因财产而变迁，和卖淫妇有什么分别？地位若有能力变迁人们的爱情，则变迁爱情的人，是不是'趋炎附势'？是不是以自己的身体当作'谄媚品'？"④ 也有人认为拿任何条件作为比较的标准都是不妥的，因为"若是因第三者的财产地位，较胜于所爱之人，便去迁爱，则所爱的，只是属于所迁爱之人的附属物质，并非其人。这是物欲的诱惑不配说是爱情。若是因为第三者知识人格性情比较好些便去迁爱，则不仅仅表示对于原先的爱人的爱情不真不坚，而对于所迁爱之人的爱情，是否真是久远，尚属可疑"⑤。第四，有些论者可以接受张竞生所提出的爱情有条件、可变迁的说法，但他们普遍认为这些定则只适用于订婚或结婚之前，却不能用在已订婚或已成夫妻之后，而他们如此界定的理由往往是从道德的角度考虑的，在他们看来"若是随便毁约离婚，没有相当的理由，就是违背了叫做'信义'，'责任'的公认的道德"⑥。

对以上质疑，张竞生在讨论基本结束之后，专门撰写了一篇长文来加以回应。他认为把爱情引入神秘论中是很危险的，也是他所极端反对的。在他看来所谓神秘的爱情，"不过是一些愚昧的男女，为情欲所迷惑，身入其境的人"，自然没有明确的认识，而旁观者自能明白这所谓神秘的爱情，"终究跳不出生理上情欲的冲动，及心理上感情的作用，和社会制度

---

① 梁国常、张择熙、陈兆畴、陈兆畦：《爱情定则的讨论二》，《晨报副刊》1923 年 5 月 19 日。另见讨论文十一、十二。
② 章骏锜：《爱情定则的讨论十二》，《晨报副刊》1923 年 5 月 27 日。
③ 丁靳生：《爱情定则的讨论六》，《晨报副刊》1923 年 5 月 22 日。
④ 裴锡豫：《爱情定则的讨论二十二》，《晨报副刊》1923 年 6 月 9 日。
⑤ 彭拔勋：《爱情定则的讨论十一》，《晨报副刊》1923 年 5 月 26 日。
⑥ 章骏锜：《爱情定则的讨论十二》，《晨报副刊》1923 年 5 月 27 日。

的规定，三个范围内的条件作罢"，更何况主张神秘论的读者很多也并不能自圆其说。对于爱情的条件到底是什么，张竞生也进行了更详细的辨析。他把爱情界定为"美满无缺的爱情"，因此一切与之相关的，都是组合这个美满无缺的爱情中不可少的条件。感情、人格、才能固然重要，名誉、状貌、财产也都是其中的条件之一。在他那里，他所谓的美满无缺的爱情比那些单以感情为条件的爱情或是仅以感情、人格、才能为条件的爱情范围都要更大、意义更完全，他所说的爱情条件，是以客观的事实为标准，自然也就比主观的爱情条件更严密。由此，张竞生也就得出了他的爱情比较标准——"美满的爱情是以爱情的条件量数最多和性质最浓为标准"。他认为用这一最完备、最浓厚的爱情为标准，作为爱人和被爱人的指南，在男女互相选择的时候，固然应当以此为目的，就是在成为夫妻之后，也应该向这一标准去改良进化。"纵然夫妻间不能从条件的量上去增加，也当从条件质上去增进，这个总是我所说的真正和进化的爱情"。因此以这种最完满的爱情条件为标准，不仅可以提高个人的道德、社会的安宁，而且于夫妻生活的进化、爱情结合的坚固也都不无益处。至于说到这些定则是否适用于已定婚约之后的问题，错误之处则在于论者把爱情和婚姻的制度混为一谈。张竞生认为自己所说的爱情，从理论上说在任何时候皆可适用，无论在什么时期都可以因比较而发生变迁，而那些从婚姻制度和风俗习惯的角度来加以质疑的人则是被婚姻制度的观念所蒙蔽，混淆了爱情、婚姻、道德等一系列概念。

张竞生在把读者的反驳之处一一进行剖析辩解之后，在文章中感慨道：

> 处在我国现时的社会，大多数毫无爱情的夫妻，因为家庭和婚姻的制度所束缚，终是糊里糊涂过了一生，至于新式婚姻的夫妻，能够保守从前未结婚时的爱情已算满足，极少有彼此间互相勉励竭力向上的志愿。所以我特地把爱情定则写出来，使一些男女在选择的时候，应当有一个客观的美满爱情的条件为标准；即在已成夫妻的人，也当知爱情可以变迁的，应当竭力向上，取得一个进化的爱情的诀窍。我以定则为先导，希望人能够于实行上有万一的遵循。这样慈口婆心，忠情热血，自以为于世道人心移风易俗上有极大的裨益。不想尚有诬

赖我是一个引人为恶的人，我不知如何说，才算是引人为善呢。至于他们保守传统的陋说，不知利用定则去改善消化，这些人才是引人为恶哪！①

张竞生字里行间的委屈不是没有道理的，他在答复文章的附注中说及自己对此次讨论答复的态度，一是特提，即有些人的意见与别人均有不同，因此特别提出讨论；一是归类，将彼此相同的意见归类答复；一是默认，即有些意见与己相同，就不再提及；还有一种就是不管，不管的原因是讨论中有少数人是借题胡闹一场，不是来互相讨论的，所以采取不去管它的态度。以上张竞生和读者意见的种种不同，有些是因为文字上的误会，有些属于读者断章取义的强加引申，有些属于逻辑上的混乱，有些也是张竞生语焉不详、概念并不严密造成的。不过不管是读者的不通，还是张竞生的曲高和寡，这些到底还属于学理范围内的讨论，可这场讨论中还有更多的问题反映在张竞生所"不管"的内容中。

孙伏园在发表读者来稿、展开这次讨论之前，曾经做过如下说明：

> 本刊登载张竞生君《爱情的原则与陈淑君女士事的研究》一文以后，本希望青年读者出来讨论。直至今日为止，已收到以下这许多篇。不过很使我们失望，里面有大半是代表旧礼教说话，可见现在青年并不用功读书，也不用心思想，所凭借的只是从街头巷尾听来的一般人的传统见解。中有错误及必须解释的地方，当于登完以后由张竞生君撰文答复。

孙伏园对这次讨论中读者的表现明显表示了不满。在大部分的讨论文章登载完毕之后，一位署名钟孟公的读者来信，建议停止这场讨论，因为这些文章"除了足为中国人没有讨论的资格的左证之外，毫无别的价值"，在他看来，"那些投稿者虽然都自信他所说的是至理名言，但也要编辑人加以别择，若有太说不过去的话应当没收不要发表，不但是体惜读者免得白费精神，也是体惜作者省得献丑。现在先生把来稿完全发

---

① 张竞生：《答复"爱情定则的讨论"》，《晨报副刊》1923 年 6 月 20、22 日。

表，不问说的是什么话，即使不是故意的叫青年出丑，也未免稍缺忠厚待人之道"①。另一位读者也有类似的感受："旧剧中的小丑似的，一登场便信口地无理笑骂，在这次讨论的人员，至少有二分之一是这样的态度。他们对于这么一个重大的——也可说是切身的——问题，全不凭点学理说几句近情近理的话……这也配来讨论吗？我不禁要替神圣的爱情呼冤呢！中国的知识阶级，中国的新青年呵！……我这样的略为指摘，并不是有意刻薄一般青年，诚以那些近于无理取闹的讨论，登在我所爱读的副刊上，不看又不放心，看了除白抛几分光阴不上算，还要惹许多无谓的烦恼呢。"② 对于这样的意见，孙伏园再一次回应道"在当初收到十余篇讨论爱情定则的文字的时候，我的意见也与钟君差不多……后来实在等不到好东西，只得加了几句按语……暂且发表"。孙伏园主持这场讨论的初衷，本是想仿照英国公开讨论的风气，在他看来，"只要文法与论理上并无明白的错误，意见的差池究竟没有确切的标准"，更何况"听者一定有抉择的能力，决不会有人去盲从他们"③。然而如今讨论的结果并没有达成"真理越辩越明"的效果，反而引发了读者的反感，因此孙伏园决定选择剩下的有发表价值的文章，在三五日内登完，结束这次讨论。不过一直关注着这场讨论的鲁迅，却在看到孙伏园有意结束之后，写信表达了不同看法：

> 先前登过二十来篇文章，诚然是古怪的居多，和爱情定则的讨论无甚关系，但在别一方面，却可作参考，也有意外的价值。这不但可以给改革家看看，略为惊醒他们黄金色的好梦，而"足为中国人没有讨论的资格的左证"，也就是这些文章的价值之所在了。
>
> 我交际堪少，能够使我和社会相较的，多靠着这类白纸上的黑字，所以于我实在是不无益的东西。例如"教员就应该格外严办"，"主张爱情可以变迁，要小心你的老婆也会变心不爱你"之类，着想都非常有趣，令人看之茫茫然惘惘然；倘无报章讨论人是一时不容易

① 钟孟公：《关于爱情定则讨论的来信二》，《晨报副刊》1923 年 6 月 13 日。
② 《关于爱情定则讨论的来信三》，《晨报副刊》1923 年 6 月 13 日。
③ 《记者附答》，《关于爱情定则讨论的来信三》，《晨报副刊》1923 年 6 月 13 日。

听到，不容易想到的，如果"至期截止"，堵塞了这些名言的发展地，岂不可惜？

钟先生也还脱不了旧思想，他以为丑，他就想遮盖住，殊不知外面遮盖住了，里面依然还是腐烂，倒不如不论好歹，一起揭开来，大家看看好。①

鲁迅的意见是这场讨论中的一些文字虽与论题无关，却反映出当时一部分青年人的真实状态和想法，并且主张与其遮盖，不如客观面对。孙伏园与鲁迅所不满的，也就是张竞生"不管"的内容，那么，在这里也不妨列举数例，"大家看看好"：

A君既为北京大学校教授，既自身受过高等教育又为全国最高学府的师表，处在全国的一个模范领袖人物的地位，他的一举一动，对于世道人心都很有些影响，所以他受道德的制裁，应该比普通一般人严紧得几倍。……现在A妻死未久就续婚，真是毫没有高尚道德的观念了！……这种不相当的婚姻，不但是新式婚姻所不容的，就是旧式最腐败的婚姻，也是大家所不赞成的，而A竟自行之，试问他还有什么道德？……张先生竟作出一篇荒谬的文章，直接解释B的爱情是合理的，间接就是说A的婚姻是正当的；称赞一个为恶的行为，就是奖励社会去作恶，这种议论发出来，对于世道人心有莫大的危险，所以张的这种议论，是不得不痛驳之。②

现在中国社交公开和男女恋爱不过才起点萌芽，就出这些怪头怪脑的事。一说不上社交，二说不上恋爱。发生这种不好的事，希望遮掩都无法，而张君公然说是爱情。未免把爱情二字，太看易了，是我辈青年最不幸的事！……张君又说，夫妻是一种的朋友，可离可合，可亲可疏，不是一人可专利可永久可占有的。我又问一问张君，你的妇人不是你专利，永久，占有的。有人欲向你借，可否？③

---

① 《关于爱情定则讨论的来信四》，《晨报副刊》1923年6月16日。
② 梁国常：《爱情定则的讨论一》，《晨报副刊》1923年5月18日。
③ 子略：《爱情定则的讨论七》，《晨报副刊》1923年5月23日。

AB 的知识，年龄，情形……不相当，他们绝对谈不到爱情——狭义的，这是不用说的，就是以 A 君处大学教授的地位，丧妻未久，同一个与他人已有婚姻的女子去结婚，不能不受言论的制裁，张君偏要为一二人之私，破坏质朴的风俗，还要说什么"爱情定则"，真正可叹！……AB 的结婚，是有背道德，这是众口一词的，以张君的那篇大文章而论，张君的人格，也应该和 AB 二人画一等号吧！……孔子若生在今日，一定要以杖叩其胫，而加以始作俑者的征号！①

爱情的条件是有的，是比较的，可变迁的，夫妻为朋友之一种（注意：不是说夫妻必定要经过朋友的一个阶段），那么尽可以将订婚结婚这种手续废去，何必找许多麻烦？实行"乱交"好了！因为今天和甲订婚，明天或许和乙订婚，那么回过来和甲退婚，这件事不是多找麻烦？结婚也有一样的麻烦。实行"乱交"，可以省去许多麻烦，省多少时间。②

上面几段或是拿传统道德的大帽子压人，或是不分青红皂白直接进行人身攻击，或是阴阳怪气胡乱引申，完全没有自由讨论的精神，甚至也不能保持一种客观、学理的态度，难怪这些古怪的言论会让孙伏园觉得"现在青年并不用功读书，也不用心思想"。

孙伏园、鲁迅的失望不是没有理由的。晚清以降，女子解放、婚姻家庭制度改革等问题一直就是知识分子关注的重点，五四新文化运动中，围绕着婚姻、恋爱、贞操等问题的讨论更是从没有间断，《新青年》杂志上刊登的胡适的《贞操问题》、鲁迅的《我之节烈观》、周作人翻译的《贞操论》、胡适和罗家伦翻译的《娜拉》等文章都显示了新文化人所做的努力。其时的报纸上也经常就社会上发生的拒婚、退婚、女子自杀等问题展开热烈讨论，同时抨击传统婚制、提倡自由恋爱的剧目，如《娜拉》、《终身大事》等也在各地上演。婚姻、家庭的革命搞得如此轰轰烈烈，自由恋爱的观念深入人心，然而现实当中的青年在面对这样一个事件时的表现，却很难说体现了革命的实绩。当然，张竞生的理论在某种程度上有些

① 张畏民：《爱情定则的讨论十七》，《晨报副刊》1923 年 6 月 3 日。
② 黄慎独：《爱情定则的讨论二十》，《晨报副刊》1923 年 6 月 6 日。

超前，这和他本人的经历有关。张竞生出生于 1888 年，早年间跟随孙中山参加革命，辛亥革命成功后成为南京国民政府公费资助留洋学生中的一员，在法国求学 9 年，取得了巴黎大学文科学士和里昂大学哲学博士的学位，当然也感受了法国自由浪漫的气氛，这对他后来的爱情观和性观念都有一定的影响。1920 年，张竞生学成回国，次年即接受蔡元培的聘书任北大的哲学教授。总体来说，张竞生和鲁迅、周作人、胡适等人有相似的经历和背景，属于同一代人，也即相对于青年读者来说是父辈的一代，因此他们在一些问题上是有着相似的理念的。鲁迅曾经在给许广平的信中谈到他对张竞生的看法："张先生的伟论，我也很佩服，我若作文，也许这样说的。但事实怕很难，我若有公之于众的东西，那是自己所不要的，否则不愿意。以己之心，度人之心，知道私有之念之消除，大约当在 25 世纪"①。周作人对张竞生的观点总体上也是赞同的："无论他的文句有怎样不妥的地方，但我相信他所说的'凡要讲真正爱情的人不可不对于所欢时时刻刻改善提高彼此相爱的条件，一可得了爱情上时时进化的快感，一可杜绝敌手的竞争'这一节话，总是十分确实的。"② 在张竞生发表长篇答复的同时，周作人也在《晨报副刊》上发表了名为《没有条件的爱情》的文章，里面讲了一个痴人爱上了一个女吊颈鬼的故事。周作人认为因为女鬼是美丽而且具有女性的条件，所以能被他所爱，假使全无条件，就不能发生痴人的爱慕了，也算是对张竞生的一种声援③，即使是后来张竞生出版《美的人生观》引来了一些非议，周作人也还是对他的工作给予了肯定④。

如此说来，这场讨论实际上成为父子两代人的一次正面的碰撞与交流，结果是经过了五四的洗礼和新文化运动的持续熏陶之后，新一代的青年并没有向作为启蒙者的父辈们所想象的一样得到进益，反而在某些方面比自己还要保守、幼稚，这种情况正如鲁迅所说的惊醒了改革家黄金色的好梦，提醒着父辈们在肩扛封建闸门的同时，也仍然不能放弃启蒙的工

① 《两地书》，载《鲁迅全集》第十一卷，人民文学出版社，1981。
② 高瑞泉编《理性与人道——周作人文选》，上海远东出版社，1994。
③ 见荆生《没有条件的爱情》，《晨报副刊》1923 年 6 月 20 日。
④ 周氏兄弟后期对于张竞生的看法有所改变，参见张晓维《张竞生与周氏三兄弟》，《团结报》2000 年 10 月 10 号。

作。同时，这场讨论也让我们看到 20 年代北京副刊的青年读者群内部，有着更为细微而复杂的面相，不能一概论之。

第三节 "爱读"与"必读"之间——
青年读者群的形成

1925 年元月 4 日，孙伏园在《京报副刊》上发起了"青年爱读书"和"青年必读书"两大征求活动，此时距他因"抽稿风波"离开《晨报》后受《京报》主编邵飘萍邀请主持《京报副刊》刚刚一个月的时间，因此这次征求活动很可以看作孙伏园新官上任后的第一个重大举措。在主持《晨报副刊》时，孙伏园就很善于在副刊中围绕读者感兴趣的问题发起讨论，如科学与人生观的讨论、爱情定则的讨论、"新某生体"的问题、"丑的字句"的问题等，这些讨论常常能够激发起读者参与的兴趣，也把副刊的版面搞得热闹活泼。这次的征求活动，孙伏园很敏锐地抓住了学者和青年这两种在副刊读者中最重要的力量，使报纸副刊再一次充当起两代人交流、沟通的媒介，不仅得到了两方积极的回应，掀起了又一次的讨论高潮，其具有社会调查性质的征求结果也为史家了解那个时代知识青年的阅读趣味和眼光提供了难得的历史资料。

1925 年 1 月 4 日，《京报副刊》以《一九二五新年本刊之二大征求》为题，刊登了发起征求活动的文章，其征求的内容是：

（一）青年爱读书十部——是希望全国青年各将平时最爱读的书，无论是那一种性质或那一方面只要是书便得，写出十部来填入本报第七版所附卷内，剪寄北京琉璃厂小沙土园京报社副刊部收。如果举不到十部，则十部以下亦可，但希望不要出十部以外。一月二十五日截止，二月一日起在本刊上宣布征求结果。

（二）青年必读书十部——是由本刊备券投寄海内外名流学者，询问他们究竟今日的青年有那十部书是非读不可的。本刊记者耳目容有未周，热心学术诸君如有开列书单赐下更所欢迎。二月五日截止，二月二十日起逐日在本刊上宣布征求结果。

紧接着在给读者的答复中孙伏园阐明了发起这次征求的初衷和目的："'青年必读书'，这个观念在无论那一个教员的脑筋里大概都有罢，而且，或者已经时时对他们的学生说过罢，现在我就想把他们各家的意见汇集起来，使全国的青年学子知道。'必读书'与'爱读书'，在从前旧教育制度之下，一定是冲突的。现在不知怎样。我所以同时征求，希望将来求得的结果，能给全国的教育家和青年们一个参考。"[1]

征求的告示甫一登出，就引来了读者的兴趣，青年读者纷纷表示了对这种征求活动的支持，有的说"京副的两大征求，极有意思。这类举动在外国每年都要举行一二次。因为我们可以由研究的结果知道现代多数青年人学问趣味之倾向；而一国文化的特征亦能窥其大概。我所以非常赞成，并且高兴。第二种征求，尤属重要。我希望先生尽量地采访咨询，精密地研究，叫它早日发表，使吾人得着一块指路碑，不致枉钻黑洞，空耗脑力"[2]，有的更是抱怨"现在爱读书的青年们，大率都是苦于不知读什么书，苦于无人介绍给书读。但终是要读的，所以见书便读，闻书便买，结果一书到手，读过后，竟觉无甚价值，反觉后悔，想当初不该买这书，更不该费若大时间去读它；亦或一书到手，读不上几页，竟觉索然乏味，便掷下不读。我就是饱尝这种滋味的一个，这种情形不知道遇着了多少次，时间金钱虽耗费不少，而所得的利益却是有限呢！贵报这种'征求'，实在是有益的，确实是必要的"[3]。

不过很快，当时在北京师范大学读研究生的汪震给孙伏园写信表示了疑问："你所谓青年是指的那一个时期的青年呢？普通青年的划分大约自十三岁到三十岁以前为止，这个时期都是青年。但是在中国有一点不同，我在青年会里看见的青年有许多是嘴上长了黑漆漆的胡须，额角上露出斑白的鬓来，他们的年龄大约快到六十了。现在把这些六十岁的青年缩短成

---

① 《伏园敬复·两大征求的疑问》，《京报副刊》1925 年 1 月 6 日。
② 尚惜凡：《关于二大征求的来信》，《京报副刊》1925 年 1 月 8 日。尚惜凡（1899 ~ 1966），1922 年秋考入北京中国大学哲学系。在校时所著的鲁迅研究学术论著《〈语丝〉的作风》在学术界产生了一定影响。
③ 田瑞璐：《青年必读书与饱学爱读书》，《京报副刊》1925 年 2 月 18 日。文末署"师大"字样。

五十三岁，这青年的期间是自十三岁至五十三岁——四十年……四十年的
风风雨雨，一个时期一个时期的经验不同，你所指的是那一个时期呢？在
这一个时期必须读的十本书在另一个时期果然是必须读的吗？"① 针对汪
震的问题，孙伏园作了界定："'青年爱读书'是希望全国的中学生大学
生和与大中学生年龄相近的人投票，'青年必读书'是希望热心教育的学
问家著述家和全国的中学教员大学教员投票的。所以我的青年定义非常简
单，就是中学第一年和大学末年级的年龄以内或相近的人。但是年近六十
的老青年的投票也并不拒绝，好在票上有年岁一项，计算时可以特别提开
的"。针对"何为青年"的问题，除了年龄的界限，也还有一位法政大学
的学生提出另外的疑问："标题之中'青年'二字，是否连妇女亦包括在
内？若单指男性的青年，则范围似嫌过狭！"② 面对如此令人啼笑皆非的
问题，孙伏园的回答颇为风趣："'标题中之'青年'二字，是否连男子
也包括在内？若单指女性的青年，则范围似嫌过狭！'这话的意义与李先
生的第一问完全一样，如果李先生以为这话无答复之必要，那么，李先生
的第一问，我也无答复之必要了。"③

"青年"的问题说明白了，对于"十部"这一数量的限制，读者也有
不同的意见。有人认为"'爱读征求'何以必先悬出十部之数"，因为
"'爱读十部征求'的暗示极易引诱应征者之手腕，使不填满十格不
止——先列入爱读书，最后凑上几部不十分讨厌者，或只蒙时贤品定的与
自己脾胃未必适合者。如此则全目中的'爱读'比应有的，要淡得不
少"④。读者的意见让孙伏园认识到也许"十部的前列与后列两者的'爱
度'是有差别的"，因此他加以修订，"说爱读书十部的'十部'二字只
是最大限，举不到十部的尽可从缺"⑤。也有人说"爱读书十部太多，而
必读书十部则太少了。不及十部，则凑足之；不只十部，则遗漏之。前者
弊在非正确的测验，后者弊在非完备的标准"，因此他主张不管是爱读书

① 汪震：《两大征求的疑问》，《京报副刊》1925 年 1 月 6 日。
② 李君度：《又有两个疑问》，《京报副刊》1925 年 1 月 10 日。
③ 《编者敬答·又有两个疑问》，《京报副刊》1925 年 1 月 10 日。
④ 杨天木：《论二大征求（二）》，《京报副刊》1925 年 1 月 12 日。
⑤ 《编者由按·论二大征求（二）》，《京报副刊》1925 年 1 月 12 日。

还是必读书都要"加以严格的最高程度——指该书的客观的（必读书）或主观的（爱读书）价值——的限制，而不必拘应征者于一定的数目的范围以内"①。

相对来说，什么才是青年自己的"爱读书"，各人有各人的看法，不必多论，但"必读书"是否应该有一个统一的标准也是读者关心的问题。有人认为，所谓大学生或中学生必要读的书，"学校必修科所用的课本就是了"②。对于这种观点，有些读者则不以为然，"课程上所读的书，是为研究某种学问而设的（中学虽然不同，也是为将来研究学问的准备）。课外的读书，是为普通一般国民应该有的常识而设的，无论学工学矿学医……非具有此等常识不可。伏园先生征求青年必读书的意思，或者在此（?）"③。

其实不仅是青年读者有这样的疑问，那些要提交"必读书书目"的学者们，对于"必读"的标准，也是各有各的理解。梁启超在他提交的书目附注中声明他选择的标准是："一，修养资助；二，历史及掌故常识；三，文学兴味"，并称"近人著作、外国著作不在此数"④；李小峰对必读书的理解则是"中学程度以上的青年，或升入大学，或为社会服务，要做一个思想和人格健全的国民所读之书"⑤；刘子云则更看重"有浓厚的趣味，能引起青年热烈的情绪，且能供给现代的知识为主"⑥。邵元冲将选择的标准列为五项："（一）给他们一点读书的方法和思想的经验，（二）平民

---

① 朱大枬：《关于二大征求的一小请求》，《京报副刊》1925年2月20日。朱大枬是北京师范大学附中的学生，与蹇先艾、李健吾同班，当时只有18岁。他在1923年与蹇先艾、李健吾发起成立文艺团体曦社，出版不定期刊物《爝火》，曾在《晨报副刊》、《京报副刊》上发表过诗作。

② 李霁初：《必读书的疑问》，《京报副刊》1925年2月18日。

③ 梅龚：《代答"必读书的疑问"》，《京报副刊》1925年2月20日。梅龚（1901～1934），名李梅龚，又名李兴炽，湖南省浏阳县人。1918年考入北京医专，后转入北京大学德文系学习。他参加过五四运动，是北京大学马克思学说研究会发起人之一，北京共产党小组成员，在中国第一个翻译《共产党宣言》。1925年李梅龚受北方区委的派遣赴苏联莫斯科东方大学学习，同时从事翻译工作。因此后来在《京报副刊》发表《读〈呜呼中国的青年〉》时，文末署"在外国"。

④ 梁任公：《青年必读书二》，《京报副刊》1925年2月12日。

⑤ 李小峰：《青年必读书四》，《京报副刊》1925年2月15日。

⑥ 刘子云：《青年必读书二十五》，《京报副刊》1925年2月25日。

政治的常识，（三）科学的常识，（四）国家的常识，（五）中外历史的常识"①；周长宪则认为无外乎"（一）训练青年正确的思想；（二）确定青年的人生观；（三）促起青年对于近代思潮的了解与觉悟；（四）养成青年对于文明史的行为罢了"②。基本上，上述最后两位的意见基本可以代表大部分开列"必读书目"的学者的主流标准和看法，不过也有一些学者把"必读"的范围各自进行了变通，比如有的人认为"中国人，其必不可缺读之书，自以中国的为范围"③，沈兼士则把"青年必读书"限制在"中国青年在学校讲义之外关于本国历史所必需的最低限度的知识"④，李仲广开出的是"青年研究文学必读的十部书"⑤，而顾颉刚交出来的也是"有志研究中国史的青年可备闲览书十四种"⑥。这种将必读书目偏重于某一方面的倾向也并非少数。清华学院的罗德辉就抱怨说："胡适之先生所选的书目偏思想——也可说是偏哲学。梁任公先生偏史学……周作人先生偏文学……马幼渔先生太偏学术"⑦，无怪乎徐志摩要说"这次征求的意思当作探问各家书呆子读书的口味倒是很有趣的"⑧，而江绍原也说"你们所能征求到的，不过是一些'海内外名流硕彦及中学大学教员'爱读书的书目而已"⑨。

　　虽然"青年必读书"这样的命题存在着这样那样的争议，但不管怎样，必读书的书单还是被一一交来，从 2 月 11 日到 4 月 9 日近两个月的时间里，孙伏园在《京报副刊》上把 78 位先生开出的"青年必读书目"一一登出。在列书单的 78 个人中，大部分都是当时各界的知名学者，包括胡适、周作人、徐志摩、马幼渔、沈兼士、张竞生、梁启超、李小峰、江绍原、鲁迅、林语堂、顾颉刚、张东荪、俞平伯、周建人等。由于各自治学的专业和个人的眼光趣味不同，所以这些学者开出的书单涉及的书目

---

① 邵元冲：《青年必读书四十二》，《京报副刊》1925 年 3 月 2 日。
② 周长宪：《青年必读书六十一》，《京报副刊》1925 年 3 月 21 日。
③ 王劼刚：《青年必读书三十四》，《京报副刊》1925 年 2 月 25 日。
④ 沈兼士：《青年必读书十三》，《京报副刊》1925 年 2 月 25 日。
⑤ 李仲广：《青年必读书十六》，《京报副刊》1925 年 2 月 28 日。
⑥ 顾颉刚：《青年必读书四十一》，《京报副刊》1925 年 3 月 1 日。
⑦ 罗德辉：《青年必读书五十四》，《京报副刊》1925 年 3 月 14 日。
⑧ 徐志摩：《再来跑一趟野马》，《京报副刊》1925 年 2 月 16 日。
⑨ 江绍原：《青年必读书八》，《京报副刊》1925 年 2 月 19 日。

极广，不约而同的情况并不多见，现根据研究者的统计①，将有 3 人以上（含 3 人）开列的书目列表如下，以见全貌（见表 6 - 1）。

表 6 - 1 《京报副刊》上刊登的"青年必读书目"统计

人数	书 目
9	《汉书》
8	《四书》、《结婚的爱》、《欧洲近百年史》
7	《东西文化及其哲学》、《中国近百年史》、《历史大纲》、《科学方法论》、《古文辞类纂》、《互助论》、《思维术》
6	《墨子》、《呐喊》、《上下古今谈》、《种源论》、《建国方略》、《独秀文存》、《论衡》、《昭明文选》、《红楼梦》、《传习录》
5	《严译社会通诠》、《社会学及现代社会问题》
4	《社会主义讨论集》、《政治学大纲》、《（日用）百科全书》、《蔡元培言行录》、《自己的园地》、《伦理学》、《许氏说文解字》、《毛诗》、《经史百家杂钞》、《十八家诗钞》
3	《尔雅》、《楚辞》、《日知录》、《明夷待访录》、《自助论》、《西游记》、《宋元戏曲史》、《西洋哲学史》、《孙中山著作》、《先秦政治思想史》、《中国历史研究法》、《申报 50 年纪念册》、《新文化辞典》

从表 6 - 1 的统计可以看出，国人的著述明显要多于西人的学说。在西人的著述中，虽然很多学者开列的都是原文书，甚至有潘家洵这样的学者十本都是外文原著，但更多的则是翻译类的著作；而国人的书单则以古文经典占了大部，时人的著作入选的只有胡适、鲁迅、周作人、孙中山、梁启超、吴稚晖、陈独秀、梁漱溟等人的书。如果取前十位作为"青年必读书十部"的话，问题就会显得更明显，十本中有七本是古代典籍，而且也占据了前三的位置，其他三本分别是胡适的著作两种，西人的著作一种。

面对这样的征集结果，一部分原本抱有很大期望的青年读者明显表示了不满，下面这几位青年的话可为代表：

产业幼稚文化落后的中国之下的青年，他应有特别的任务；负指

① 见刘超《读中国书——〈京报副刊〉"青年必读书十部"征求书目分析》，《安徽大学学报》（哲学社会科学版）2004 年第 6 期。作者为了尊重当时开列书目的原貌，也为了统计方便，将《孟子》、《论语》和《四书》分列；同样，《建国方略》和《孙中山著作》也分列。

导青年们的学者们也应当特别注意这一点。料想不到在"青年必读书"里面，学者先生们竟选出有这样的书——新约，旧约，老子，庄子……

中国的社会情形，政治状况，尤其是思想界——宗法社会及封建制度一切的传统的思想，不但没有打倒，且更显蒸蒸日上的现象了。在这种状况下的青年，惟他能负这挽救的重大责任。训练青年这种活动，学者先生们是应该负的——受"青年必读书"征求的学者们更应该特别注意这一点！但是他们现在所制出来的这些东西，不但非所需要，且更助恶势力的增长，麻醉青年！①

也有人怀疑这次征求的结果会害多而利少，因为：

在现社会两重压迫——国际资本式的帝国主义和国内为帝国主义走狗的封建式的政客武人——下面生活着的我们的中国青年，还应向字纸篓里去寻甘蔗咀嚼的生活而消灭或减少他们的反抗精神么？看呀！这八次征求的结果，大都是字纸篓里的蔗渣……故纸堆堆，我认为无待多人去漫游的必要，尤其是现代的青年。中国青年，是中国今日的公民，是中国将来的文化创造者，什么老子，庄子，墨子，荀子，汉书，后汉书，以及唐宋诗醇，和王阳明传习录等等，这如何还可以化青年的脑力，作为现时代的必读品呢？②

当时的青年有这样的激烈反应实在是无可厚非。1925 年前后，新文化界陷入了自五四以来最低迷的时期，"整理国故"、"读经运动"的提倡使得文化保守主义的势头高涨。周作人在刚刚开始登载必读书目的第四天，就在《京报副刊》上发表文章，指出"这几年来民气的趋向是在于

---

① 涤寰：《青年必读书的疑问》，《京报副刊》1925 年 2 月 26 日。涤寰是万嘉坤的号，20 年代初就读于美术专科学校，毕业后考入商务印书馆影戏部，1926 年入长城画片室与其兄万超尘、万籁鸣、万古蟾（即著名的万氏四兄弟）合作创作出我国第一部无声动画短片《大闹画室》。1964 年上海美术电影制片厂出品的《大闹天宫》就有万氏兄弟参与制作。

② 弗里曼：《字纸篓里的蔗渣》，《京报副刊》1925 年 2 月 27 日。

卫道爱国。运动恢复帝号，是曰尊王；呼号赶走直脚鬼，是曰攘夷；非基督教，是曰攻异端；骂新文化，是曰辟邪说；这些都是圣人阴魂的启示，更不必说学艺界上的国粹，东方文化，传统主义等等的提倡了。总而言之，统而言之，这全是表示上流社会的教会精神之复活，热狂与专断是其自然的结果，尊孔读经为应有的形势表现之一，其他方面也有举动可毋庸说"①。反观胡适书目中的《老子》、《墨子》、《论语》、《论衡》和梁启超书目中列出的《孟子》、《荀子》、《左传》、《汉书》、《后汉书》、《资治通鉴》、《王阳明传习录》、《通志二十略》等书，也就不难理解鲁迅提出"少读或不读中国书"的观点为何会掀起轩然大波了。

这次必读书的征集中，有三个人交了白卷。江绍原不肯开书单是认为"我不相信现在有哪十部左右的书能给中国青年'最低限度的必需智识'"②，俞平伯的理由则是"青年既非只一个人，亦非合用一个脾胃的；故可读的，应读的书虽多，却绝未发见任何书是大家必读的。我只得交白卷。若意在探听我的脾胃，我又不敢冒充名流学者，轻易填这张表，以己之爱读为人之必读，我觉得有点'难为情'"③。不过，这些说法都没有像鲁迅的回答那样掀起这次征求以至其后 80 年的讨论高潮④。鲁迅对书目征求的回答是"从来没有留心过，所以现在说不出"，而在附注中他进一步申明了自己的看法：

> 我看中国书时，总觉得就沉静下去，与实人生离开；读外国——但除了印度——书时，往往就与人生接触，想做点事。
>
> 中国书中虽有劝人入世的话，也多是僵尸的乐观；外国书即使是颓唐和厌世的，但却是活人的颓唐和厌世。
>
> 我以为要少——或者竟不——看中国书，多看外国书。

---

① 问星（周作人）：《读经之未来》，《京报副刊》1925 年 2 月 14 日。
② 江绍原：《青年必读书八》，《京报副刊》1925 年 2 月 19 日。
③ 俞平伯：《青年必读书四十》，《京报副刊》1925 年 2 月 28 日。
④ 鲁迅"不读中国书"引发的争论从新中国成立前一直延续到新中国成立后，90 年代曹振华有感于关于"青年必读书"的争论，还曾撰文加以辨析批驳，并梳理了历来几派的不同观点（见《我们从"青年必读书"读到了什么》，《鲁迅研究月刊》1999 年第 4 期），2002 年王世家在《鲁迅研究月刊》上陆续刊载"青年必读书"的答卷，过程中仍然有或支持或反对的声音出现。

少看中国书，其结果不过是不能作文而已。但现在的青年最要紧的是"行"，不是"言"。只要是活人，不能作文算什么大不了的事呢。①

历来的研究者，多把鲁迅如此立论的原因归结于当时"整理国故"风尚的流行。早在 1923 年，胡适和梁启超就曾因"国学书目"的问题在《晨报副刊》上打过笔墨官司，分别接连开出了《一个最低限度的国学书目》、《国学入门书要目及其读法》、《实在的最低限度的书目》。鲁迅对所谓的"整理国故"当然是不满的，在北师大附中的演讲中他曾说"自从新潮来到中国以后，其实何尝有力，而一群老头子，还有少年，却丧魂失魄的来讲国故。他们说，'中国自有许多好东西，却不整理保存，倒去求新，正如放弃祖宗遗产一样不肖'"②，这当然是针对胡适等人。后来他又曾在信中表示"看看报章上的论坛'反改革'的空气浓厚透顶了，满车的'祖传'、'老调'、'国粹'等等，都想来堆在道路上，将所有的人家完全活埋下去"③。但本书更关心的是鲁迅对青年提出这样的建议背后的关照，以及青年读者的反应。

鲁迅其实并无意扮演青年导师这样的形象，他在回应熊以谦的异议时就曾表示"所谓'素负学者声名'，'站在中国青年前面'这些荣名，都是你随意给我加上了，现在既然觉得'浅薄无知识'了，当然就可以仍由你随意革去"④。后来他又进一步引申"青年又何须寻那挂着金字招牌的导师呢？不如寻朋友，联合起来，同向着似乎可以生存的方向走，你们所多的是生力，遇见深林，可以辟成平地的，遇见旷野，可以栽种树木的，遇见沙漠，可以开掘井泉的。问什么荆棘塞途的老路，寻什么乌烟瘴气的鸟导师！"⑤ 他之所以提出不读中国书的建议，"乃是用许多苦痛换来的真话，决不是聊且快意，或什么玩笑，愤激之辞"⑥，而原因就在于"现在

---

① 鲁迅：《青年必读书十》，《京报副刊》1925 年 2 月 21 日。
② 《未有天才之前》，载《鲁迅全集》第一卷，人民文学出版社，1981。
③ 《通讯》，载《鲁迅全集》第三卷，人民文学出版社，1981。
④ 鲁迅：《报〈奇哉所谓……〉》，《京报副刊》1925 年 3 月 8 日。
⑤ 《导师》，载《鲁迅全集》第三卷，人民文学出版社，1981。
⑥ 《写在〈坟〉后面》，载《鲁迅全集》第一卷，人民文学出版社，1981。

的青年最要紧的是'行'，不是'言'"，也就是上面所说的"不如寻朋友，联合起来，同向着似乎可以生存的方向走"。在鲁迅看来，在当时的社会中，整理国故并不是最要紧的事情，在还没有解决生存的问题，还没有成为真正的"活人"之前，埋头古书是没有意义的，因此他说"我们目下的当务之急，是：一要生存，二要温饱，三要发展，苟有阻碍这前途者，无论是古是今，是人是鬼，是《三坟》《五典》，百宋千元，天球河图，金人玉佛，祖传丸散，秘制膏丹，全都踏倒他"①。

鲁迅这样的观点，是得到了一些青年的认同的，一位读者来信提起鲁迅给他们讲过的一段笑话，表示声援：

> 讲话和写文章，似乎都是失败者的征象。正在和命运恶战的人，顾不到这些，真有实力的胜利者也多不做声。比如鹰攫兔子，喊叫的是兔子不是鹰；猫捕老鼠，啼呼的是老鼠不是猫；鹞子捉家雀，啾啾的是家雀不是鹞子。又好像楚霸王救赵破汉，追奔逐北的时候，他并不说什么，等到摆出诗人面孔，饮酒唱歌，那已经是兵败势穷，死日临头了。最近像吴佩孚名士的"登彼西山，赋彼其诗"，齐燮元先生的"放下枪竿，拿起笔杆"，更是明显的例子。②

还有人不平于鲁迅被人围攻、批评，来信解释鲁迅被误解的原因：

> 鲁迅先生，是个生命力极强的人，他爱自己的国度，比甚么人都还甚；但现实的周围的一切，又都不免使他失望，而他又是入世感最迫切的人。这两种力，在内心里相迫击所迸出来的呼声，就是使他的文字所以多感伤的分子的理由了。……正因为鲁迅先生的思想，能超越了现代，所以愈会被一般人不了解。③

在以上的关于"青年必读书"的讨论中，我们可以看到作为"子一

---

① 《突然想到》，载《鲁迅全集》第三卷，人民文学出版社，1981。
② Z. M.：《鲁迅先生的笑话》，《京报副刊》1925年3月8日。
③ 王铸：《鲁迅先生被人误解的原因》，《京报副刊》1925年4月8日。

代”的青年读者的成长，他们并不盲从权威，而是秉持自己的判断，而且敢于对那些处于指导者地位的父辈学者提出质疑和挑战，对于当时的社会现实也有着不失为清醒、客观的认识，如果和"爱情定则"讨论时的青年读者相比较的话，他们无疑是进步了。

历来的学者都把目光放在了"必读书"所引发的争论上，而对于"青年爱读书"的内容则没有加以更多的关注。事实上，从这些具有社会调查性质的史料中，我们不仅可以对 20 年代北京的青年读者的阅读趣味和眼光有直观的了解，同时也为我们一窥那时的年轻人的思想状况与倾向提供了进入的途径。

按孙伏园当初的设想，征求"爱读书"的成绩一定要比"必读书"的更好，因为他发出去的必读书票不过 100 张，最后收回的也有 78 件，而爱读书的选票在报上几乎登了一个月，总数应该有 20 余万，结果收回的票数不过 308 张，这颇使孙伏园感到失望。不过青年人则并不以为异，一位读者在信中说：

> 贵报一月一日副镌所载《一九二五年两大征求》启事，我极佩服你们为我们青年谋进益的热心。不过对于你们第一项征求的意义，我始终还是猜不透。从普遍征求的意义上着想，似乎是想藉此归纳出现在中国青年爱好的所在，好为你们将来下药的标准。但是，这样，你们未免太不知道现在的青年，太不知道他们的行性了。他们都是"聪明"人。他们太"聪明"的结果，将一切不直接关系自己的都看成"多事"。你们这种"无利"的勾当，当然在他们认为"无聊"之列，谁还肯来照顾你们？就许有一小部分的"多事"者罢，又不能给你们较多可以发挥的材料，你们岂不是大失败了吗？①

他所说的情况在当时的社会中也许真是存在，不过 300 多个样本也很可以说明些什么了，因此孙伏园专门发了一份"青年爱读书特刊"，将300 多张选票全部登载，并且在后面发表了编辑部同仁的统计结果。根据

---

① 中之：《论二大征求一》，《京报副刊》1925 年 1 月 8 日。文末署"于唐大"。文中的"一月一日"应为一月四日之笔误。

这份统计表，笔者进行了进一步的统计整理。首先，在年龄方面，在投票有效的 306 人中，除了有 45 人年龄不详之外，20～29 岁的有 180 人，数量上占有绝对的优势，其中 20 岁、22 岁和 21 岁的人最多，位列所有投票人数的前三甲，总计 90 人，占二字头年龄组的一半；20 岁以下的有 67 人，其中以 19、18、16 岁的为最多，总计 49 人；30 岁以上的只有 14 人，其中包括 39 岁的钱玄同。通过以上的统计可以看到，投票的青年人中以 16～22 岁这一年龄段的人数为最多，一共 139 人，这一年龄段正符合孙伏园对"青年"的限定——"中学第一年和大学末年级的年龄以内或相近的人"，看来征求还是颇为成功的。而且这和本书对五四运动及其之后成长起来的"子一代"的青年读者的界定一致，因此可以作为样本加以分析比较。其次，在投票者的籍贯方面，除了未详的 52 人之外，遍及江苏、直隶、山东、四川、浙江、安徽、河南、山西、陕西、湖北、广东、云南等 21 个省，这与北京的高等教育吸纳了来自全国各地的学子的特征相符，其中以江苏、直隶、山东的青年最多，共有 120 人，而以广西、吉林、绥远最少，每省只有 1 人，由此也可见当时教育资源的分布情况。从选出的书目方面看，青年爱读的书没有前辈学者的必读书那么分散、专业，因此不妨全部以表格形式列出①（见表 6 - 2）。

表 6 - 2 《京报副刊》上刊登的"青年爱读书目"统计

人数	书目	人数	书目
183	《红楼梦》	24	《结婚的爱》、《少年维特之烦恼》
100	《水浒》	23	《饮冰室文集》、《墨子》
75	《西厢》	22	《镜花缘》
69	《呐喊》	21	《小说月报》、《东方杂志》、《沉沦》
68	《史记》	20	《老残游记》、《浮生六记》
62	《三国志》	19	《汉书》、《新青年》
57	《儒林外史》、《诗经》	18	《爱的成年》
56	《左传》	17	《曹文正公家书》、《战国策》、《西游记》
51	《胡适文存》	16	《杜诗》、《白香山集》、《老子》

① 《京报副刊》在公布时略去了十票以下的书目。

续表

人数	书目	人数	书目
47	《庄子》	15	《纲鉴》、《女神》
42	《孟子》	14	《李白诗》、《文史通义》、《古文辞类纂》
37	《超人》、《独秀文存》	13	《易卜生集》、《日知录》
31	《聊斋》、《唐诗》	12	《东西文化及哲学》、《韩非子》、《金瓶梅》
29	《自己的园地》	11	《妇女杂志》、《短篇小说》、《陶诗》、《资治通鉴》、《上下古今谈》、《伊尔文见闻杂记》
26	《文选》	10	《儿女英雄传》,《福尔摩斯侦探案》,《桃花扇》,《中国历史研究法》,《文心雕龙》,《韩文》,《莴萝集》
25	《四书》、《楚辞》		

资料来源：笔者根据相关资料整理。

　　如果将"青年必读书"和"青年爱读书"的书目加以对照的话，可以得到一些有意思的结论。

　　第一，两个书目中有23种书是重合的，即《史记》、《资治通鉴》、《孟子》、《胡适文存》、《左传》、《庄子》、《老子》、《汉书》、《结婚的爱》、《东西文化及其哲学》、《古文辞类纂》、《墨子》、《呐喊》、《上下古今谈》、《独秀文存》、《昭明文选》、《红楼梦》、《自己的园地》、《诗经》、《楚辞》、《日知录》、《西游记》、《中国历史研究法》。孙伏园认为"'必读书'与'爱读书'，在从前旧教育制度之下，一定是冲突的"，那么这种结果也许在某种程度上显示了现代中国在建立起现代教育制度之后所取得的成绩。但是，在爱读书的书单中古代典籍的排名更靠后，而章回体的长篇小说则名列前茅，西人的著作最少。如果比较"十大必读书"和"十大爱读书"的话，则很明显：

　　　　十大必读书：《史记》、《资治通鉴》、《孟子》、《胡适文存》、《中国哲学史大纲》、《论语》、《左传》、《庄子》、《科学大纲》、《老子》

　　　　十大爱读书：《红楼梦》、《水浒》、《西厢》、《呐喊》、《史记》、《三国志》、《儒林外史》、《诗经》、《左传》、《胡适文存》

其中只有《史记》、《胡适文存》和《左传》是两代人共同的选择。

第二，"必读书"中只有极少数的文学作品，即《呐喊》、《红楼梦》、《西游记》，而"爱读书"中的学术著作则少得可怜。可见在青年读者那里，他们的阅读兴趣仍偏向于文学作品，如来票一的读者说"余爱文艺，尤酷爱小说，其余若西洋小说，及新旧诗学词学子部等亦颇爱"①，还有人说"我最喜欢读文艺作品，我更爱读自然的散漫的抒写情爱的纯文艺作品"②，这里面可能不仅有年龄、学养的差别，还有个人性情、成长背景、人生经历等因素的影响，例如一个青年解释他"爱读书偏重文艺方面，完全是环境的原因"③，而另一位则说"上列十种，小说占二分之一，也或许是我个性使然"④。

第三，"爱读书"中出现了很多杂志，如《小说月报》、《东方杂志》、《新青年》、《妇女杂志》。同样受到青年欢迎的还有新文学的创作，包括《呐喊》、《自己的园地》、《女神》、《沉沦》、《超人》，考虑到"爱读书"中的西人著作很少，可以推断，青年读者对新思潮、新理论的接受主要应该来源于进步杂志。

第四，"爱读书"书单明显显示了青年们对爱情、婚姻问题的关注，文学作品方面包括《红楼梦》、《西厢》、《少年维特之烦恼》、《镜花缘》、《沉沦》、《茑萝集》、《浮生六记》、《易卜生集》、《金瓶梅》、《桃花扇》等，理论著作则有《结婚的爱》、《爱的成年》。爱情、婚姻问题是两代人共同关注的问题，但因为跟自身的联系更加密切，因此在青年人那里也就格外突出。例如有人最迷恋于《结婚的爱》和《雪鸿泪史》⑤，有人"更爱读自然的散漫的抒写情爱的纯文艺作品"⑥，还有人在附注中写："从前我喜读《红楼梦》，读了十遍，越读越嫌弃 Wife！现在我喜欢读《结婚的爱》，读了两遍，越读越爱我的 Wife！"⑦

以上仅是就统计后的数据得出的结论，另有一些青年的附注或有趣，

---

① 张镜寰：《来票一》，《京报副刊·"青年爱读书特刊"》1925 年 3 月。
② 庄冰镜：《来票四十二》，《京报副刊·"青年爱读书特刊"》1925 年 3 月。
③ 许子：《来票六》，《京报副刊·"青年爱读书特刊"》1925 年 3 月。
④ 左鸿暄：《来票五十九》，《京报副刊·"青年爱读书特刊"》1925 年 3 月。
⑤ 刘聚奎：《来票一六一》，《京报副刊·"青年爱读书特刊"》1925 年 3 月。
⑥ 庄冰镜：《来票四十二》，《京报副刊·"青年爱读书特刊"》1925 年 3 月。
⑦ 甄底：《来票八十九》，《京报副刊·"青年爱读书特刊"》1925 年 3 月。

或酸腐，有的则有一定的代表性，因此摘录如下，以备参考：

蒲维安的选票是：资治通鉴、史记、后汉书、三国志、孟子、左传、庄子、楚辞、杜工部诗、李太白诗。附注则是：清翁覃溪致仕出京，语送别友人云，"君等皆余读人间未见书，吾独欲读人间常见书"，余不敏，窃慕斯言。①

甄克远的选票是：结婚的爱、爱罗先珂童话、复活（托尔斯泰著）、福尔摩斯侦探小说、小说月报、天方夜谭、史记内许多"列传"，唐诗，水浒，绿野仙踪。附注为：这些书或使我喜或使我悲甚或使我发狂。书的次序，略按喜读的年龄，是由现在以至于幼年。②

耿云霄的选票是：孝经、金刚经、春秋、诗经、陶渊明全集、李谪仙全集、唐诗、史记、红楼梦、西厢记。附注为：余自幼孤苦，颇痛风木，故生平极嗜读孝经一部，自十四岁至现在，每日晨昏必读两遍。③

朱娟华的选票是：朱鸳雏的小说等书，周瘦鹃的小说等书，徐枕亚的小说等书，老残新游记（杨尘因），镜花缘，恨海，快活杂志，新儒林外史，理想世界。附注是：我是一个小说迷，爱看的小说多着哩！朱鸳雏，周瘦鹃，徐枕亚三先生的很多作品，是我最喜爱不过的了！我在一个中学。④

"青年爱读书"的征集结果发表之后，也有人对此有所质疑，出现了争论，这场争论主要是在周十力和梅羹两个人之间展开的。周十力首先发难，他不满于年纪轻轻的青年所选的书，十分之九都是文学书，如《论语》、《孟子》、《古文观止》、《左传》、《金瓶梅》、《红楼梦》等，在他看来，这些书"都是失时而不适用的，无益而且有害的，容易使人颓唐、衰萎、淫荡、堕落的"，而"于此千钧一发，内乱外患频承，国不国、民不民的危急的时候"，最有作为的青年，怎么能都爱读这种书籍呢？周十力

---

① 《来票四十》，《京报副刊·"青年爱读书特刊"》1925 年 3 月。
② 《来票九十一》，《京报副刊·"青年爱读书特刊"》1925 年 3 月。
③ 《来票一八一》，《京报副刊·"青年爱读书特刊"》1925 年 3 月。
④ 《来票三〇六》，《京报副刊·"青年爱读书特刊"》1925 年 3 月。

揣度着他这样的说法，一定会有几个"文学鬼"出来反对，说爱读文学书的人也能救国，但他认为文学书中关于救国的知识很少，"而且在那些选出来的文学书中，简直可说没有！总之，文学书固然不是绝对不可读的，不过在现在时候，最好总是不读，尤其不可爱读！"，要知道，"念念论语，孟子是不足以抵抗洋鬼子的机关枪和'腾开'（tank）的，读读金瓶梅，红楼梦，是不能阻止军阀的压迫，和土匪的劫掠的。你们在喊革命，你们要图改造；你们要爱读研究何以打倒军阀，推翻帝国主义的论文和书籍！"① 其实周十力的观点和鲁迅也有相似之处，即在读书与实践两者中更看重后者在当下的重要性，不过鲁迅提倡的是不读中国书，而周十力则全盘否定了文学积极的一面，并且他的言论虽然看上去非常革命，却带有一种夸夸其谈且不容置疑的教训口吻，并非平等讨论的态度。这样便引来了青年读者的不满，有人替他拟了一篇书目，对他进行讽刺：一祖师全集（无译本，暂缺）、二救国法纲要、三大同盟组织法大全、四宣言启悟录、五牢骚歌诀、六津贴须知、七知识阶级之罪恶、八文学亡国论、九武断法、十科学的退鬼咒（内有退直脚鬼玄学鬼文学鬼等神咒）②。梅羹则采取了平心静气的辩驳方式，他认为"我们青年能够保持我们的人格，不与流俗同化，和外界的诱惑和压迫，激发我们的志气，不至颓唐，唯一妙法，只有两种：一是良师益友的提携督责，一是我们先辈遗下来的前言往行的鞭辟浸淫。良师益友可遇而不可求，前言往行，在古书中，到处皆有，俯仰即是，求则得之。怎能说容易使人颓唐衰萎呢？"③，梅羹建议周十力在一味提倡爱国之前，先好好看看那些被他称为无益有害的书，再来讨论。对此，周十力马上做出了回应，但是他仍然没有对古代的典籍进行更深入细致的剖析，观点也不外乎孔孟只会讲君君臣臣，金瓶梅就是使人淫荡、堕落，讲革命还得说列宁，这种空泛的观点除了引发意气之争，并不能真正推进对古书、新潮的理解和认识，难怪张崧年看了之后要向孙伏园抱怨"许多中国人表面上是很激烈，其实则不彻底的情形太看不下去"④。梅羹也认清了这点，不再做学理讨论的努力，也开始嬉笑怒骂起

① 周十力：《呜呼中国的青年》，《京报副刊》1925 年 3 月 10 日。
② 万力：《真正新青年必读书十种》，《京报副刊》1925 年 3 月 12 日。
③ 梅羹：《读〈呜呼中国的青年〉》，《京报副刊》1925 年 3 月 13 日。
④ 张崧年：《青年的五色国旗》，《京报副刊》1925 年 3 月 25 日。

来，他在文章中邀请周十力共组救国团，推翻全国文、理、农、工、商等各专科大学，一律改办政治、社会大学；凡非关于政治社会方面的书，要一律运动烧尽；留学生中不学政治等科的也要一律禁止回国等，不一而足①。这场争论是青年读者主动出击挺身为自己进行辩护的一次行动，显示出了新一代人的自信和见识，只不过对手实在不堪，因此讨论匆匆收场，却也足够使人看出他们的成长。

从爱情定则的讨论，到京报副刊的两大征求，我们大致可以看出五四运动后作为"子一代"的副刊青年读者的成长历程，他们从最初的懵懂幼稚到后来的独立自信，从被父辈殷殷教导到后来有理有据地反抗权威，都标志着一个新的青年群体的形成，并开始在历史的舞台上崭露头角，承担起他们的责任和义务。

---

① 梅龚：《给周十力先生的信》，《京报副刊》1925 年 3 月 25 日。

结　语

从五四到 20 年代，是中国现代文学的第一个十年，在这十年当中，北京处于一个极端重要且特殊的地位，它既是文学革命和新文化运动发生发展的场所，也为众多新文化人的学习、生活、成长提供了一个既传统又现代的文化空间。

五四运动和新文化运动有力地促进了中国现代出版业的发展，进步的期刊和报纸大量创办，各种出版新文化、新思潮的出版社和书局也在在显示着新文化运动的成绩。在这之中，报纸副刊作为一种现代传播载体在整个 20 年代的北京文化界发挥了不可替代的重要作用，它不仅为新文学作家提供发表作品、言论的空间，更积极参与话题讨论和思想革新，不管是报纸背后的主办方，还是副刊的直接编辑人，都在这中间发挥了积极的作用，使得报纸副刊成为 20 年代北京文化界的一道亮丽的风景，并由于它与新闻的紧密联系、对社会现实的迅速响应、有限的出版周期和阅读时限等特质而成为我们一窥那个年代的极佳切入点。

20 年代北京的文化空间与上层建筑有着紧密的关系，这既是这个时代的特点，也显示出文化的复杂面目。在文化空间中活动的新文化人彼此之间既有权力争夺的紧张关系，又时常处于聚合分化的变动状态，从直接发起新文化运动的一代功勋，到在五四运动中受到启蒙而成长起来的一代新人，再到在新思潮、新教育培养下正在崛起的普通民众，他们之间也是极尽复杂纠缠之能事。他们共同构成了 20 年代北京的文化空间的主体，并在某种程度上成为开启下一个十年的重要生力军。

主要参考文献

《晨报·剧刊》

《晨报·诗镌》

《晨报·文学旬刊》

《晨报副刊》

《国民公报副刊》

《京报 ·文学周刊》

《京报·妇女周刊》

《京报·莽原周刊》

《京报·民众文艺周刊》

《京报副刊》

《世界日报·妇女与文学周刊》

《世界日报·骆驼周刊》

《世界日报·蔷薇周刊》

《世界日报·戏剧周刊》

《世界日报副刊》

《现代评论》

《新潮》

《语丝》

〔德〕尤尔根·哈贝马斯:《公共领域的结构转型》,曹卫东、王晓珏译,学林出版社,1999。

〔法〕皮埃尔·布迪厄、〔美〕华康德:《实践与反思——反思社会学导引》，李猛、李康译，中央编译出版社，2004。

〔法〕皮埃尔·布迪厄：《遏止野火》，河清译，广西师范大学出版社，2007。

〔法〕皮埃尔·布迪厄：《艺术的法则——文学场的生成和结构》，刘晖译，中央编译出版社，2001。

〔美〕戴维·斯沃茨：《文化与权力——布尔迪厄德社会学》，陶东风译，上海译文出版社，2006。

〔日〕藤井省三：《鲁迅〈故乡〉阅读史——近代中国的文学空间》，董炳月译，新世界出版社，2002。

〔美〕海登·怀特：《后现代历史叙事》，陈永国、张万娟译，中国社会科学出版社，2003。

《李大钊年谱》编写组：《李大钊年谱》，甘肃人民出版社，1984。

陈从周编《徐志摩年谱》，文海出版社，1983。

陈平原、山口守编《大众传媒与现代文学》，新世界出版社，2003。

陈平原、王德威编《北京：都市想像与文化记忆》，北京大学出版社，2005。

陈平原：《二十世纪中国小说史》（第一卷），北京大学出版社，1989。

陈平原：《文学的周边》，新世界出版社，2004。

陈捷：《〈京报副刊〉研究》，南京大学博士学位论文，2006。

程光炜主编《文人集团与中国现当代文学》，人民文学出版社，2005。

方汉奇主编《邵飘萍选集》，中国人民大学出版社，1987～1988。

方锡德：《文学变革与文学传统》，北京大学出版社，2003。

冯并：《中国文艺副刊史》，华文出版社，2001。

韩石山编《徐志摩全集》，天津人民出版社，2005。

姜涛：《"新诗集"与中国新诗的发生》，北京大学出版社，2005。

雷世文：《文艺副刊与文学生产——以〈晨报副刊〉、30年代〈申报·自由谈〉、〈大公报〉文艺副刊为中心的研究》，中国文联出版社，2004。

李丰楙、刘苑如主编《空间、地域与文化——中国文化空间的书写与阐释》，台北中研院中国文哲研究所，2002。

李良荣：《中国报纸文体发展概要》，福建人民出版社，2002。

刘卓：《孙伏园的副刊编辑活动对于新文学的贡献》，北京大学硕士学位论文，2003。

卢国华：《五四新文学语境的一种解读——以〈晨报副刊〉为中心》，山东师范大学博士学位论文，2006。

罗贤梁：《报纸副刊学》，百花洲文艺出版社，1991。

彭鹏：《研究系与五四时期新文化运动——以 1920 年前后为中心》，中山大学出版社，2003。

商金林编《孙伏园散文选集》，百花文艺出版社，1991。

绍兴县政协文史资料工作委员会、绍兴鲁迅纪念馆编《孙伏园怀思录》，1994。

孙晓阳：《邵飘萍》，人民日报出版社，1996。

谭云明：《整合：报纸副刊与中国现代文学》，南京大学博士学位论文，2003。

汪晖、陈燕谷主编《文化与公共性》，生活·读书·新知三联书店，1998。

王洪祥主编《中国现代新闻史》，新华出版社，1997。

王文彬：《中国报纸的副刊》，中国文史出版社，1988。

王文彬编著《中国现代报史资料汇辑》，重庆出版社，1996。

王晓明主编《批评空间的开创——二十世纪中国文学研究》，东方出版中心，1998。

颜浩：《1920 年代中后期北京的文人集团和舆论氛围——以〈语丝〉和〈现代评论〉为中心》，北京大学博士学位论文，2002。

杨早：《清末民初北京的舆论环境与新文化的登场》，北京大学博士学位论文，2005。

张静如等编《李大钊生平史料编年》，上海人民出版社，1984。

张涛甫：《报纸副刊与中国知识分子的现代转型——以〈晨报副刊〉为例》，广西师范大学出版社，2007。

张英进：《中国现代文学与电影中的城市、空间、时间与性别构形》，秦立彦译，江苏人民出版社，2007。

张友鸾等：《世界日报兴衰史》，重庆出版社，1982。

章征天、张能耿、裘士雄编《孙氏兄弟谈鲁迅》，新星出版社，2006。

赵遐秋：《徐志摩传》，中国人民大学出版社，1999。

赵园:《北京:城与人》,北京大学出版社,2002。

郅庭阁:《"人"与"文"的双重关怀——二十年代〈晨报副刊〉研究》,复旦大学博士学位论文,2002。

中国李大钊研究会编注《李大钊全集》,人民出版社,2006。

中国人民大学港澳台新闻研究所编《报海生涯——成舍我百年诞辰纪念文集》,新华出版社,1998。

周海波、杨庆东:《传媒与现代文学之间》,中国社会科学出版社,2004。

朱文通主编《李大钊传》,天津古籍出版社,2005。

后　记

　　本书由我的博士论文修改而成。说是"修改"，其实除了一些文字和技术处理之外，并没有过多的改动，倒不敢说是"不悔少作"，不过是重新检视五年前写下的文字时才发现，现在的我好像很难再回到当年在燕园读书时那种澄明、纯净的状态，那么至少还可以保留下当时的文字，作为某种见证和纪念。在博士论文的后记里我曾说"在北大的八年，欢笑与痛苦、清晰与迷茫都曾反复成为我生活的主题，记忆中，在未名湖石舫上放歌和在图书馆研究室里嚎啕的画面之间并不需要哪怕形式上的过渡"。当时以为那已经是人生可以想象的全部，现在看起来却是名副其实的黄金时代。毕业后工作的这五年，在我个人是经历了一个急速的"社会化"过程，这个过程在别人可能是从少年时期开始逐渐累积的结果，于我则仿佛是一堂疲于应付而狼狈不堪的"速成课"。其间，有过许多"理想照进现实"带来的复杂情绪，再加上健康问题和个人生活的大变故，也使得这个过程更加艰难。好在还能让自己安心的是，变化中还有一些没有变，失去了很多但至少没有失去自我。

　　本书的选题最早是源于导师方锡德先生对孙伏园的关注，现在也仍然还记得方老师提到孙伏园的重要性和学界对他的忽视时的愤愤不平，于我则是合了自己对报刊研究的兴趣。后来在开题的时候由于学位论文的设定结合了其他老师的建议，最后并没有把孙伏园作为一个直接的对象来处理，但其实整篇文章仍然可以看作20年代孙伏园副刊编辑工作的一种侧写。毕业后的工作其实也仍然围绕着这个人物在继续展开，从主持的教育部项目"孙伏园与现代报纸文艺副刊"到现在仍然拖拖拉拉还没有做完的"孙伏园年谱"和"孙伏园文集",算起来和"伏老"也纠缠了快十年了。于我个人而言,孙伏园好像成了我从导师那里继承的衣钵的一部分,方老师就有这个本事,把他的不平内化成了我的责任感。做了老师以后常常想起方老师和我谈到过他理想的为师之道是风清扬式的,那是我难以企及的高度,不过常常会在自己的学生身上看到当年自己的幼稚、拖沓、各种不靠谱时,想起方老师的正直、严谨和对学生的一腔热情。坐在客厅桌前侃侃而谈,手里香烟袅袅的方老师的样子,就是我心中老一辈学者的样子,朴素的,理想主义的,复杂又纯净。北大老师的魅力是多方面的,我的硕士导师王风先生性情中的洒脱、不拘和魏晋风度,一直是我深爱北大的原因之一,在五院教研室一下午的头脑风暴可以换来一晚上的谈天说地、把酒言欢,构成了我北大记忆中的一系列欢乐时光,王老师对我的影响除了学问的趣味、对文字的敬重,对学生的投入之外,当然也包括晨昏颠倒的作息习惯和对下水的热爱。

北大中文系的陈平原、温儒敏、商金林、孙玉石、吴晓东、高远东、孔庆东、姜涛、贺桂梅等老师在我的学习和论文写作、答辩过程中都给予了我很多的帮助和建议,这是我一直深深感怀的。在北大求学期间收获的可亲可敬的同学、同门的友谊和陪伴,更是妙不可言的相遇。感谢我的家人对我坚定温暖的支持和包容,感谢许玉燕编辑在本书出版过程中细致、严谨的工作。

进入第三个本命年,越来越强烈地生发出一种"上半辈子,就这样吧,下半辈子,就开始啦"的感觉,那么,这本书的出版正可以作为"上半辈子"的一种收束,我很高兴将它呈现给大家。

田 露

2015 年 4 月 9 日于天津石榴苑

图书在版编目(CIP)数据

20 年代北京的文化空间:1919 ~1927 年北京报纸副刊研究 /
田露著. —北京:社会科学文献出版社,2015.5
ISBN 978 - 7 - 5097 - 7016 - 0

Ⅰ.①2… Ⅱ.①田… Ⅲ.①报纸 - 副刊 - 研究 - 北京市 -
1919 ~1927 Ⅳ.①G219.271

中国版本图书馆 CIP 数据核字(2015)第 003622 号

20 年代北京的文化空间
——1919 ~1927 年北京报纸副刊研究

著　　者/田　露

出 版 人/谢寿光
项目统筹/许玉燕
责任编辑/许玉燕

出　　版/社会科学文献出版社·全球与地区问题出版中心(010)59367004
　　　　　地址:北京市北三环中路甲 29 号院华龙大厦　邮编:100029
　　　　　网址:www.ssap.com.cn
发　　行/市场营销中心(010)59367081　59367090
　　　　　读者服务中心(010)59367028
印　　装/三河市东方印刷有限公司

规　　格/开 本:787mm × 1092mm　1/16
　　　　　印 张:12.5　字 数:203 千字
版　　次/2015 年 5 月第 1 版　2015 年 5 月第 1 次印刷
书　　号/ISBN 978 - 7 - 5097 - 7016 - 0
定　　价/49.00 元